现代危险化学品安全管理与技术丛书

危险化学品安全法律法规

鞠　江　范小花　主编

中国劳动社会保障出版社

图书在版编目(CIP)数据

危险化学品安全法律法规/鞠江，范小花主编. —北京：中国劳动社会保障出版社，2010

现代危险化学品安全管理与技术丛书

ISBN 978-7-5045-8442-7

Ⅰ.①危… Ⅱ.①鞠… ②范… Ⅲ.①化学品-危险物品管理：安全管理-法规-汇编-中国 Ⅳ.①D922.149

中国版本图书馆 CIP 数据核字(2010)第 159998 号

中国劳动社会保障出版社出版发行

(北京市惠新东街 1 号 邮政编码：100029)

出 版 人：张梦欣

*

北京北苑印刷有限责任公司印刷装订 新华书店经销

787 毫米×960 毫米 16 开本 23.25 印张 394 千字

2010 年 8 月第 1 版 2010 年 8 月第 1 次印刷

定价：**50.00** 元

读者服务部电话：**010－64929211/64921644/84643933**

发行部电话：**010－64961894**

出版社网址：**http：//www.class.com.cn**

内容简介

本书为“现代危险化学品安全管理与技术丛书”之一，收录了现行有效的有关危险化学品生产、储运、经营、使用各环节安全管理与技术的法律、法规、规程与标准。

本书可作为危险化学品行业管理与技术人员工作参考用书。

目　　录

一、中华人民共和国安全生产法

（2002 年 6 月 29 日第九届全国人民代表大会常务委员会第 28 次会议通过，2002 年 6 月 29 日中华人民共和国主席令第 70 号公布，自 2002 年 11 月 1 日起施行）

第一章　总　　则

第一条　为了加强安全生产监督管理，防止和减少生产安全事故，保障人民群众生命和财产安全，促进经济发展，制定本法。

第二条　在中华人民共和国领域内从事生产经营活动的单位（以下统称生产经营单位）的安全生产，适用本法；有关法律、行政法规对消防安全和道路交通安全、铁路交通安全、水上交通安全、民用航空安全另有规定的，适用其规定。

第三条　安全生产管理，坚持安全第一、预防为主的方针。

第四条　生产经营单位必须遵守本法和其他有关安全生产的法律、法规，加强安全生产管理，建立、健全安全生产责任制度，完善安全生产条件，确保安全生产。

第五条　生产经营单位的主要负责人对本单位的安全生产工作全面负责。

第六条　生产经营单位的从业人员有依法获得安全生产保障的权利，并应当依法履行安全生产方面的义务。

第七条　工会依法组织职工参加本单位安全生产工作的民主管理和民主监督，维护职工在安全生产方面的合法权益。

第八条　国务院和地方各级人民政府应当加强对安全生产工作的领导，支持、督促各有关部门依法履行安全生产监督管理职责。

县级以上人民政府对安全生产监督管理中存在的重大问题应当及时予以协调、解决。

第九条　国务院负责安全生产监督管理的部门依照本法，对全国安全生产工作实施综合监督管理；县级以上地方各级人民政府负责安全生产监督管理的部门依照本法，对本行政区域内安全生产工作实施综合监督管理。

国务院有关部门依照本法和其他有关法律、行政法规的规定，在各自的职责范围内对有关的安全生产工作实施监督管理；县级以上地方各级人民政府有关部门依照本法和其他有关法律、法规的规定，在各自的职责范围内对有关的安全生产工作实施监督管理。

第十条　国务院有关部门应当按照保障安全生产的要求，依法及时制定有关的国家标准或者行业标准，并根据科技进步和经济发展适时修订。

生产经营单位必须执行依法制定的保障安全生产的国家标准或者行业标准。

第十一条　各级人民政府及其有关部门应当采取多种形式，加强对有关安全生产的法律、法规和安全生产知识的宣传，提高职工的安全生产意识。

第十二条　依法设立的为安全生产提供技术服务的中介机构，依照法律、行政法规和执业准则，接受生产经营单位的委托为其安全生产工作提供技术服务。

第十三条　国家实行生产安全事故责任追究制度，依照本法和有关法律、法规的规定，追究生产安全事故责任人员的法律责任。

第十四条　国家鼓励和支持安全生产科学技术研究和安全生产先进技术的推广应用，提高安全生产水平。

第十五条　国家对在改善安全生产条件、防止生产安全事故、参加抢险救护等方面取得显著成绩的单位和个人，给予奖励。

第二章　生产经营单位的安全生产保障

第十六条　生产经营单位应当具备本法和有关法律、行政法规和国家标准或者行业标准规定的安全生产条件；不具备安全生产条件的，不得从事生产经营活动。

第十七条　生产经营单位的主要负责人对本单位安全生产工作负有下列职责：

（一）建立、健全本单位安全生产责任制；

（二）组织制定本单位安全生产规章制度和操作规程；

（三）保证本单位安全生产投入的有效实施；

（四）督促、检查本单位的安全生产工作，及时消除生产安全事故隐患；

（五）组织制定并实施本单位的生产安全事故应急救援预案；

（六）及时、如实报告生产安全事故。

第十八条　生产经营单位应当具备的安全生产条件所必需的资金投入，由生产经营单位的决策机构、主要负责人或者个人经营的投资人予以保证，并对由于安全生产所必需的资金投入不足导致的后果承担责任。

第十九条　矿山、建筑施工单位和危险物品的生产、经营、储存单位，应当设置安全生产管理机构或者配备专职安全生产管理人员。

前款规定以外的其他生产经营单位，从业人员超过三百人的，应当设置安全生产管理机构或者配备专职安全生产管理人员；从业人员在三百人以下的，应当配备专职或者兼职的安全生产管理人员，或者委托具有国家规定的相关专业技术资格的工程技术人员提供安全生产管理服务。

生产经营单位依照前款规定委托工程技术人员提供安全生产管理服务的，保证安全生产的责任仍由本单位负责。

第二十条　生产经营单位的主要负责人和安全生产管理人员必须具备与本单位所从事的生产经营活动相应的安全生产知识和管理能力。

危险物品的生产、经营、储存单位以及矿山、建筑施工单位的主要负责人和安全生产管理人员，应当由有关主管部门对其安全生产知识和管理能力考核合格后方可任职。考核不得收费。

第二十一条　生产经营单位应当对从业人员进行安全生产教育和培训，保证从业人员具备必要的安全生产知识，熟悉有关的安全生产规章制度和安全操作规程，掌握本岗位的安全操作技能。未经安全生产教育和培训合格的从业人员，不得上岗作业。

第二十二条　生产经营单位采用新工艺、新技术、新材料或者使用新设备，必须了解、掌握其安全技术特性，采取有效的安全防护措施，并对从业人员进行专门的安全生产教育和培训。

第二十三条　生产经营单位的特种作业人员必须按照国家有关规定经专门的安全作业培训，取得特种作业操作资格证书，方可上岗作业。

特种作业人员的范围由国务院负责安全生产监督管理的部门会同国务院有关部门确定。

第二十四条　生产经营单位新建、改建、扩建工程项目（以下统称建设项目）的安全设施，必须与主体工程同时设计、同时施工、同时投入生产和使用。安全设施投资应当纳入建设项目概算。

第二十五条　矿山建设项目和用于生产、储存危险物品的建设项目，应当分别按照国家有关规定进行安全条件论证和安全评价。

第二十六条　建设项目安全设施的设计人、设计单位应当对安全设施设计负责。

矿山建设项目和用于生产、储存危险物品的建设项目的安全设施设计应当按照国家有关规定报经有关部门审查，审查部门及其负责审查的人员对审查结果负责。

第二十七条　矿山建设项目和用于生产、储存危险物品的建设项目的施工单位必须按照批准的安全设施设计施工，并对安全设施的工程质量负责。

矿山建设项目和用于生产、储存危险物品的建设项目竣工投入生产或者使用前，必须依照有关法律、行政法规的规定对安全设施进行验收；验收合格后，方可投入生产和使用。验收部门及其验收人员对验收结果负责。

第二十八条　生产经营单位应当在有较大危险因素的生产经营场所和有关设施、设备上，设置明显的安全警示标志。

第二十九条　安全设备的设计、制造、安装、使用、检测、维修、改造和报废，应当符合国家标准或者行业标准。

生产经营单位必须对安全设备进行经常性维护、保养，并定期检测，保证正常运转。维护、保养、检测应当做好记录，并由有关人员签字。

第三十条　生产经营单位使用的涉及生命安全、危险性较大的特种设备，以及危险物品的容器、运输工具，必须按照国家有关规定，由专业生产单位生产，并经取得专业资质的检测、检验机构检测、检验合格，取得安全使用证或者安全标志，方可投入使用。检测、检验机构对检测、检验结果负责。

涉及生命安全、危险性较大的特种设备的目录由国务院负责特种设备安全监督管理的部门制定，报国务院批准后执行。

第三十一条　国家对严重危及生产安全的工艺、设备实行淘汰制度。

生产经营单位不得使用国家明令淘汰、禁止使用的危及生产安全的工艺、设备。

第三十二条　生产、经营、运输、储存、使用危险物品或者处置废弃危险物品的，由有关主管部门依照有关法律、法规的规定和国家标准或者行业标准审批并实施监督管理。

生产经营单位生产、经营、运输、储存、使用危险物品或者处置废弃危险物品，必须执行有关法律、法规和国家标准或者行业标准，建立专门的安全管理制度，采取可靠的安全措施，接受有关主管部门依法实施的监督管理。

第三十三条　生产经营单位对重大危险源应当登记建档，进行定期检测、评估、监控，并制定应急预案，告知从业人员和相关人员在紧急情况下应当采取的应急措施。

生产经营单位应当按照国家有关规定将本单位重大危险源及有关安全措施、应急措施报有关地方人民政府负责安全生产监督管理的部门和有关部门备案。

第三十四条　生产、经营、储存、使用危险物品的车间、商店、仓库不得与员工宿舍在同一座建筑物内，并应当与员工宿舍保持安全距离。

生产经营场所和员工宿舍应当设有符合紧急疏散要求、标志明显、保持畅通的出口。禁止封闭、堵塞生产经营场所或者员工宿舍的出口。

第三十五条　生产经营单位进行爆破、吊装等危险作业，应当安排专门人员进行现场安全管理，确保操作规程的遵守和安全措施的落实。

第三十六条　生产经营单位应当教育和督促从业人员严格执行本单位的安全生产规章制度和安全操作规程；并向从业人员如实告知作业场所和工作岗位存在的危险因素、防范措施以及事故应急措施。

第三十七条　生产经营单位必须为从业人员提供符合国家标准或者行业标准的劳动防护用品，并监督、教育从业人员按照使用规则佩戴、使用。

第三十八条　生产经营单位的安全生产管理人员应当根据本单位的生产经营特点，对安全生产状况进行经常性检查；对检查中发现的安全问题，应当立即处理；不能处理的，应当及时报告本单位有关负责人。检查及处理情况应当记录在案。

第三十九条　生产经营单位应当安排用于配备劳动防护用品、进行安全生产培训的经费。

第四十条　两个以上生产经营单位在同一作业区域内进行生产经营活动，可能危及对方生产安全的，应当签订安全生产管理协议，明确各自的安全生产管理职责和应当采取的安全措施，并指定专职安全生产管理人员进行安全检查与协调。

第四十一条　生产经营单位不得将生产经营项目、场所、设备发包或者出租给不具备安全生产条件或者相应资质的单位或者个人。

生产经营项目、场所有多个承包单位、承租单位的，生产经营单位应当与承包单位、承租单位签订专门的安全生产管理协议，或者在承包合同、租赁合同中约定各自的安全生产管理职责；生产经营单位对承包单位、承租单位的安全生产工作统一协调、管理。

第四十二条　生产经营单位发生重大生产安全事故时，单位的主要负责人应当立即组织抢救，并不得在事故调查处理期间擅离职守。

第四十三条　生产经营单位必须依法参加工伤社会保险，为从业人员缴纳保险费。

第三章　从业人员的权利和义务

第四十四条　生产经营单位与从业人员订立的劳动合同，应当载明有关保障从业人员劳动安全、防止职业危害的事项，以及依法为从业人员办理工伤社会保险的事项。

生产经营单位不得以任何形式与从业人员订立协议，免除或者减轻其对从业人员因生产安全事故伤亡依法应承担的责任。

第四十五条　生产经营单位的从业人员有权了解其作业场所和工作岗位存在的危险因素、防范措施及事故应急措施，有权对本单位的安全生产工作提出建议。

第四十六条　从业人员有权对本单位安全生产工作中存在的问题提出批评、检举、控告；有权拒绝违章指挥和强令冒险作业。

生产经营单位不得因从业人员对本单位安全生产工作提出批评、检举、控告或者拒绝违章指挥、强令冒险作业而降低其工资、福利等待遇或者解除与其订立的劳动合同。

第四十七条　从业人员发现直接危及人身安全的紧急情况时，有权停止作业或者在采取可能的应急措施后撤离作业场所。

生产经营单位不得因从业人员在前款紧急情况下停止作业或者采取紧急撤离措施而降低其工资、福利等待遇或者解除与其订立的劳动合同。

第四十八条　因生产安全事故受到损害的从业人员，除依法享有工伤社会保险外，依照有关民事法律尚有获得赔偿的权利的，有权向本单位提出赔偿要求。

第四十九条　从业人员在作业过程中，应当严格遵守本单位的安全生产规章制度和操作规程，服从管理，正确佩戴和使用劳动防护用品。

第五十条　从业人员应当接受安全生产教育和培训，掌握本职工作所需的安全生产知识，提高安全生产技能，增强事故预防和应急处理能力。

第五十一条　从业人员发现事故隐患或者其他不安全因素，应当立即向现场安全生产管理人员或者本单位负责人报告；接到报告的人员应当及时予以处理。

第五十二条　工会有权对建设项目的安全设施与主体工程同时设计、同时施工、同时投入生产和使用进行监督，提出意见。

工会对生产经营单位违反安全生产法律、法规，侵犯从业人员合法权益的行为，有权要求纠正；发现生产经营单位违章指挥、强令冒险作业或者发现事故隐患时，有权提出解决的建议，生产经营单位应当及时研究答复；发现危及从业人员生命安全的情况时，有权向生产经营单位建议组织从业人员撤离危险场所，生产经营单位必须立即作出处理。

工会有权依法参加事故调查，向有关部门提出处理意见，并要求追究有关人员的责任。

第四章　安全生产的监督管理

第五十三条　县级以上地方各级人民政府应当根据本行政区域内的安全生产状况，组织有关部门按照职责分工，对本行政区域内容易发生重大生产安全事故的生产经营单位进行严格检查；发现事故隐患，应当及时处理。

第五十四条　依照本法第九条规定对安全生产负有监督管理职责的部门（以下统称负有安全生产监督管理职责的部门）依照有关法律、法规的规定，对涉及安全生产的事项需要审查批准（包括批准、核准、许可、注册、认证、颁发证照等，下同）或者验收的，必须严格依照有关法律、法规和国家标准或者行业标准规定的安全生产条件和程序进行审查；不符合有关法律、法规和国家标准或者行业标准规定的安全生产条件的，不得批准或者验收通过。对未依法取得批准或者验收合格的单位擅自从事有关活动的，负责行政审批的部门发现或者接到举报后应当立即予以取缔，并依法予以处理。对已经依法取得批准的单位，负责行政审批的部门发现其不再具备安全生产条件的，应当撤销原批准。

第五十五条　负有安全生产监督管理职责的部门对涉及安全生产的事项进行审查、验收，不得收取费用；不得要求接受审查、验收的单位购买其指定品牌或者指定生产、销售单位的安全设备、器材或者其他产品。

第五十六条　负有安全生产监督管理职责的部门依法对生产经营单位执行有关安全生产的法律、法规和国家标准或者行业标准的情况进行监督检查，行使以下职权：

（一）进入生产经营单位进行检查，调阅有关资料，向有关单位和人员了解情况。

（二）对检查中发现的安全生产违法行为，当场予以纠正或者要求限期改正；对依法应当给予行政处罚的行为，依照本法和其他有关法律、行政法规的规定作出行政处罚决定。

（三）对检查中发现的事故隐患，应当责令立即排除；重大事故隐患排除前或者排除过程中无法保证安全的，应当责令从危险区域内撤出作业人员，责令暂时停产停业或者停止使用；重大事故隐患排除后，经审查同意，方可恢复生产经营和使用。

（四）对有根据认为不符合保障安全生产的国家标准或者行业标准的设施、设备、器材予以查封或者扣押，并应当在十五日内依法作出处理决定。

监督检查不得影响被检查单位的正常生产经营活动。

第五十七条　生产经营单位对负有安全生产监督管理职责的部门的监督检查

人员（以下统称安全生产监督检查人员）依法履行监督检查职责，应当予以配合，不得拒绝、阻挠。

第五十八条　安全生产监督检查人员应当忠于职守，坚持原则，秉公执法。

安全生产监督检查人员执行监督检查任务时，必须出示有效的监督执法证件；对涉及被检查单位的技术秘密和业务秘密，应当为其保密。

第五十九条　安全生产监督检查人员应当将检查的时间、地点、内容、发现的问题及其处理情况，作出书面记录，并由检查人员和被检查单位的负责人签字；被检查单位的负责人拒绝签字的，检查人员应当将情况记录在案，并向负有安全生产监督管理职责的部门报告。

第六十条　负有安全生产监督管理职责的部门在监督检查中，应当互相配合，实行联合检查；确需分别进行检查的，应当互通情况，发现存在的安全问题应当由其他有关部门进行处理的，应当及时移送其他有关部门并形成记录备查，接受移送的部门应当及时进行处理。

第六十一条　监察机关依照行政监察法的规定，对负有安全生产监督管理职责的部门及其工作人员履行安全生产监督管理职责实施监察。

第六十二条　承担安全评价、认证、检测、检验的机构应当具备国家规定的资质条件，并对其作出的安全评价、认证、检测、检验的结果负责。

第六十三条　负有安全生产监督管理职责的部门应当建立举报制度，公开举报电话、信箱或者电子邮件地址，受理有关安全生产的举报；受理的举报事项经调查核实后，应当形成书面材料；需要落实整改措施的，报经有关负责人签字并督促落实。

第六十四条　任何单位或者个人对事故隐患或者安全生产违法行为，均有权向负有安全生产监督管理职责的部门报告或者举报。

第六十五条　居民委员会、村民委员会发现其所在区域内的生产经营单位存在事故隐患或者安全生产违法行为时，应当向当地人民政府或者有关部门报告。

第六十六条　县级以上各级人民政府及其有关部门对报告重大事故隐患或者举报安全生产违法行为的有功人员，给予奖励。具体奖励办法由国务院负责安全生产监督管理的部门会同国务院财政部门制定。

第六十七条　新闻、出版、广播、电影、电视等单位有进行安全生产宣传教育的义务，有对违反安全生产法律、法规的行为进行舆论监督的权利。

第五章　生产安全事故的应急救援与调查处理

第六十八条　县级以上地方各级人民政府应当组织有关部门制定本行政区域

内特大生产安全事故应急救援预案，建立应急救援体系。

第六十九条　危险物品的生产、经营、储存单位以及矿山、建筑施工单位应当建立应急救援组织；生产经营规模较小，可以不建立应急救援组织的，应当指定兼职的应急救援人员。

危险物品的生产、经营、储存单位以及矿山、建筑施工单位应当配备必要的应急救援器材、设备，并进行经常性维护、保养，保证正常运转。

第七十条　生产经营单位发生生产安全事故后，事故现场有关人员应当立即报告本单位负责人。

单位负责人接到事故报告后，应当迅速采取有效措施，组织抢救，防止事故扩大，减少人员伤亡和财产损失，并按照国家有关规定立即如实报告当地负有安全生产监督管理职责的部门，不得隐瞒不报、谎报或者拖延不报，不得故意破坏事故现场、毁灭有关证据。

第七十一条　负有安全生产监督管理职责的部门接到事故报告后，应当立即按照国家有关规定上报事故情况。负有安全生产监督管理职责的部门和有关地方人民政府对事故情况不得隐瞒不报、谎报或者拖延不报。

第七十二条　有关地方人民政府和负有安全生产监督管理职责的部门的负责人接到重大生产安全事故报告后，应当立即赶到事故现场，组织事故抢救。

任何单位和个人都应当支持、配合事故抢救，并提供一切便利条件。

第七十三条　事故调查处理应当按照实事求是、尊重科学的原则，及时、准确地查清事故原因，查明事故性质和责任，总结事故教训，提出整改措施，并对事故责任者提出处理意见。事故调查和处理的具体办法由国务院制定。

第七十四条　生产经营单位发生生产安全事故，经调查确定为责任事故的，除了应当查明事故单位的责任并依法予以追究外，还应当查明对安全生产的有关事项负有审查批准和监督职责的行政部门的责任，对有失职、渎职行为的，依照本法第七十七条的规定追究法律责任。

第七十五条　任何单位和个人不得阻挠和干涉对事故的依法调查处理。

第七十六条　县级以上地方各级人民政府负责安全生产监督管理的部门应当定期统计分析本行政区域内发生生产安全事故的情况，并定期向社会公布。

第六章　法 律 责 任

第七十七条　负有安全生产监督管理职责的部门的工作人员，有下列行为之一的，给予降级或者撤职的行政处分；构成犯罪的，依照刑法有关规定追究刑事责任：

（一）对不符合法定安全生产条件的涉及安全生产的事项予以批准或者验收通过的；

（二）发现未依法取得批准、验收的单位擅自从事有关活动或者接到举报后不予取缔或者不依法予以处理的；

（三）对已经依法取得批准的单位不履行监督管理职责，发现其不再具备安全生产条件而不撤销原批准或者发现安全生产违法行为不予查处的。

第七十八条　负有安全生产监督管理职责的部门，要求被审查、验收的单位购买其指定的安全设备、器材或者其他产品的，在对安全生产事项的审查、验收中收取费用的，由其上级机关或者监察机关责令改正，责令退还收取的费用；情节严重的，对直接负责的主管人员和其他直接责任人员依法给予行政处分。

第七十九条　承担安全评价、认证、检测、检验工作的机构，出具虚假证明，构成犯罪的，依照刑法有关规定追究刑事责任；尚不够刑事处罚的，没收违法所得，违法所得在五千元以上的，并处违法所得二倍以上五倍以下的罚款，没有违法所得或者违法所得不足五千元的，单处或者并处五千元以上二万元以下的罚款，对其直接负责的主管人员和其他直接责任人员处五千元以上五万元以下的罚款；给他人造成损害的，与生产经营单位承担连带赔偿责任。

对有前款违法行为的机构，撤销其相应资格。

第八十条　生产经营单位的决策机构、主要负责人、个人经营的投资人不依照本法规定保证安全生产所必需的资金投入，致使生产经营单位不具备安全生产条件的，责令限期改正，提供必需的资金；逾期未改正的，责令生产经营单位停产停业整顿。

有前款违法行为，导致发生生产安全事故，构成犯罪的，依照刑法有关规定追究刑事责任；尚不够刑事处罚的，对生产经营单位的主要负责人给予撤职处分，对个人经营的投资人处二万元以上二十万元以下的罚款。

第八十一条　生产经营单位的主要负责人未履行本法规定的安全生产管理职责的，责令限期改正；逾期未改正的，责令生产经营单位停产停业整顿。

生产经营单位的主要负责人有前款违法行为，导致发生生产安全事故，构成犯罪的，依照刑法有关规定追究刑事责任；尚不够刑事处罚的，给予撤职处分或者处二万元以上二十万元以下的罚款。

生产经营单位的主要负责人依照前款规定受刑事处罚或者撤职处分的，自刑罚执行完毕或者受处分之日起，五年内不得担任任何生产经营单位的主要负责人。

第八十二条　生产经营单位有下列行为之一的，责令限期改正；逾期未改正的，责令停产停业整顿，可以并处二万元以下的罚款：

（一）未按照规定设立安全生产管理机构或者配备安全生产管理人员的；

（二）危险物品的生产、经营、储存单位以及矿山、建筑施工单位的主要负责人和安全生产管理人员未按照规定经考核合格的；

（三）未按照本法第二十一条、第二十二条的规定对从业人员进行安全生产教育和培训，或者未按照本法第三十六条的规定如实告知从业人员有关的安全生产事项的；

（四）特种作业人员未按照规定经专门的安全作业培训并取得特种作业操作资格证书，上岗作业的。

第八十三条　生产经营单位有下列行为之一的，责令限期改正；逾期未改正的，责令停止建设或者停产停业整顿，可以并处五万元以下的罚款；造成严重后果，构成犯罪的，依照刑法有关规定追究刑事责任：

（一）矿山建设项目或者用于生产、储存危险物品的建设项目没有安全设施设计或者安全设施设计未按照规定报经有关部门审查同意的；

（二）矿山建设项目或者用于生产、储存危险物品的建设项目的施工单位未按照批准的安全设施设计施工的；

（三）矿山建设项目或者用于生产、储存危险物品的建设项目竣工投入生产或者使用前，安全设施未经验收合格的；

（四）未在有较大危险因素的生产经营场所和有关设施、设备上设置明显的安全警示标志的；

（五）安全设备的安装、使用、检测、改造和报废不符合国家标准或者行业标准的；

（六）未对安全设备进行经常性维护、保养和定期检测的；

（七）未为从业人员提供符合国家标准或者行业标准的劳动防护用品的；

（八）特种设备以及危险物品的容器、运输工具未经取得专业资质的机构检测、检验合格，取得安全使用证或者安全标志，投入使用的；

（九）使用国家明令淘汰、禁止使用的危及生产安全的工艺、设备的。

第八十四条　未经依法批准，擅自生产、经营、储存危险物品的，责令停止违法行为或者予以关闭，没收违法所得，违法所得十万元以上的，并处违法所得一倍以上五倍以下的罚款，没有违法所得或者违法所得不足十万元的，单处或者并处二万元以上十万元以下的罚款；造成严重后果，构成犯罪的，依照刑法有关规定追究刑事责任。

第八十五条　生产经营单位有下列行为之一的，责令限期改正；逾期未改正的，责令停产停业整顿，可以并处二万元以上十万元以下的罚款；造成严重后果，构成犯罪的，依照刑法有关规定追究刑事责任：

（一）生产、经营、储存、使用危险物品，未建立专门安全管理制度、未采取可靠的安全措施或者不接受有关主管部门依法实施的监督管理的；

（二）对重大危险源未登记建档，或者未进行评估、监控，或者未制定应急预案的；

（三）进行爆破、吊装等危险作业，未安排专门管理人员进行现场安全管理的。

第八十六条　生产经营单位将生产经营项目、场所、设备发包或者出租给不具备安全生产条件或者相应资质的单位或者个人的，责令限期改正，没收违法所得；违法所得五万元以上的，并处违法所得一倍以上五倍以下的罚款；没有违法所得或者违法所得不足五万元的，单处或者并处一万元以上五万元以下的罚款；导致发生生产安全事故给他人造成损害的，与承包方、承租方承担连带赔偿责任。

生产经营单位未与承包单位、承租单位签订专门的安全生产管理协议或者未在承包合同、租赁合同中明确各自的安全生产管理职责，或者未对承包单位、承租单位的安全生产统一协调、管理的，责令限期改正；逾期未改正的，责令停产停业整顿。

第八十七条　两个以上生产经营单位在同一作业区域内进行可能危及对方安全生产的生产经营活动，未签订安全生产管理协议或者未指定专职安全生产管理人员进行安全检查与协调的，责令限期改正；逾期未改正的，责令停产停业。

第八十八条　生产经营单位有下列行为之一的，责令限期改正；逾期未改正的，责令停产停业整顿；造成严重后果，构成犯罪的，依照刑法有关规定追究刑事责任：

（一）生产、经营、储存、使用危险物品的车间、商店、仓库与员工宿舍在同一座建筑内，或者与员工宿舍的距离不符合安全要求的；

（二）生产经营场所和员工宿舍未设有符合紧急疏散需要、标志明显、保持畅通的出口，或者封闭、堵塞生产经营场所或者员工宿舍出口的。

第八十九条　生产经营单位与从业人员订立协议，免除或者减轻其对从业人员因生产安全事故伤亡依法应承担的责任的，该协议无效；对生产经营单位的主要负责人、个人经营的投资人处二万元以上十万元以下的罚款。

第九十条　生产经营单位的从业人员不服从管理，违反安全生产规章制度或者操作规程的，由生产经营单位给予批评教育，依照有关规章制度给予处分；造成重大事故，构成犯罪的，依照刑法有关规定追究刑事责任。

第九十一条　生产经营单位主要负责人在本单位发生重大生产安全事故时，不立即组织抢救或者在事故调查处理期间擅离职守或者逃匿的，给予降职、撤职的处分，对逃匿的处十五日以下拘留；构成犯罪的，依照刑法有关规定追究刑事责任。

生产经营单位主要负责人对生产安全事故隐瞒不报、谎报或者拖延不报的，依照前款规定处罚。

第九十二条　有关地方人民政府、负有安全生产监督管理职责的部门，对生产安全事故隐瞒不报、谎报或者拖延不报的，对直接负责的主管人员和其他直接责任人员依法给予行政处分；构成犯罪的，依照刑法有关规定追究刑事责任。

第九十三条　生产经营单位不具备本法和其他有关法律、行政法规和国家标准或者行业标准规定的安全生产条件，经停产停业整顿仍不具备安全生产条件的，予以关闭；有关部门应当依法吊销其有关证照。

第九十四条　本法规定的行政处罚，由负责安全生产监督管理的部门决定；予以关闭的行政处罚由负责安全生产监督管理的部门报请县级以上人民政府按照国务院规定的权限决定；给予拘留的行政处罚由公安机关依照治安管理处罚条例的规定决定。有关法律、行政法规对行政处罚的决定机关另有规定的，依照其规定。

第九十五条　生产经营单位发生生产安全事故造成人员伤亡、他人财产损失的，应当依法承担赔偿责任；拒不承担或者其负责人逃匿的，由人民法院依法强制执行。

生产安全事故的责任人未依法承担赔偿责任，经人民法院依法采取执行措施后，仍不能对受害人给予足额赔偿的，应当继续履行赔偿义务；受害人发现责任人有其他财产的，可以随时请求人民法院执行。

第七章　附　　则

第九十六条　本法下列用语的含义：

危险物品，是指易燃易爆物品、危险化学品、放射性物品等能够危及人身安全和财产安全的物品。

重大危险源，是指长期地或者临时地生产、搬运、使用或者储存危险物品，且危险物品的数量等于或者超过临界量的单元（包括场所和设施）。

第九十七条　本法自 2002 年 11 月 1 日起施行。

二、中华人民共和国职业病防治法

（2001 年 10 月 27 日第九届全国人民代表大会常务委员会第 24 次会议通过，2001 年 10 月 27 日中华人民共和国主席令第 60 号公布，自 2002 年 5 月 1 日起施行）

第一章　总　则

第一条　为了预防、控制和消除职业病危害，防治职业病，保护劳动者健康及其相关权益，促进经济发展，根据宪法，制定本法。

第二条　本法适用于中华人民共和国领域内的职业病防治活动。

本法所称职业病，是指企业、事业单位和个体经济组织（以下统称用人单位）的劳动者在职业活动中，因接触粉尘、放射性物质和其他有毒、有害物质等因素而引起的疾病。

职业病的分类和目录由国务院卫生行政部门会同国务院劳动保障行政部门规定、调整并公布。

第三条　职业病防治工作坚持预防为主、防治结合的方针，实行分类管理、综合治理。

第四条　劳动者依法享有职业卫生保护的权利。

用人单位应当为劳动者创造符合国家职业卫生标准和卫生要求的工作环境和条件，并采取措施保障劳动者获得职业卫生保护。

第五条　用人单位应当建立、健全职业病防治责任制，加强对职业病防治的管理，提高职业病防治水平，对本单位产生的职业病危害承担责任。

第六条　用人单位必须依法参加工伤社会保险。

国务院和县级以上地方人民政府劳动保障行政部门应当加强对工伤社会保险的监督管理，确保劳动者依法享受工伤社会保险待遇。

第七条　国家鼓励研制、开发、推广、应用有利于职业病防治和保护劳动者健康的新技术、新工艺、新材料，加强对职业病的机理和发生规律的基础研究，提高职业病防治科学技术水平；积极采用有效的职业病防治技术、工艺、材料；

限制使用或者淘汰职业病危害严重的技术、工艺、材料。

第八条　国家实行职业卫生监督制度。

国务院卫生行政部门统一负责全国职业病防治的监督管理工作。国务院有关部门在各自的职责范围内负责职业病防治的有关监督管理工作。

县级以上地方人民政府卫生行政部门负责本行政区域内职业病防治的监督管理工作。县级以上地方人民政府有关部门在各自的职责范围内负责职业病防治的有关监督管理工作。

第九条　国务院和县级以上地方人民政府应当制定职业病防治规划，将其纳入国民经济和社会发展计划，并组织实施。

乡、民族乡、镇的人民政府应当认真执行本法，支持卫生行政部门依法履行职责。

第十条　县级以上人民政府卫生行政部门和其他有关部门应当加强对职业病防治的宣传教育，普及职业病防治的知识，增强用人单位的职业病防治观念，提高劳动者的自我健康保护意识。

第十一条　有关防治职业病的国家职业卫生标准，由国务院卫生行政部门制定并公布。

第十二条　任何单位和个人有权对违反本法的行为进行检举和控告。

对防治职业病成绩显著的单位和个人，给予奖励。

第二章　前期预防

第十三条　产生职业病危害的用人单位的设立除应当符合法律、行政法规规定的设立条件外，其工作场所还应当符合下列职业卫生要求：

（一）职业病危害因素的强度或者浓度符合国家职业卫生标准；

（二）有与职业病危害防护相适应的设施；

（三）生产布局合理，符合有害与无害作业分开的原则；

（四）有配套的更衣间、洗浴间、孕妇休息间等卫生设施；

（五）设备、工具、用具等设施符合保护劳动者生理、心理健康的要求；

（六）法律、行政法规和国务院卫生行政部门关于保护劳动者健康的其他要求。

第十四条　在卫生行政部门中建立职业病危害项目的申报制度。

用人单位设有依法公布的职业病目录所列职业病的危害项目的，应当及时、如实向卫生行政部门申报，接受监督。

职业病危害项目申报的具体办法由国务院卫生行政部门制定。

第十五条　新建、扩建、改建建设项目和技术改造、技术引进项目（以下统称建设项目）可能产生职业病危害的，建设单位在可行性论证阶段应当向卫生行政部门提交职业病危害预评价报告。卫生行政部门应当自收到职业病危害预评价报告之日起三十日内，作出审核决定并书面通知建设单位。未提交预评价报告或者预评价报告未经卫生行政部门审核同意的，有关部门不得批准该建设项目。

职业病危害预评价报告应当对建设项目可能产生的职业病危害因素及其对工作场所和劳动者健康的影响作出评价，确定危害类别和职业病防护措施。

建设项目职业病危害分类目录和分类管理办法由国务院卫生行政部门制定。

第十六条　建设项目的职业病防护设施所需费用应当纳入建设项目工程预算，并与主体工程同时设计，同时施工，同时投入生产和使用。

职业病危害严重的建设项目的防护设施设计，应当经卫生行政部门进行卫生审查，符合国家职业卫生标准和卫生要求的，方可施工。

建设项目在竣工验收前，建设单位应当进行职业病危害控制效果评价。建设项目竣工验收时，其职业病防护设施经卫生行政部门验收合格后，方可投入正式生产和使用。

第十七条　职业病危害预评价、职业病危害控制效果评价由依法设立的取得省级以上人民政府卫生行政部门资质认证的职业卫生技术服务机构进行。职业卫生技术服务机构所作评价应当客观、真实。

第十八条　国家对从事放射、高毒等作业实行特殊管理。具体管理办法由国务院制定。

第三章　劳动过程中的防护与管理

第十九条　用人单位应当采取下列职业病防治管理措施：

（一）设置或者指定职业卫生管理机构或者组织，配备专职或者兼职的职业卫生专业人员，负责本单位的职业病防治工作；

（二）制定职业病防治计划和实施方案；

（三）建立、健全职业卫生管理制度和操作规程；

（四）建立、健全职业卫生档案和劳动者健康监护档案；

（五）建立、健全工作场所职业病危害因素监测及评价制度；

（六）建立、健全职业病危害事故应急救援预案。

第二十条　用人单位必须采用有效的职业病防护设施，并为劳动者提供个人使用的职业病防护用品。

用人单位为劳动者个人提供的职业病防护用品必须符合防治职业病的要求；

不符合要求的，不得使用。

第二十一条　用人单位应当优先采用有利于防治职业病和保护劳动者健康的新技术、新工艺、新材料，逐步替代职业病危害严重的技术、工艺、材料。

第二十二条　产生职业病危害的用人单位，应当在醒目位置设置公告栏，公布有关职业病防治的规章制度、操作规程、职业病危害事故应急救援措施和工作场所职业病危害因素检测结果。

对产生严重职业病危害的作业岗位，应当在其醒目位置，设置警示标识和中文警示说明。警示说明应当载明产生职业病危害的种类、后果、预防以及应急救治措施等内容。

第二十三条　对可能发生急性职业损伤的有毒、有害工作场所，用人单位应当设置报警装置，配置现场急救用品、冲洗设备、应急撤离通道和必要的泄险区。

对放射工作场所和放射性同位素的运输、储存，用人单位必须配置防护设备和报警装置，保证接触放射线的工作人员佩戴个人剂量计。

对职业病防护设备、应急救援设施和个人使用的职业病防护用品，用人单位应当进行经常性的维护、检修，定期检测其性能和效果，确保其处于正常状态，不得擅自拆除或者停止使用。

第二十四条　用人单位应当实施由专人负责的职业病危害因素日常监测，并确保监测系统处于正常运行状态。

用人单位应当按照国务院卫生行政部门的规定，定期对工作场所进行职业病危害因素检测、评价。检测、评价结果存入用人单位职业卫生档案，定期向所在地卫生行政部门报告并向劳动者公布。

职业病危害因素检测、评价由依法设立的取得省级以上人民政府卫生行政部门资质认证的职业卫生技术服务机构进行。职业卫生技术服务机构所作检测、评价应当客观、真实。

发现工作场所职业病危害因素不符合国家职业卫生标准和卫生要求时，用人单位应当立即采取相应治理措施，仍然达不到国家职业卫生标准和卫生要求的，必须停止存在职业病危害因素的作业；职业病危害因素经治理后，符合国家职业卫生标准和卫生要求的，方可重新作业。

第二十五条　向用人单位提供可能产生职业病危害的设备的，应当提供中文说明书，并在设备的醒目位置设置警示标识和中文警示说明。警示说明应当载明设备性能、可能产生的职业病危害、安全操作和维护注意事项、职业病防护以及应急救治措施等内容。

第二十六条　向用人单位提供可能产生职业病危害的化学品、放射性同位素和含有放射性物质的材料的，应当提供中文说明书。说明书应当载明产品特性、主要成分、存在的有害因素、可能产生的危害后果、安全使用注意事项、职业病防护以及应急救治措施等内容。产品包装应当有醒目的警示标识和中文警示说明。储存上述材料的场所应当在规定的部位设置危险物品标识或者放射性警示标识。

国内首次使用或者首次进口与职业病危害有关的化学材料，使用单位或者进口单位按照国家规定经国务院有关部门批准后，应当向国务院卫生行政部门报送该化学材料的毒性鉴定以及经有关部门登记注册或者批准进口的文件等资料。

进口放射性同位素、射线装置和含有放射性物质的物品的，按照国家有关规定办理。

第二十七条　任何单位和个人不得生产、经营、进口和使用国家明令禁止使用的可能产生职业病危害的设备或者材料。

第二十八条　任何单位和个人不得将产生职业病危害的作业转移给不具备职业病防护条件的单位和个人。不具备职业病防护条件的单位和个人不得接受产生职业病危害的作业。

第二十九条　用人单位对采用的技术、工艺、材料，应当知悉其产生的职业病危害，对有职业病危害的技术、工艺、材料隐瞒其危害而采用的，对所造成的职业病危害后果承担责任。

第三十条　用人单位与劳动者订立劳动合同（含聘用合同，下同）时，应当将工作过程中可能产生的职业病危害及其后果、职业病防护措施和待遇等如实告知劳动者，并在劳动合同中写明，不得隐瞒或者欺骗。

劳动者在已订立劳动合同期间因工作岗位或者工作内容变更，从事与所订立劳动合同中未告知的存在职业病危害的作业时，用人单位应当依照前款规定，向劳动者履行如实告知的义务，并协商变更原劳动合同相关条款。

用人单位违反前两款规定的，劳动者有权拒绝从事存在职业病危害的作业，用人单位不得因此解除或者终止与劳动者所订立的劳动合同。

第三十一条　用人单位的负责人应当接受职业卫生培训，遵守职业病防治法律、法规，依法组织本单位的职业病防治工作。

用人单位应当对劳动者进行上岗前的职业卫生培训和在岗期间的定期职业卫生培训，普及职业卫生知识，督促劳动者遵守职业病防治法律、法规、规章和操作规程，指导劳动者正确使用职业病防护设备和个人使用的职业病防护用品。

劳动者应当学习和掌握相关的职业卫生知识，遵守职业病防治法律、法规、规章和操作规程，正确使用、维护职业病防护设备和个人使用的职业病防护用品，发现职业病危害事故隐患应当及时报告。

劳动者不履行前款规定义务的，用人单位应当对其进行教育。

第三十二条　对从事接触职业病危害的作业的劳动者，用人单位应当按照国务院卫生行政部门的规定组织上岗前、在岗期间和离岗时的职业健康检查，并将检查结果如实告知劳动者。职业健康检查费用由用人单位承担。

用人单位不得安排未经上岗前职业健康检查的劳动者从事接触职业病危害的作业；不得安排有职业禁忌的劳动者从事其所禁忌的作业；对在职业健康检查中发现有与所从事的职业相关的健康损害的劳动者，应当调离原工作岗位，并妥善安置；对未进行离岗前职业健康检查的劳动者不得解除或者终止与其订立的劳动合同。

职业健康检查应当由省级以上人民政府卫生行政部门批准的医疗卫生机构承担。

第三十三条　用人单位应当为劳动者建立职业健康监护档案，并按照规定的期限妥善保存。

职业健康监护档案应当包括劳动者的职业史、职业病危害接触史、职业健康检查结果和职业病诊疗等有关个人健康资料。

劳动者离开用人单位时，有权索取本人职业健康监护档案复印件，用人单位应当如实、无偿提供，并在所提供的复印件上签章。

第三十四条　发生或者可能发生急性职业病危害事故时，用人单位应当立即采取应急救援和控制措施，并及时报告所在地卫生行政部门和有关部门。卫生行政部门接到报告后，应当及时会同有关部门组织调查处理；必要时，可以采取临时控制措施。

对遭受或者可能遭受急性职业病危害的劳动者，用人单位应当及时组织救治、进行健康检查和医学观察，所需费用由用人单位承担。

第三十五条　用人单位不得安排未成年工从事接触职业病危害的作业；不得安排孕期、哺乳期的女职工从事对本人和胎儿、婴儿有危害的作业。

第三十六条　劳动者享有下列职业卫生保护权利：

（一）获得职业卫生教育、培训；

（二）获得职业健康检查、职业病诊疗、康复等职业病防治服务；

（三）了解工作场所产生或者可能产生的职业病危害因素、危害后果和应当采取的职业病防护措施；

（四）要求用人单位提供符合防治职业病要求的职业病防护设施和个人使用

的职业病防护用品，改善工作条件；

（五）对违反职业病防治法律、法规以及危及生命健康的行为提出批评、检举和控告；

（六）拒绝违章指挥和强令进行没有职业病防护措施的作业；

（七）参与用人单位职业卫生工作的民主管理，对职业病防治工作提出意见和建议。

用人单位应当保障劳动者行使前款所列权利。因劳动者依法行使正当权利而降低其工资、福利等待遇或者解除、终止与其订立的劳动合同的，其行为无效。

第三十七条　工会组织应当督促并协助用人单位开展职业卫生宣传教育和培训，对用人单位的职业病防治工作提出意见和建议，与用人单位就劳动者反映的有关职业病防治的问题进行协调并督促解决。

工会组织对用人单位违反职业病防治法律、法规，侵犯劳动者合法权益的行为，有权要求纠正；产生严重职业病危害时，有权要求采取防护措施，或者向政府有关部门建议采取强制性措施；发生职业病危害事故时，有权参与事故调查处理；发现危及劳动者生命健康的情形时，有权向用人单位建议组织劳动者撤离危险现场，用人单位应当立即作出处理。

第三十八条　用人单位按照职业病防治要求，用于预防和治理职业病危害、工作场所卫生检测、健康监护和职业卫生培训等费用，按照国家有关规定，在生产成本中据实列支。

第四章　职业病诊断与职业病病人保障

第三十九条　职业病诊断应当由省级以上人民政府卫生行政部门批准的医疗卫生机构承担。

第四十条　劳动者可以在用人单位所在地或者本人居住地依法承担职业病诊断的医疗卫生机构进行职业病诊断。

第四十一条　职业病诊断标准和职业病诊断、鉴定办法由国务院卫生行政部门制定。职业病伤残等级的鉴定办法由国务院劳动保障行政部门会同国务院卫生行政部门制定。

第四十二条　职业病诊断，应当综合分析下列因素：

（一）病人的职业史；

（二）职业病危害接触史和现场危害调查与评价；

（三）临床表现以及辅助检查结果等。没有证据否定职业病危害因素与病人临床表现之间的必然联系的，在排除其他致病因素后，应当诊断为职业病。

承担职业病诊断的医疗卫生机构在进行职业病诊断时，应当组织三名以上取得职业病诊断资格的执业医师集体诊断。

职业病诊断证明书应当由参与诊断的医师共同签署，并经承担职业病诊断的医疗卫生机构审核盖章。

第四十三条　用人单位和医疗卫生机构发现职业病病人或者疑似职业病病人时，应当及时向所在地卫生行政部门报告。确诊为职业病的，用人单位还应当向所在地劳动保障行政部门报告。

卫生行政部门和劳动保障行政部门接到报告后，应当依法作出处理。

第四十四条　县级以上地方人民政府卫生行政部门负责本行政区域内的职业病统计报告的管理工作，并按照规定上报。

第四十五条　当事人对职业病诊断有异议的，可以向作出诊断的医疗卫生机构所在地地方人民政府卫生行政部门申请鉴定。

职业病诊断争议由设区的市级以上地方人民政府卫生行政部门根据当事人的申请，组织职业病诊断鉴定委员会进行鉴定。

当事人对设区的市级职业病诊断鉴定委员会的鉴定结论不服的，可以向省、自治区、直辖市人民政府卫生行政部门申请再鉴定。

第四十六条　职业病诊断鉴定委员会由相关专业的专家组成。

省、自治区、直辖市人民政府卫生行政部门应当设立相关的专家库，需要对职业病争议作出诊断鉴定时，由当事人或者当事人委托有关卫生行政部门从专家库中以随机抽取的方式确定参加诊断鉴定委员会的专家。

职业病诊断鉴定委员会应当按照国务院卫生行政部门颁布的职业病诊断标准和职业病诊断、鉴定办法进行职业病诊断鉴定，向当事人出具职业病诊断鉴定书。职业病诊断鉴定费用由用人单位承担。

第四十七条　职业病诊断鉴定委员会组成人员应当遵守职业道德，客观、公正地进行诊断鉴定，并承担相应的责任。职业病诊断鉴定委员会组成人员不得私下接触当事人，不得收受当事人的财物或者其他好处，与当事人有利害关系的，应当回避。

人民法院受理有关案件需要进行职业病鉴定时，应当从省、自治区、直辖市人民政府卫生行政部门依法设立的相关的专家库中选取参加鉴定的专家。

第四十八条　职业病诊断、鉴定需要用人单位提供有关职业卫生和健康监护等资料时，用人单位应当如实提供，劳动者和有关机构也应当提供与职业病诊断、鉴定有关的资料。

第四十九条　医疗卫生机构发现疑似职业病病人时，应当告知劳动者本人并及时通知用人单位。

用人单位应当及时安排对疑似职业病病人进行诊断；在疑似职业病病人诊断或者医学观察期间，不得解除或者终止与其订立的劳动合同。

疑似职业病病人在诊断、医学观察期间的费用，由用人单位承担。

第五十条　职业病病人依法享受国家规定的职业病待遇。

用人单位应当按照国家有关规定，安排职业病病人进行治疗、康复和定期检查。

用人单位对不适宜继续从事原工作的职业病病人，应当调离原岗位，并妥善安置。

用人单位对从事接触职业病危害的作业的劳动者，应当给予适当岗位津贴。

第五十一条　职业病病人的诊疗、康复费用，伤残以及丧失劳动能力的职业病病人的社会保障，按照国家有关工伤社会保险的规定执行。

第五十二条　职业病病人除依法享有工伤社会保险外，依照有关民事法律，尚有获得赔偿的权利的，有权向用人单位提出赔偿要求。

第五十三条　劳动者被诊断患有职业病，但用人单位没有依法参加工伤社会保险的，其医疗和生活保障由最后的用人单位承担；最后的用人单位有证据证明该职业病是先前用人单位的职业病危害造成的，由先前的用人单位承担。

第五十四条　职业病病人变动工作单位，其依法享有的待遇不变。

用人单位发生分立、合并、解散、破产等情形的，应当对从事接触职业病危害的作业的劳动者进行健康检查，并按照国家有关规定妥善安置职业病病人。

第五章　监督检查

第五十五条　县级以上人民政府卫生行政部门依照职业病防治法律、法规、国家职业卫生标准和卫生要求，依据职责划分，对职业病防治工作及职业病危害检测、评价活动进行监督检查。

第五十六条　卫生行政部门履行监督检查职责时，有权采取下列措施：

（一）进入被检查单位和职业病危害现场，了解情况，调查取证；

（二）查阅或者复制与违反职业病防治法律、法规的行为有关的资料和采集样品；

（三）责令违反职业病防治法律、法规的单位和个人停止违法行为。

第五十七条　发生职业病危害事故或者有证据证明危害状态可能导致职业病危害事故发生时，卫生行政部门可以采取下列临时控制措施：

（一）责令暂停导致职业病危害事故的作业；

（二）封存造成职业病危害事故或者可能导致职业病危害事故发生的材料和

设备；

（三）组织控制职业病危害事故现场。

在职业病危害事故或者危害状态得到有效控制后，卫生行政部门应当及时解除控制措施。

第五十八条　职业卫生监督执法人员依法执行职务时，应当出示监督执法证件。

职业卫生监督执法人员应当忠于职守，秉公执法，严格遵守执法规范；涉及用人单位的秘密的，应当为其保密。

第五十九条　职业卫生监督执法人员依法执行职务时，被检查单位应当接受检查并予以支持配合，不得拒绝和阻碍。

第六十条　卫生行政部门及其职业卫生监督执法人员履行职责时，不得有下列行为：

（一）对不符合法定条件的，发给建设项目有关证明文件、资质证明文件或者予以批准；

（二）对已经取得有关证明文件的，不履行监督检查职责；

（三）发现用人单位存在职业病危害的，可能造成职业病危害事故，不及时依法采取控制措施；

（四）其他违反本法的行为。

第六十一条　职业卫生监督执法人员应当依法经过资格认定。

卫生行政部门应当加强队伍建设，提高职业卫生监督执法人员的政治、业务素质，依照本法和其他有关法律、法规的规定，建立、健全内部监督制度，对其工作人员执行法律、法规和遵守纪律的情况，进行监督检查。

第六章　法律责任

第六十二条　建设单位违反本法规定，有下列行为之一的，由卫生行政部门给予警告，责令限期改正；逾期不改正的，处十万元以上五十万元以下的罚款；情节严重的，责令停止产生职业病危害的作业，或者提请有关人民政府按照国务院规定的权限责令停建、关闭：

（一）未按照规定进行职业病危害预评价或者未提交职业病危害预评价报告，或者职业病危害预评价报告未经卫生行政部门审核同意，擅自开工的；

（二）建设项目的职业病防护设施未按照规定与主体工程同时投入生产和使用的；

（三）职业病危害严重的建设项目，其职业病防护设施设计不符合国家职业卫生标准和卫生要求施工的；

（四）未按照规定对职业病防护设施进行职业病危害控制效果评价、未经卫生行政部门验收或者验收不合格，擅自投入使用的。

第六十三条　违反本法规定，有下列行为之一的，由卫生行政部门给予警告，责令限期改正；逾期不改正的，处二万元以下的罚款：

（一）工作场所职业病危害因素检测、评价结果没有存档、上报、公布的；

（二）未采取本法第十九条规定的职业病防治管理措施的；

（三）未按照规定公布有关职业病防治的规章制度、操作规程、职业病危害事故应急救援措施的；

（四）未按照规定组织劳动者进行职业卫生培训，或者未对劳动者个人职业病防护采取指导、督促措施的；

（五）国内首次使用或者首次进口与职业病危害有关的化学材料，未按照规定报送毒性鉴定资料以及经有关部门登记注册或者批准进口的文件的。

第六十四条　用人单位违反本法规定，有下列行为之一的，由卫生行政部门责令限期改正，给予警告，可以并处二万元以上五万元以下的罚款：

（一）未按照规定及时、如实向卫生行政部门申报产生职业病危害的项目的；

（二）未实施由专人负责的职业病危害因素日常监测，或者监测系统不能正常监测的；

（三）订立或者变更劳动合同时，未告知劳动者职业病危害真实情况的；

（四）未按照规定组织职业健康检查、建立职业健康监护档案或者未将检查结果如实告知劳动者的。

第六十五条　用人单位违反本法规定，有下列行为之一的，由卫生行政部门给予警告，责令限期改正，逾期不改正的，处五万元以上二十万元以下的罚款；情节严重的，责令停止产生职业病危害的作业，或者提请有关人民政府按照国务院规定的权限责令关闭：

（一）工作场所职业病危害因素的强度或者浓度超过国家职业卫生标准的；

（二）未提供职业病防护设施和个人使用的职业病防护用品，或者提供的职业病防护设施和个人使用的职业病防护用品不符合国家职业卫生标准和卫生要求的；

（三）对职业病防护设备、应急救援设施和个人使用的职业病防护用品未按照规定进行维护、检修、检测，或者不能保持正常运行、使用状态的；

（四）未按照规定对工作场所职业病危害因素进行检测、评价的；

（五）工作场所职业病危害因素经治理仍然达不到国家职业卫生标准和卫生要求时，未停止存在职业病危害因素的作业的；

（六）未按照规定安排职业病病人、疑似职业病病人进行诊治的；

（七）发生或者可能发生急性职业病危害事故时，未立即采取应急救援和控制措施或者未按照规定及时报告的；

（八）未按照规定在产生严重职业病危害的作业岗位醒目位置设置警示标识和中文警示说明的；

（九）拒绝卫生行政部门监督检查的。

第六十六条　向用人单位提供可能产生职业病危害的设备、材料，未按照规定提供中文说明书或者设置警示标识和中文警示说明的，由卫生行政部门责令限期改正，给予警告，并处五万元以上二十万元以下的罚款。

第六十七条　用人单位和医疗卫生机构未按照规定报告职业病、疑似职业病的，由卫生行政部门责令限期改正，给予警告，可以并处一万元以下的罚款；弄虚作假的，并处二万元以上五万元以下的罚款；对直接负责的主管人员和其他直接责任人员，可以依法给予降级或者撤职的处分。

第六十八条　违反本法规定，有下列情形之一的，由卫生行政部门责令限期治理，并处五万元以上三十万元以下的罚款；情节严重的，责令停止产生职业病危害的作业，或者提请有关人民政府按照国务院规定的权限责令关闭：

（一）隐瞒技术、工艺、材料所产生的职业病危害而采用的；

（二）隐瞒本单位职业卫生真实情况的；

（三）可能发生急性职业损伤的有毒、有害工作场所、放射工作场所或者放射性同位素的运输、储存不符合本法第二十三条规定的；

（四）使用国家明令禁止使用的可能产生职业病危害的设备或者材料的；

（五）将产生职业病危害的作业转移给没有职业病防护条件的单位和个人，或者没有职业病防护条件的单位和个人接受产生职业病危害的作业的；

（六）擅自拆除、停止使用职业病防护设备或者应急救援设施的；

（七）安排未经职业健康检查的劳动者、有职业禁忌的劳动者、未成年工或者孕期、哺乳期女职工从事接触职业病危害的作业或者禁忌作业的；

（八）违章指挥和强令劳动者进行没有职业病防护措施的作业的。

第六十九条　生产、经营或者进口国家明令禁止使用的可能产生职业病危害的设备或者材料的，依照有关法律、行政法规的规定给予处罚。

第七十条　用人单位违反本法规定，已经对劳动者生命健康造成严重损害的，由卫生行政部门责令停止产生职业病危害的作业，或者提请有关人民政府按照国务院规定的权限责令关闭，并处十万元以上三十万元以下的罚款。

第七十一条　用人单位违反本法规定，造成重大职业病危害事故或者其他严重后果，构成犯罪的，对直接负责的主管人员和其他直接责任人员，依法追究刑事责任。

第七十二条　未取得职业卫生技术服务资质认证擅自从事职业卫生技术服务的，或者医疗卫生机构未经批准擅自从事职业健康检查、职业病诊断的，由卫生行政部门责令立即停止违法行为，没收违法所得；违法所得五千元以上的，并处违法所得二倍以上十倍以下的罚款；没有违法所得或者违法所得不足五千元的，并处五千元以上五万元以下的罚款；情节严重的，对直接负责的主管人员和其他直接责任人员，依法给予降级、撤职或者开除的处分。

第七十三条　从事职业卫生技术服务的机构和承担职业健康检查、职业病诊断的医疗卫生机构违反本法规定，有下列行为之一的，由卫生行政部门责令立即停止违法行为，给予警告，没收违法所得；违法所得五千元以上的，并处违法所得二倍以上五倍以下的罚款；没有违法所得或者违法所得不足五千元的，并处五千元以上二万元以下的罚款；情节严重的，由原认证或者批准机关取消其相应的资格；对直接负责的主管人员和其他直接责任人员，依法给予降级、撤职或者开除的处分；构成犯罪的，依法追究刑事责任：

（一）超出资质认证或者批准范围从事职业卫生技术服务或者职业健康检查、职业病诊断的；

（二）不按照本法规定履行法定职责的；

（三）出具虚假证明文件的。

第七十四条　职业病诊断鉴定委员会组成人员收受职业病诊断争议当事人的财物或者其他好处的，给予警告，没收收受的财物，可以并处三千元以上五万元以下的罚款，取消其担任职业病诊断鉴定委员会组成人员的资格，并从省、自治区、直辖市人民政府卫生行政部门设立的专家库中予以除名。

第七十五条　卫生行政部门不按照规定报告职业病和职业病危害事故的，由上一级卫生行政部门责令改正，通报批评，给予警告；虚报、瞒报的，对单位负责人、直接负责的主管人员和其他直接责任人员依法给予降级、撤职或者开除的行政处分。

第七十六条　卫生行政部门及其职业卫生监督执法人员有本法第六十条所列行为之一，导致职业病危害事故发生，构成犯罪的，依法追究刑事责任；尚不构成犯罪的，对单位负责人、直接负责的主管人员和其他直接责任人员依法给予降级、撤职或者开除的行政处分。

第七章　附　　则

第七十七条　本法下列用语的含义：

职业病危害，是指对从事职业活动的劳动者可能导致职业病的各种危害。职业病危害因素包括：职业活动中存在的各种有害的化学、物理、生物因素以及在作业过程中产生的其他职业有害因素。

职业禁忌，是指劳动者从事特定职业或者接触特定职业病危害因素时，比一般职业人群更易于遭受职业病危害和罹患职业病或者可能导致原有自身疾病病情加重，或者在从事作业过程中诱发可能导致对他人生命健康构成危险的疾病的个人特殊生理或者病理状态。

第七十八条　本法第二条规定的用人单位以外的单位，产生职业病危害的，其职业病防治活动可以参照本法执行。

中国人民解放军参照执行本法的办法，由国务院、中央军事委员会制定。

第七十九条　本法自 2002 年 5 月 1 日起施行。

三、使用有毒物品作业场所劳动保护条例

（2002 年 4 月 30 日国务院第 57 次常务会议通过，2002 年 5 月 20 日中华人民共和国国务院令第 352 号公布，自 2002 年 5 月 20 日起施行）

第一章　总　　则

第一条　为了保证作业场所安全使用有毒物品，预防、控制和消除职业中毒危害，保护劳动者的生命安全、身体健康及其相关权益，根据职业病防治法和其他有关法律、行政法规的规定，制定本条例。

第二条　作业场所使用有毒物品可能产生职业中毒危害的劳动保护，适用本条例。

第三条　按照有毒物品产生的职业中毒危害程度，有毒物品分为一般有毒物品和高毒物品。国家对作业场所使用高毒物品实行特殊管理。

一般有毒物品目录、高毒物品目录由国务院卫生行政部门会同有关部门依据国家标准制定、调整并公布。

第四条　从事使用有毒物品作业的用人单位（以下简称用人单位）应当使用符合国家标准的有毒物品，不得在作业场所使用国家明令禁止使用的有毒物品或者使用不符合国家标准的有毒物品。

用人单位应当尽可能使用无毒物品；需要使用有毒物品的，应当优先选择使用低毒物品。

第五条　用人单位应当依照本条例和其他有关法律、行政法规的规定，采取有效的防护措施，预防职业中毒事故的发生，依法参加工伤保险，保障劳动者的生命安全和身体健康。

第六条　国家鼓励研制、开发、推广、应用有利于预防、控制、消除职业中毒危害和保护劳动者健康的新技术、新工艺、新材料；限制使用或者淘汰有关职业中毒危害严重的技术、工艺、材料；加强对有关职业病的机理和发生规律的基础研究，提高有关职业病防治科学技术水平。

第七条　禁止使用童工。

用人单位不得安排未成年人和孕期、哺乳期的女职工从事使用有毒物品的作业。

第八条　工会组织应当督促并协助用人单位开展职业卫生宣传教育和培训，对用人单位的职业卫生工作提出意见和建议，与用人单位就劳动者反映的职业病防治问题进行协调并督促解决。

工会组织对用人单位违反法律、法规，侵犯劳动者合法权益的行为，有权要求纠正；产生严重职业中毒危害时，有权要求用人单位采取防护措施，或者向政府有关部门建议采取强制性措施；发生职业中毒事故时，有权参与事故调查处理；发现危及劳动者生命、健康的情形时，有权建议用人单位组织劳动者撤离危险现场，用人单位应当立即作出处理。

第九条　县级以上人民政府卫生行政部门及其他有关行政部门应当依据各自的职责，监督用人单位严格遵守本条例和其他有关法律、法规的规定，加强作业场所使用有毒物品的劳动保护，防止职业中毒事故发生，确保劳动者依法享有的权利。

第十条　各级人民政府应当加强对使用有毒物品作业场所职业卫生安全及相关劳动保护工作的领导，督促、支持卫生行政部门及其他有关行政部门依法履行监督检查职责，及时协调、解决有关重大问题；在发生职业中毒事故时，应当采取有效措施，控制事故危害的蔓延并消除事故危害，并妥善处理有关善后工作。

第二章　作业场所的预防措施

第十一条　用人单位的设立，应当符合有关法律、行政法规规定的设立条件，并依法办理有关手续，取得营业执照。用人单位的使用有毒物品作业场所，除应当符合职业病防治法规定的职业卫生要求外，还必须符合下列要求：

（一）作业场所与生活场所分开，作业场所不得住人；

（二）有害作业与无害作业分开，高毒作业场所与其他作业场所隔离；

（三）设置有效的通风装置；可能突然泄漏大量有毒物品或者易造成急性中毒的作业场所，设置自动报警装置和事故通风设施；

（四）高毒作业场所设置应急撤离通道和必要的泄险区。

用人单位及其作业场所符合前两款规定的，由卫生行政部门发给职业卫生安全许可证，方可从事使用有毒物品的作业。

第十二条　使用有毒物品作业场所应当设置黄色区域警示线、警示标识和中文警示说明。警示说明应当载明产生职业中毒危害的种类、后果、预防以及应急救治措施等内容。

高毒作业场所应当设置红色区域警示线、警示标识和中文警示说明，并设置通信报警设备。

第十三条　新建、扩建、改建的建设项目和技术改造、技术引进项目（以下统称建设项目），可能产生职业中毒危害的，应当依照职业病防治法的规定进行职业中毒危害预评价，并经卫生行政部门审核同意；可能产生职业中毒危害的建设项目的职业中毒危害防护设施应当与主体工程同时设计，同时施工，同时投入生产和使用；建设项目竣工，应当进行职业中毒危害控制效果评价，并经卫生行政部门验收合格。

存在高毒作业的建设项目的职业中毒危害防护设施设计，应当经卫生行政部门进行卫生审查；经审查，符合国家职业卫生标准和卫生要求的，方可施工。

第十四条　用人单位应当按照国务院卫生行政部门的规定，向卫生行政部门及时、如实申报存在职业中毒危害项目。

从事使用高毒物品作业的用人单位，在申报使用高毒物品作业项目时，应当向卫生行政部门提交下列有关资料：

（一）职业中毒危害控制效果评价报告；

（二）职业卫生管理制度和操作规程等材料；

（三）职业中毒事故应急救援预案。

从事使用高毒物品作业的用人单位变更所使用的高毒物品品种的，应当依照前款规定向原受理申报的卫生行政部门重新申报。

第十五条　用人单位变更名称、法定代表人或者负责人的，应当向原受理申报的卫生行政部门备案。

第十六条　从事使用高毒物品作业的用人单位，应当配备应急救援人员和必要的应急救援器材、设备，制定事故应急救援预案，并根据实际情况变化对应急救援预案适时进行修订，定期组织演练。事故应急救援预案和演练记录应当报当地卫生行政部门、安全生产监督管理部门和公安部门备案。

第三章　劳动过程的防护

第十七条　用人单位应当依照职业病防治法的有关规定，采取有效的职业卫生防护管理措施，加强劳动过程中的防护与管理。

从事使用高毒物品作业的用人单位，应当配备专职的或者兼职的职业卫生医师和护士；不具备配备专职的或者兼职的职业卫生医师和护士条件的，应当与依法取得资质认证的职业卫生技术服务机构签订合同，由其提供职业卫生服务。

第十八条　用人单位应当与劳动者订立劳动合同，将工作过程中可能产生的职业中毒危害及其后果、职业中毒危害防护措施和待遇等如实告知劳动者，并在劳动合同中写明，不得隐瞒或者欺骗。

劳动者在已订立劳动合同期间因工作岗位或者工作内容变更，从事劳动合同中未告知的存在职业中毒危害的作业时，用人单位应当依照前款规定，如实告知劳动者，并协商变更原劳动合同有关条款。

用人单位违反前两款规定的，劳动者有权拒绝从事存在职业中毒危害的作业，用人单位不得因此单方面解除或者终止与劳动者所订立的劳动合同。

第十九条　用人单位有关管理人员应当熟悉有关职业病防治的法律、法规以及确保劳动者安全使用有毒物品作业的知识。

用人单位应当对劳动者进行上岗前的职业卫生培训和在岗期间的定期职业卫生培训，普及有关职业卫生知识，督促劳动者遵守有关法律、法规和操作规程，指导劳动者正确使用职业中毒危害防护设备和个人使用的职业中毒危害防护用品。

劳动者经培训考核合格，方可上岗作业。

第二十条　用人单位应当确保职业中毒危害防护设备、应急救援设施、通信报警装置处于正常适用状态，不得擅自拆除或者停止运行。

用人单位应当对前款所列设施进行经常性的维护、检修，定期检测其性能和效果，确保其处于良好运行状态。

职业中毒危害防护设备、应急救援设施和通信报警装置处于不正常状态时，用人单位应当立即停止使用有毒物品作业；恢复正常状态后，方可重新作业。

第二十一条　用人单位应当为从事使用有毒物品作业的劳动者提供符合国家职业卫生标准的防护用品，并确保劳动者正确使用。

第二十二条　有毒物品必须附具说明书，如实载明产品特性、主要成分、存在的职业中毒危害因素、可能产生的危害后果、安全使用注意事项、职业中毒危害防护以及应急救治措施等内容；没有说明书或者说明书不符合要求的，不得向用人单位销售。

用人单位有权向生产、经营有毒物品的单位索取说明书。

第二十三条　有毒物品的包装应当符合国家标准，并以易于劳动者理解的方式加贴或者拴挂有毒物品安全标签。有毒物品的包装必须有醒目的警示标识和中文警示说明。

经营、使用有毒物品的单位，不得经营、使用没有安全标签、警示标识和中文警示说明的有毒物品。

第二十四条　用人单位维护、检修存在高毒物品的生产装置，必须事先制订维护、检修方案，明确职业中毒危害防护措施，确保维护、检修人员的生命安全和身体健康。

维护、检修存在高毒物品的生产装置，必须严格按照维护、检修方案和操作规程进行。维护、检修现场应当有专人监护，并设置警示标志。

第二十五条　需要进入存在高毒物品的设备、容器或者狭窄封闭场所作业时，用人单位应当事先采取下列措施：

（一）保持作业场所良好的通风状态，确保作业场所职业中毒危害因素浓度符合国家职业卫生标准；

（二）为劳动者配备符合国家职业卫生标准的防护用品；

（三）设置现场监护人员和现场救援设备。

未采取前款规定措施或者采取的措施不符合要求的，用人单位不得安排劳动者进入存在高毒物品的设备、容器或者狭窄封闭场所作业。

第二十六条　用人单位应当按照国务院卫生行政部门的规定，定期对使用有毒物品作业场所职业中毒危害因素进行检测、评价。检测、评价结果存入用人单位职业卫生档案，定期向所在地卫生行政部门报告并向劳动者公布。

从事使用高毒物品作业的用人单位应当至少每一个月对高毒作业场所进行一次职业中毒危害因素检测；至少每半年进行一次职业中毒危害控制效果评价。

高毒作业场所职业中毒危害因素不符合国家职业卫生标准和卫生要求时，用人单位必须立即停止高毒作业，并采取相应的治理措施；经治理，职业中毒危害因素符合国家职业卫生标准和卫生要求的，方可重新作业。

第二十七条　从事使用高毒物品作业的用人单位应当设置淋浴间和更衣室，并设置清洗、存放或者处理从事使用高毒物品作业劳动者的工作服、工作鞋帽等物品的专用间。

劳动者结束作业时，其使用的工作服、工作鞋帽等物品必须存放在高毒作业区域内，不得穿戴到非高毒作业区域。

第二十八条　用人单位应当按照规定对从事使用高毒物品作业的劳动者进行岗位轮换。用人单位应当为从事使用高毒物品作业的劳动者提供岗位津贴。

第二十九条　用人单位转产、停产、停业或者解散、破产的，应当采取有效措施，妥善处理留存或者残留有毒物品的设备、包装物和容器。

第三十条　用人单位应当对本单位执行本条例规定的情况进行经常性的监督检查；发现问题，应当及时依照本条例规定的要求进行处理。

第四章　职业健康监护

第三十一条　用人单位应当组织从事使用有毒物品作业的劳动者进行上岗前

职业健康检查。

用人单位不得安排未经上岗前职业健康检查的劳动者从事使用有毒物品的作业，不得安排有职业禁忌的劳动者从事其所禁忌的作业。

第三十二条　用人单位应当对从事使用有毒物品作业的劳动者进行定期职业健康检查。

用人单位发现有职业禁忌或者有与所从事职业相关的健康损害的劳动者，应当将其及时调离原工作岗位，并妥善安置。

用人单位对需要复查和医学观察的劳动者，应当按照体检机构的要求安排其复查和医学观察。

第三十三条　用人单位应当对从事使用有毒物品作业的劳动者进行离岗时的职业健康检查；对离岗时未进行职业健康检查的劳动者，不得解除或者终止与其订立的劳动合同。

用人单位发生分立、合并、解散、破产等情形的，应当对从事使用有毒物品作业的劳动者进行健康检查，并按照国家有关规定妥善安置职业病病人。

第三十四条　用人单位对受到或者可能受到急性职业中毒危害的劳动者，应当及时组织进行健康检查和医学观察。

第三十五条　劳动者职业健康检查和医学观察的费用，由用人单位承担。

第三十六条　用人单位应当建立职业健康监护档案。职业健康监护档案应当包括下列内容：

（一）劳动者的职业史和职业中毒危害接触史；

（二）相应作业场所职业中毒危害因素监测结果；

（三）职业健康检查结果及处理情况；

（四）职业病诊疗等劳动者健康资料。

第五章　劳动者的权利与义务

第三十七条　从事使用有毒物品作业的劳动者在存在威胁生命安全或者身体健康危险的情况下，有权通知用人单位并从使用有毒物品造成的危险现场撤离。

用人单位不得因劳动者依据前款规定行使权利，而取消或者减少劳动者在正常工作时享有的工资、福利待遇。

第三十八条　劳动者享有下列职业卫生保护权利：

（一）获得职业卫生教育、培训；

（二）获得职业健康检查、职业病诊疗、康复等职业病防治服务；

（三）了解工作场所产生或者可能产生的职业中毒危害因素、危害后果和应当采取的职业中毒危害防护措施；

（四）要求用人单位提供符合防治职业病要求的职业中毒危害防护设施和个人使用的职业中毒危害防护用品，改善工作条件；

（五）对违反职业病防治法律、法规，危及生命、健康的行为提出批评、检举和控告；

（六）拒绝违章指挥和强令进行没有职业中毒危害防护措施的作业；

（七）参与用人单位职业卫生工作的民主管理，对职业病防治工作提出意见和建议。

用人单位应当保障劳动者行使前款所列权利。禁止因劳动者依法行使正当权利而降低其工资、福利等待遇或者解除、终止与其订立的劳动合同。

第三十九条　劳动者有权在正式上岗前从用人单位获得下列资料：

（一）作业场所使用的有毒物品的特性、有害成分、预防措施、教育和培训资料；

（二）有毒物品的标签、标识及有关资料；

（三）有毒物品安全使用说明书；

（四）可能影响安全使用有毒物品的其他有关资料。

第四十条　劳动者有权查阅、复印其本人职业健康监护档案。

劳动者离开用人单位时，有权索取本人健康监护档案复印件；用人单位应当如实、无偿提供，并在所提供的复印件上签章。

第四十一条　用人单位按照国家规定参加工伤保险的，患职业病的劳动者有权按照国家有关工伤保险的规定，享受下列工伤保险待遇：

（一）医疗费：因患职业病进行诊疗所需费用，由工伤保险基金按照规定标准支付；

（二）住院伙食补助费：由用人单位按照当地因公出差伙食标准的一定比例支付；

（三）康复费：由工伤保险基金按照规定标准支付；

（四）残疾用具费：因残疾需要配置辅助器具的，所需费用由工伤保险基金按照普及型辅助器具标准支付；

（五）停工留薪期待遇：原工资、福利待遇不变，由用人单位支付；

（六）生活护理补助费：经评残并确认需要生活护理的，生活护理补助费由工伤保险基金按照规定标准支付；

（七）一次性伤残补助金：经鉴定为十级至一级伤残的，按照伤残等级享受相当于 6 个月至 24 个月的本人工资的一次性伤残补助金，由工伤保险基金支付；

（八）伤残津贴：经鉴定为四级至一级伤残的，按照规定享受相当于本人工资75％至90％的伤残津贴，由工伤保险基金支付；

（九）死亡补助金：因职业中毒死亡的，由工伤保险基金按照不低于48个月的统筹地区上年度职工月平均工资的标准一次支付；

（十）丧葬补助金：因职业中毒死亡的，由工伤保险基金按照6个月的统筹地区上年度职工月平均工资的标准一次支付；

（十一）供养亲属抚恤金：因职业中毒死亡的，对由死者生前提供主要生活来源的亲属由工伤保险基金支付抚恤金：对其配偶每月按照统筹地区上年度职工月平均工资的40％发给，对其生前供养的直系亲属每人每月按照统筹地区上年度职工月平均工资的30％发给；

（十二）国家规定的其他工伤保险待遇。

本条例施行后，国家对工伤保险待遇的项目和标准作出调整时，从其规定。

第四十二条　用人单位未参加工伤保险的，其劳动者从事有毒物品作业患职业病的，用人单位应当按照国家有关工伤保险规定的项目和标准，保证劳动者享受工伤待遇。

第四十三条　用人单位无营业执照以及被依法吊销营业执照，其劳动者从事使用有毒物品作业患职业病的，应当按照国家有关工伤保险规定的项目和标准，给予劳动者一次性赔偿。

第四十四条　用人单位分立、合并的，承继单位应当承担由原用人单位对患职业病的劳动者承担的补偿责任。

用人单位解散、破产的，应当依法从其清算财产中优先支付患职业病的劳动者的补偿费用。

第四十五条　劳动者除依法享有工伤保险外，依照有关民事法律的规定，尚有获得赔偿的权利的，有权向用人单位提出赔偿要求。

第四十六条　劳动者应当学习和掌握相关职业卫生知识，遵守有关劳动保护的法律、法规和操作规程，正确使用和维护职业中毒危害防护设施及其用品；发现职业中毒事故隐患时，应当及时报告。

作业场所出现使用有毒物品产生的危险时，劳动者应当采取必要措施，按照规定正确使用防护设施，将危险加以消除或者减小到最低限度。

第六章　监督管理

第四十七条　县级以上人民政府卫生行政部门应当依照本条例的规定和国家有关职业卫生要求，依据职责划分，对作业场所使用有毒物品作业及职业中毒危害检测、评价活动进行监督检查。

卫生行政部门实施监督检查，不得收取费用，不得接受用人单位的财物或者其他利益。

第四十八条　卫生行政部门应当建立、健全监督制度，核查反映用人单位有关劳动保护的材料，履行监督责任。

用人单位应当向卫生行政部门如实、具体提供反映有关劳动保护的材料；必要时，卫生行政部门可以查阅或者要求用人单位报送有关材料。

第四十九条　卫生行政部门应当监督用人单位严格执行有关职业卫生规范。

卫生行政部门应当依照本条例的规定对使用有毒物品作业场所的职业卫生防护设备、设施的防护性能进行定期检验和不定期的抽查；发现职业卫生防护设备、设施存在隐患时，应当责令用人单位立即消除隐患；消除隐患期间，应当责令其停止作业。

第五十条　卫生行政部门应当采取措施，鼓励对用人单位的违法行为进行举报、投诉、检举和控告。

卫生行政部门对举报、投诉、检举和控告应当及时核实，依法作出处理，并将处理结果予以公布。

卫生行政部门对举报人、投诉人、检举人和控告人负有保密的义务。

第五十一条　卫生行政部门执法人员依法执行职务时，应当出示执法证件。

卫生行政部门执法人员应当忠于职守，秉公执法；涉及用人单位秘密的，应当为其保密。

第五十二条　卫生行政部门依法实施罚款的行政处罚，应当依照有关法律、行政法规的规定，实施罚款决定与罚款收缴分离；收缴的罚款以及依法没收的经营所得，必须全部上缴国库。

第五十三条　卫生行政部门履行监督检查职责时，有权采取下列措施：

（一）进入用人单位和使用有毒物品作业场所现场，了解情况，调查取证，进行抽样检查、检测、检验，进行实地检查；

（二）查阅或者复制与违反本条例行为有关的资料，采集样品；

（三）责令违反本条例规定的单位和个人停止违法行为。

第五十四条　发生职业中毒事故或者有证据证明职业中毒危害状态可能导致事故发生时，卫生行政部门有权采取下列临时控制措施：

（一）责令暂停导致职业中毒事故的作业；

（二）封存造成职业中毒事故或者可能导致事故发生的物品；

（三）组织控制职业中毒事故现场。

在职业中毒事故或者危害状态得到有效控制后，卫生行政部门应当及时解除控制措施。

第五十五条　卫生行政部门执法人员依法执行职务时，被检查单位应当接受检查并予以支持、配合，不得拒绝和阻碍。

第五十六条　卫生行政部门应当加强队伍建设，提高执法人员的政治、业务素质，依照本条例的规定，建立、健全内部监督制度，对执法人员执行法律、法规和遵守纪律的情况进行监督检查。

第七章　罚　　则

第五十七条　卫生行政部门的工作人员有下列行为之一，导致职业中毒事故发生的，依照刑法关于滥用职权罪、玩忽职守罪或者其他罪的规定，依法追究刑事责任；造成职业中毒危害但尚未导致职业中毒事故发生，不够刑事处罚的，根据不同情节，依法给予降级、撤职或者开除的行政处分：

（一）对不符合本条例规定条件的涉及使用有毒物品作业事项，予以批准的；

（二）发现用人单位擅自从事使用有毒物品作业，不予取缔的；

（三）对依法取得批准的用人单位不履行监督检查职责，发现其不再具备本条例规定的条件而不撤销原批准或者发现违反本条例的其他行为不予查处的；

（四）发现用人单位存在职业中毒危害，可能造成职业中毒事故，不及时依法采取控制措施的。

第五十八条　用人单位违反本条例的规定，有下列情形之一的，由卫生行政部门给予警告，责令限期改正，处10万元以上50万元以下的罚款；逾期不改正的，提请有关人民政府按照国务院规定的权限责令停建、予以关闭；造成严重职业中毒危害或者导致职业中毒事故发生的，对负有责任的主管人员和其他直接责任人员依照刑法关于重大劳动安全事故罪或者其他罪的规定，依法追究刑事责任：

（一）可能产生职业中毒危害的建设项目，未依照职业病防治法的规定进行职业中毒危害预评价，或者预评价未经卫生行政部门审核同意，擅自开工的；

（二）职业卫生防护设施未与主体工程同时设计，同时施工，同时投入生产和使用的；

（三）建设项目竣工，未进行职业中毒危害控制效果评价，或者未经卫生行政部门验收或者验收不合格，擅自投入使用的；

（四）存在高毒作业的建设项目的防护设施设计未经卫生行政部门审查同意，擅自施工的。

第五十九条　用人单位违反本条例的规定，有下列情形之一的，由卫生行政部门给予警告，责令限期改正，处5万元以上20万元以下的罚款；逾期不改正的，提请有关人民政府按照国务院规定的权限予以关闭；造成严重职业中毒危害或者导致职业中毒事故发生的，对负有责任的主管人员和其他直接责任人员依照刑法关于重大劳动安全事故罪或者其他罪的规定，依法追究刑事责任：

（一）使用有毒物品作业场所未按照规定设置警示标识和中文警示说明的；

（二）未对职业卫生防护设备、应急救援设施、通信报警装置进行维护、检修和定期检测，导致上述设施处于不正常状态的；

（三）未依照本条例的规定进行职业中毒危害因素检测和职业中毒危害控制效果评价的；

（四）高毒作业场所未按照规定设置撤离通道和泄险区的；

（五）高毒作业场所未按照规定设置警示线的；

（六）未向从事使用有毒物品作业的劳动者提供符合国家职业卫生标准的防护用品，或者未保证劳动者正确使用的。

第六十条　用人单位违反本条例的规定，有下列情形之一的，由卫生行政部门给予警告，责令限期改正，处5万元以上30万元以下的罚款；逾期不改正的，提请有关人民政府按照国务院规定的权限予以关闭；造成严重职业中毒危害或者导致职业中毒事故发生的，对负有责任的主管人员和其他直接责任人员依照刑法关于重大责任事故罪、重大劳动安全事故罪或者其他罪的规定，依法追究刑事责任：

（一）使用有毒物品作业场所未设置有效通风装置的，或者可能突然泄漏大量有毒物品或者易造成急性中毒的作业场所未设置自动报警装置或者事故通风设施的；

（二）职业卫生防护设备、应急救援设施、通信报警装置处于不正常状态而不停止作业，或者擅自拆除或者停止运行职业卫生防护设备、应急救援设施、通讯报警装置的。

第六十一条　从事使用高毒物品作业的用人单位违反本条例的规定，有下列行为之一的，由卫生行政部门给予警告，责令限期改正，处5万元以上20万元以下的罚款；逾期不改正的，提请有关人民政府按照国务院规定的权限予以关闭；造成严重职业中毒危害或者导致职业中毒事故发生的，对负有责任的主管人员和其他直接责任人员依照刑法关于重大责任事故罪或者其他罪的规定，依法追究刑事责任：

（一）作业场所职业中毒危害因素不符合国家职业卫生标准和卫生要求而不

立即停止高毒作业并采取相应的治理措施的，或者职业中毒危害因素治理不符合国家职业卫生标准和卫生要求重新作业的；

（二）未依照本条例的规定维护、检修存在高毒物品的生产装置的；

（三）未采取本条例规定的措施，安排劳动者进入存在高毒物品的设备、容器或者狭窄封闭场所作业的。

第六十二条　在作业场所使用国家明令禁止使用的有毒物品或者使用不符合国家标准的有毒物品的，由卫生行政部门责令立即停止使用，处5万元以上30万元以下的罚款；情节严重的，责令停止使用有毒物品作业，或者提请有关人民政府按照国务院规定的权限予以关闭；造成严重职业中毒危害或者导致职业中毒事故发生的，对负有责任的主管人员和其他直接责任人员依照刑法关于危险物品肇事罪、重大责任事故罪或者其他罪的规定，依法追究刑事责任。

第六十三条　用人单位违反本条例的规定，有下列行为之一的，由卫生行政部门给予警告，责令限期改正；逾期不改正的，处5万元以上30万元以下的罚款；造成严重职业中毒危害或者导致职业中毒事故发生的，对负有责任的主管人员和其他直接责任人员依照刑法关于重大责任事故罪或者其他罪的规定，依法追究刑事责任：

（一）使用未经培训考核合格的劳动者从事高毒作业的；

（二）安排有职业禁忌的劳动者从事所禁忌的作业的；

（三）发现有职业禁忌或者有与所从事职业相关的健康损害的劳动者，未及时调离原工作岗位，并妥善安置的；

（四）安排未成年人或者孕期、哺乳期的女职工从事使用有毒物品作业的；

（五）使用童工的。

第六十四条　违反本条例的规定，未经许可，擅自从事使用有毒物品作业的，由工商行政管理部门、卫生行政部门依据各自职权予以取缔；造成职业中毒事故的，依照刑法关于危险物品肇事罪或者其他罪的规定，依法追究刑事责任；尚不够刑事处罚的，由卫生行政部门没收经营所得，并处经营所得3倍以上5倍以下的罚款；对劳动者造成人身伤害的，依法承担赔偿责任。

第六十五条　从事使用有毒物品作业的用人单位违反本条例的规定，在转产、停产、停业或者解散、破产时未采取有效措施，妥善处理留存或者残留高毒物品的设备、包装物和容器的，由卫生行政部门责令改正，处2万元以上10万元以下的罚款；触犯刑律的，对负有责任的主管人员和其他直接责任人员依照刑法关于重大环境污染事故罪、危险物品肇事罪或者其他罪的规定，依法追究刑事责任。

第六十六条　用人单位违反本条例的规定，有下列情形之一的，由卫生行政部门给予警告，责令限期改正，处5000元以上2万元以下的罚款；逾期不改正的，责令停止使用有毒物品作业，或者提请有关人民政府按照国务院规定的权限予以关闭；造成严重职业中毒危害或者导致职业中毒事故发生的，对负有责任的主管人员和其他直接责任人员依照刑法关于重大劳动安全事故罪、危险物品肇事罪或者其他罪的规定，依法追究刑事责任：

（一）使用有毒物品作业场所未与生活场所分开或者在作业场所住人的；

（二）未将有害作业与无害作业分开的；

（三）高毒作业场所未与其他作业场所有效隔离的；

（四）从事高毒作业未按照规定配备应急救援设施或者制定事故应急救援预案的。

第六十七条　用人单位违反本条例的规定，有下列情形之一的，由卫生行政部门给予警告，责令限期改正，处2万元以上5万元以下的罚款；逾期不改正的，提请有关人民政府按照国务院规定的权限予以关闭：

（一）未按照规定向卫生行政部门申报高毒作业项目的；

（二）变更使用高毒物品品种，未按照规定向原受理申报的卫生行政部门重新申报，或者申报不及时、有虚假的。

第六十八条　用人单位违反本条例的规定，有下列行为之一的，由卫生行政部门给予警告，责令限期改正，处2万元以上5万元以下的罚款；逾期不改正的，责令停止使用有毒物品作业，或者提请有关人民政府按照国务院规定的权限予以关闭：

（一）未组织从事使用有毒物品作业的劳动者进行上岗前职业健康检查，安排未经上岗前职业健康检查的劳动者从事使用有毒物品作业的；

（二）未组织从事使用有毒物品作业的劳动者进行定期职业健康检查的；

（三）未组织从事使用有毒物品作业的劳动者进行离岗职业健康检查的；

（四）对未进行离岗职业健康检查的劳动者，解除或者终止与其订立的劳动合同的；

（五）发生分立、合并、解散、破产情形，未对从事使用有毒物品作业的劳动者进行健康检查，并按照国家有关规定妥善安置职业病病人的；

（六）对受到或者可能受到急性职业中毒危害的劳动者，未及时组织进行健康检查和医学观察的；

（七）未建立职业健康监护档案的；

（八）劳动者离开用人单位时，用人单位未如实、无偿提供职业健康监护档案的；

（九）未依照职业病防治法和本条例的规定将工作过程中可能产生的职业中毒危害及其后果、有关职业卫生防护措施和待遇等如实告知劳动者并在劳动合同中写明的；

（十）劳动者在存在威胁生命、健康危险的情况下，从危险现场中撤离，而被取消或者减少应当享有的待遇的。

第六十九条　用人单位违反本条例的规定，有下列行为之一的，由卫生行政部门给予警告，责令限期改正，处5000元以上2万元以下的罚款；逾期不改正的，责令停止使用有毒物品作业，或者提请有关人民政府按照国务院规定的权限予以关闭：

（一）未按照规定配备或者聘请职业卫生医师和护士的；

（二）未为从事使用高毒物品作业的劳动者设置淋浴间、更衣室或者未设置清洗、存放和处理工作服、工作鞋帽等物品的专用间，或者不能正常使用的；

（三）未安排从事使用高毒物品作业一定年限的劳动者进行岗位轮换的。

第八章　附　　则

第七十条　涉及作业场所使用有毒物品可能产生职业中毒危害的劳动保护的有关事项，本条例未作规定的，依照职业病防治法和其他有关法律、行政法规的规定执行。

有毒物品的生产、经营、储存、运输、使用和废弃处置的安全管理，依照危险化学品安全管理条例执行。

第七十一条　本条例自公布之日起施行。

四、危险化学品登记管理办法

（2002 年 10 月 8 日国家经济贸易委员会令第 35 号公布，自 2002 年 11 月 15 日起施行）

第一章　总　　则

第一条　为加强对危险化学品的安全管理，防范化学事故和为应急救援提供技术、信息支持，根据《危险化学品安全管理条例》，制定本办法。

第二条　本办法适用于中华人民共和国境内生产、储存危险化学品的单位以及使用剧毒化学品和使用其他危险化学品数量构成重大危险源的单位（以下简称登记单位）。

第三条　危险化学品的登记范围：

（一）列入国家标准《危险货物品名表》（GB 12268）中的危险化学品；

（二）由国家安全生产监督管理局会同国务院公安、环境保护、卫生、质检、交通部门确定并公布的未列入《危险货物品名表》的其他危险化学品。

国家安全生产监督管理局根据（一）、（二）确定的危险化学品，汇总公布《危险化学品名录》。

危险化学品的登记单位为：生产和储存危险化学品的单位（以下分别简称生产单位、储存单位）、使用剧毒化学品和使用其他危险化学品数量构成重大危险源的单位（以下简称使用单位）。

生产单位、储存单位、使用单位是指在工商行政管理机关进行了登记的法人或非法人单位。

第四条　国家安全生产监督管理局负责全国危险化学品登记的监督管理工作。

各省、自治区、直辖市安全生产监督管理机构负责本行政区内危险化学品登记的监督管理工作。

第二章　登 记 机 构

第五条　国家设立国家化学品登记注册中心（以下简称登记中心），承办全国危险化学品登记的具体工作和技术管理工作。

省、自治区、直辖市设立化学品登记注册办公室（以下简称登记办公室），承办所在地区危险化学品登记的具体工作和技术管理工作。

第六条　国家安全生产监督管理局对登记中心实施监督管理；省、自治区、直辖市安全生产监督管理机构对本辖区登记办公室实施监督管理。

第七条　登记中心履行下列职责：

（一）组织、协调和指导全国危险化学品登记工作；

（二）负责全国危险化学品登记证书颁发与登记编号的管理工作；

（三）建立并维护全国危险化学品登记管理数据库和动态统计分析信息系统；

（四）设立国家化学事故应急咨询电话，与各地登记办公室共同建立全国化学事故应急救援信息网络，提供化学事故应急咨询服务；

（五）组织对新化学品进行危险性评估；对未分类的化学品统一进行危险性分类；

（六）负责全国危险化学品登记人员的培训工作。

第八条　登记办公室履行下列职责：

（一）组织本地区危险化学品登记工作；

（二）核查登记单位申报登记的内容；

（三）对生产单位编制的化学品安全技术说明书和化学品安全标签的规范性、内容一致性进行审查；

（四）建立本地区危险化学品登记管理数据库和动态统计分析信息系统；

（五）提供化学事故应急咨询服务。

第九条　登记中心和登记办公室从事危险化学品登记的工作人员（以下简称登记人员）应经统一培训，由国家安全生产监督管理局考核合格后，发给《危险化学品登记人员上岗证》（以下简称登记上岗证），持证上岗。

第十条　登记中心应有 10 名以上有登记上岗证的登记人员；登记办公室应有 3 名以上有登记上岗证的登记人员。

第十一条　登记中心和登记办公室应当制定严格的工作制度和程序，为登记单位提供良好的服务，保守登记单位的商业秘密。

第十二条　登记中心每年应向国家安全生产监督管理局书面报告全国危险化学品登记工作情况；登记办公室每年应向所在省、自治区、直辖市安全生产监督管理机构书面报告本地区危险化学品登记工作情况。各地登记办公室的报告应同时抄送登记中心。

第三章　登记的时间、内容和程序

第十三条　登记单位应在《危险化学品名录》公布之日起6个月内办理危险化学品登记手续。

对危险性不明的化学品，生产单位应在本办法实施之日起1年内，委托国家安全生产监督管理局认可的专业技术机构对其危险性进行鉴别和评估，持鉴别和评估报告办理登记手续。

对新化学品，生产单位应在新化学品投产前1年内，委托国家安全生产监督管理局认可的专业技术机构对其危险性进行鉴别和评估，持鉴别和评估报告办理登记手续。

新建的生产单位应在投产前办理危险化学品登记手续。

已登记的登记单位在生产规模或产品品种及其理化特性发生重大变化时，应当在3个月内对发生重大变化的内容办理重新登记手续。

第十四条　生产单位应登记的内容：

（一）生产单位的基本情况；

（二）危险化学品的生产能力、年需要量、最大储量；

（三）危险化学品的产品标准；

（四）新化学品和危险性不明化学品的危险性鉴别和评估报告；

（五）化学品安全技术说明书和化学品安全标签；

（六）应急咨询服务电话。

第十五条　储存单位、使用单位应登记的内容：

（一）储存单位、使用单位的基本情况；

（二）储存或使用的危险化学品品种及数量；

（三）储存或使用的危险化学品安全技术说明书和安全标签。

第十六条　办理登记的程序：

（一）登记单位向所在省、自治区、直辖市登记办公室领取《危险化学品登记表》，并按要求如实填写。

（二）登记单位用书面文件和电子文件向登记办公室提供登记材料。

（三）登记办公室对登记单位提交的危险化学品登记材料在后的20个工作日内对其进行审查，必要时可进行现场核查，对符合要求的危险化学品和登记单位进行登记，将相关数据录入本地区危险化学品管理数据库，向登记中心报送登记材料。

（四）登记中心在接到登记办公室报送的登记材料之日起10个工作日内，进行必要的审查并将相关数据录入国家危险化学品管理数据库后，通过登记办公室向登记单位发放危险化学品登记证和登记编号。

（五）登记办公室在接到登记证和登记编号之日起5个工作日内，将危险化学品登记证和登记编号送达登记单位或通知登记单位领取。

第十七条　生产单位办理登记时，应向所在省、自治区、直辖市登记办公室报送以下主要材料：

（一）《危险化学品登记表》一式3份和电子版1份；

（二）营业执照复印件2份；

（三）危险性不明或新化学品的危险性鉴别、分类和评估报告各3份；

（四）危险化学品安全技术说书和安全标签各3份和电子版1份；

（五）应急咨询服务电话号码，委托有关机构设立应急咨询服务电话的，需提供应急服务委托书；

（六）办理登记的危险化学品产品标准（采用国家标准或行业标准的，提供所采用的标准编号）。

储存单位、使用单位应报送上述第（一）、（二）、（四）项规定的材料。

第十八条　危险化学品登记证书有效期为3年。登记单位应在有效期满前3个月，到所在省、自治区、直辖市登记办公室进行复核。复核的主要内容为：生产、储存、使用单位基本情况的变更情况，安全技术说明书和安全标签的更新情况等。

第十九条　登记单位履行下列义务：

（一）对本单位的危险化学品进行普查，建立危险化学品管理档案；

（二）如实填报危险化学品登记材料；

（三）对本单位生产的危险性不明的化学品或新化学品进行危险性鉴别、分类和评估；

（四）生产单位应按照国家标准正确编制并向用户提供化学品安全技术说明书，在产品包装上拴挂或粘贴化学品安全标签，所提供的数据应保证准确可靠，并对其数据的真实性负责；

（五）危险化学品储存单位、使用单位应当向供货单位索取安全技术说明书；

（六）生产单位必须向用户提供化学事故应急咨询服务，为化学事故应急救援提供技术指导和必要的协助；

（七）配合登记人员在必要时对本单位危险化学品登记内容进行核查。

第二十条　生产单位终止生产危险化学品时，应当在终止生产后的3个月内办理注销登记手续。

使用单位终止使用危险化学品时，应当在终止使用后的 3 个月内办理注销登记手续。

第四章　罚　则

第二十一条　生产单位、储存单位、使用单位有下列情形之一的，由县级以上安全生产监督管理部门责令其改正，并视情节轻重处 3 万元以下罚款：

（一）未按规定进行危险化学品登记或在接到登记通知之日起 6 个月内仍未登记的；

（二）未向用户提供应急咨询服务的；

（三）转让、出租或伪造登记证书的；

（四）已登记的单位在生产规模或产品品种及其理化特性发生重大变化时，未按规定按时办理重新登记手续的；

（五）危险化学品登记证书有效期满后，未按规定申请复核的；

（六）生产单位、使用单位终止生产或使用危险化学品时，未按规定及时办理注销登记手续的。

第二十二条　登记中心或登记办公室的工作人员违规操作、弄虚作假、滥发证书，或在规定限期内无故不予登记且无明确答复，或泄露登记单位商业秘密的，由省级以上安全生产监督管理机构责令其改正，对有关责任者给予行政处分，并追究登记中心或登记办公室负责人的责任。

第五章　附　则

第二十三条　危险化学品登记表、危险化学品登记证、危险化学品登记人员上岗证由国家安全生产监督管理局统一印制。

第二十四条　本办法授权国家安全生产监督管理局负责解释。

第二十五条　本办法自 2002 年 11 月 15 日起施行。2000 年 9 月 11 日国家经贸委公布的《危险化学品登记注册管理规定》同时废止。

五、危险化学品安全管理条例

（2002 年 1 月 9 日国务院第 52 次常务会议通过　2002 年 1 月 26 日国务院令第 344 号公布　自 2002 年 3 月 15 日起施行）

第一章　总　　则

第一条　为了加强对危险化学品的安全管理，保障人民生命、财产安全，保护环境，制定本条例。

第二条　在中华人民共和国境内生产、经营、储存、运输、使用危险化学品和处置废弃危险化学品，必须遵守本条例和国家有关安全生产的法律、其他行政法规的规定。

第三条　本条例所称危险化学品，包括爆炸品、压缩气体和液化气体、易燃液体、易燃固体、自燃物品和遇湿易燃物品、氧化剂和有机过氧化物、有毒品和腐蚀品等。

危险化学品列入以国家标准公布的《危险货物品名表》（GB 12268）；剧毒化学品目录和未列入《危险货物品名表》的其他危险化学品，由国务院经济贸易综合管理部门会同国务院公安、环境保护、卫生、质检、交通部门确定并公布。

第四条　生产、经营、储存、运输、使用危险化学品和处置废弃危险化学品的单位（以下统称危险化学品单位），其主要负责人必须保证本单位危险化学品的安全管理符合有关法律、法规、规章的规定和国家标准的要求，并对本单位危险化学品的安全负责。

危险化学品单位从事生产、经营、储存、运输、使用危险化学品或者处置废弃危险化学品活动的人员，必须接受有关法律、法规、规章和安全知识、专业技术、职业卫生防护和应急救援知识的培训，并经考核合格，方可上岗作业。

第五条　对危险化学品的生产、经营、储存、运输、使用和对废弃危险化学品处置实施监督管理的有关部门，依照下列规定履行职责：

（一）国务院经济贸易综合管理部门和省、自治区、直辖市人民政府经济贸易管理部门，依照本条例的规定，负责危险化学品安全监督管理综合工作，负责危险化学品生产、储存企业设立及其改建、扩建的审查，负责危险化学品包装物、容器（包括用于运输工具的槽罐，下同）专业生产企业的审查和定点，负责危险化学品经营许可证的发放，负责国内危险化学品的登记，负责危险化学品事故应急救援的组织和协调，并负责前述事项的监督检查；设区的市级人民政府和县级人民政府的负责危险化学品安全监督管理综合工作的部门，由各该级人民政府确定，依照本条例的规定履行职责。

（二）公安部门负责危险化学品的公共安全管理，负责发放剧毒化学品购买凭证和准购证，负责审查核发剧毒化学品公路运输通行证，对危险化学品道路运输安全实施监督，并负责前述事项的监督检查。

（三）质检部门负责发放危险化学品及其包装物、容器的生产许可证，负责对危险化学品包装物、容器的产品质量实施监督，并负责前述事项的监督检查。

（四）环境保护部门负责废弃危险化学品处置的监督管理，负责调查重大危险化学品污染事故和生态破坏事件，负责有毒化学品事故现场的应急监测和进口危险化学品的登记，并负责前述事项的监督检查。

（五）铁路、民航部门负责危险化学品铁路、航空运输和危险化学品铁路、民航运输单位及其运输工具的安全管理及监督检查。交通部门负责危险化学品公路、水路运输单位及其运输工具的安全管理，对危险化学品水路运输安全实施监督，负责危险化学品公路、水路运输单位、驾驶人员、船员、装卸人员和押运人员的资质认定，并负责前述事项的监督检查。

（六）卫生行政部门负责危险化学品的毒性鉴定和危险化学品事故伤亡人员的医疗救护工作。

（七）工商行政管理部门依据有关部门的批准、许可文件，核发危险化学品生产、经营、储存、运输单位营业执照，并监督管理危险化学品市场经营活动。

（八）邮政部门负责邮寄危险化学品的监督检查。

第六条　依照本条例对危险化学品单位实施监督管理的有关部门，依法进行监督检查，可以行使下列职权：

（一）进入危险化学品作业场所进行现场检查，调取有关资料，向有关人员了解情况，向危险化学品单位提出整改措施和建议；

（二）发现危险化学品事故隐患时，责令立即排除或者限期排除；

（三）对有根据认为不符合有关法律、法规、规章规定和国家标准要求的设施、设备、器材和运输工具，责令立即停止使用；

（四）发现违法行为，当场予以纠正或者责令限期改正。

危险化学品单位应当接受有关部门依法实施的监督检查，不得拒绝、阻挠。

有关部门派出的工作人员依法进行监督检查时，应当出示证件。

第二章　危险化学品的生产、储存和使用

第七条　国家对危险化学品的生产和储存实行统一规划、合理布局和严格控制，并对危险化学品生产、储存实行审批制度；未经审批，任何单位和个人都不得生产、储存危险化学品。

设区的市级人民政府根据当地经济发展的实际需要，在编制总体规划时，应当按照确保安全的原则规划适当区域专门用于危险化学品的生产、储存。

第八条　危险化学品生产、储存企业，必须具备下列条件：

（一）有符合国家标准的生产工艺、设备或者储存方式、设施；

（二）工厂、仓库的周边防护距离符合国家标准或者国家有关规定；

（三）有符合生产或者储存需要的管理人员和技术人员；

（四）有健全的安全管理制度；

（五）符合法律、法规规定和国家标准要求的其他条件。

第九条　设立剧毒化学品生产、储存企业和其他危险化学品生产、储存企业，应当分别向省、自治区、直辖市人民政府经济贸易管理部门和设区的市级人民政府负责危险化学品安全监督管理综合工作的部门提出申请，并提交下列文件：

（一）可行性研究报告；

（二）原料、中间产品、最终产品或者储存的危险化学品的燃点、自燃点、闪点、爆炸极限、毒性等理化性能指标；

（三）包装、储存、运输的技术要求；

（四）安全评价报告；

（五）事故应急救援措施；

（六）符合本条例第八条规定条件的证明文件。

省、自治区、直辖市人民政府经济贸易管理部门或者设区的市级人民政府负责危险化学品安全监督管理综合工作的部门收到申请和提交的文件后，应当组织有关专家进行审查，提出审查意见后，报本级人民政府作出批准或者不予批准的决定。依据本级人民政府的决定，予以批准的，由省、自治区、直辖市人民政府经济贸易管理部门或者设区的市级人民政府负责危险化学品安全监督管理综合工作的部门颁发批准书；不予批准的，书面通知申请人。

申请人凭批准书向工商行政管理部门办理登记注册手续。

第十条　除运输工具加油站、加气站外，危险化学品的生产装置和储存数量

构成重大危险源的储存设施，与下列场所、区域的距离必须符合国家标准或者国家有关规定：

（一）居民区、商业中心、公园等人口密集区域；

（二）学校、医院、影剧院、体育场（馆）等公共设施；

（三）供水水源、水厂及水源保护区；

（四）车站、码头（按照国家规定，经批准，专门从事危险化学品装卸作业的除外）、机场以及公路、铁路、水路交通干线、地铁风亭及出入口；

（五）基本农田保护区、畜牧区、渔业水域和种子、种畜、水产苗种生产基地；

（六）河流、湖泊、风景名胜区和自然保护区；

（七）军事禁区、军事管理区；

（八）法律、行政法规规定予以保护的其他区域。

已建危险化学品的生产装置和储存数量构成重大危险源的储存设施不符合前款规定的，由所在地设区的市级人民政府负责危险化学品安全监督管理综合工作的部门监督其在规定期限内进行整顿；需要转产、停产、搬迁、关闭的，报本级人民政府批准后实施。

本条例所称重大危险源，是指生产、运输、使用、储存危险化学品或者处置废弃危险化学品，且危险化学品的数量等于或者超过临界量的单元（包括场所和设施）。

第十一条　危险化学品生产、储存企业改建、扩建的，必须依照本条例第九条的规定经审查批准。

第十二条　依法设立的危险化学品生产企业，必须向国务院质检部门申请领取危险化学品生产许可证；未取得危险化学品生产许可证的，不得开工生产。

国务院质检部门应当将颁发危险化学品生产许可证的情况通报国务院经济贸易综合管理部门、环境保护部门和公安部门。

第十三条　任何单位和个人不得生产、经营、使用国家明令禁止的危险化学品。

禁止用剧毒化学品生产灭鼠药以及其他可能进入人民日常生活的化学产品和日用化学品。

第十四条　生产危险化学品的，应当在危险化学品的包装内附有与危险化学品完全一致的化学品安全技术说明书，并在包装（包括外包装件）上加贴或者拴挂与包装内危险化学品完全一致的化学品安全标签。

危险化学品生产企业发现其生产的危险化学品有新的危害特性时，应当立即公告，并及时修订安全技术说明书和安全标签。

第十五条　使用危险化学品从事生产的单位，其生产条件必须符合国家标准和国家有关规定，并依照国家有关法律、法规的规定取得相应的许可，必须建立、健全危险化学品使用的安全管理规章制度，保证危险化学品的安全使用和管理。

第十六条　生产、储存、使用危险化学品的，应当根据危险化学品的种类、特性，在车间、库房等作业场所设置相应的监测、通风、防晒、调温、防火、灭火、防爆、泄压、防毒、消毒、中和、防潮、防雷、防静电、防腐、防渗漏、防护围堤或者隔离操作等安全设施、设备，并按照国家标准和国家有关规定进行维护、保养，保证符合安全运行要求。

第十七条　生产、储存、使用剧毒化学品的单位，应当对本单位的生产、储存装置每年进行一次安全评价；生产、储存、使用其他危险化学品的单位，应当对本单位的生产、储存装置每两年进行一次安全评价。

安全评价报告应当对生产、储存装置存在的安全问题提出整改方案。安全评价中发现生产、储存装置存在现实危险的，应当立即停止使用，予以更换或者修复，并采取相应的安全措施。

安全评价报告应当报所在地设区的市级人民政府负责危险化学品安全监督管理综合工作的部门备案。

第十八条　危险化学品的生产、储存、使用单位，应当在生产、储存和使用场所设置通信、报警装置，并保证在任何情况下处于正常适用状态。

第十九条　剧毒化学品的生产、储存、使用单位，应当对剧毒化学品的产量、流向、储存量和用途如实记录，并采取必要的保安措施，防止剧毒化学品被盗、丢失或者误售、误用；发现剧毒化学品被盗、丢失或者误售、误用时，必须立即向当地公安部门报告。

第二十条　危险化学品的包装必须符合国家法律、法规、规章的规定和国家标准的要求。

危险化学品包装的材质、型式、规格、方法和单件质量（重量），应当与所包装的危险化学品的性质和用途相适应，便于装卸、运输和储存。

第二十一条　危险化学品的包装物、容器，必须由省、自治区、直辖市人民政府经济贸易管理部门审查合格的专业生产企业定点生产，并经国务院质检部门认可的专业检测、检验机构检测、检验合格，方可使用。

重复使用的危险化学品包装物、容器在使用前，应当进行检查，并作出记录；检查记录应当至少保存 2 年。

质检部门应当对危险化学品的包装物、容器的产品质量进行定期的或者不定期的检查。

第二十二条　危险化学品必须储存在专用仓库、专用场地或者专用储存室（以下统称专用仓库）内，储存方式、方法与储存数量必须符合国家标准，并由专人管理。

危险化学品出入库，必须进行核查登记。库存危险化学品应当定期检查。

剧毒化学品以及储存数量构成重大危险源的其他危险化学品必须在专用仓库内单独存放，实行双人收发、双人保管制度。储存单位应当将储存剧毒化学品以及构成重大危险源的其他危险化学品的数量、地点以及管理人员的情况，报当地公安部门和负责危险化学品安全监督管理综合工作的部门备案。

第二十三条　危险化学品专用仓库，应当符合国家标准对安全、消防的要求，设置明显标志。危险化学品专用仓库的储存设备和安全设施应当定期检测。

第二十四条　处置废弃危险化学品，依照固体废物污染环境防治法和国家有关规定执行。

第二十五条　危险化学品的生产、储存、使用单位转产、停产、停业或者解散的，应当采取有效措施，处置危险化学品的生产或者储存设备、库存产品及生产原料，不得留有事故隐患。处置方案应当报所在地设区的市级人民政府负责危险化学品安全监督管理综合工作的部门和同级环境保护部门、公安部门备案。负责危险化学品安全监督管理综合工作的部门应当对处置情况进行监督检查。

第二十六条　公众上交的危险化学品，由公安部门接收。公安部门接收的危险化学品和其他有关部门收缴的危险化学品，交由环境保护部门认定的专业单位处理。

第三章　危险化学品的经营

第二十七条　国家对危险化学品经营销售实行许可制度。未经许可，任何单位和个人都不得经营销售危险化学品。

第二十八条　危险化学品经营企业，必须具备下列条件：

（一）经营场所和储存设施符合国家标准；

（二）主管人员和业务人员经过专业培训，并取得上岗资格；

（三）有健全的安全管理制度；

（四）符合法律、法规规定和国家标准要求的其他条件。

第二十九条　经营剧毒化学品和其他危险化学品的，应当分别向省、自治区、直辖市人民政府经济贸易管理部门或者设区的市级人民政府负责危险化学品安全监督管理综合工作的部门提出申请，并附送本条例第二十八条规定条件的相关证明材料。省、自治区、直辖市人民政府经济贸易管理部门或者设区的市级人民政府负责危险化学品安全监督管理综合工作的部门接到申请后，应当依照本条例的规定对申请人提交的证明材料和经营场所进行审查。经审查，符合条件的，颁发危险化学品经营许可证，并将颁发危险化学品经营许可证的情况通报同级公安部门和环境保护部门；不符合条件的，书面通知申请人并说明理由。

申请人凭危险化学品经营许可证向工商行政管理部门办理登记注册手续。

第三十条　经营危险化学品，不得有下列行为：

（一）从未取得危险化学品生产许可证或者危险化学品经营许可证的企业采购危险化学品；

（二）经营国家明令禁止的危险化学品和用剧毒化学品生产的灭鼠药以及其他可能进入人民日常生活的化学产品和日用化学品；

（三）销售没有化学品安全技术说明书和化学品安全标签的危险化学品。

第三十一条　危险化学品生产企业不得向未取得危险化学品经营许可证的单位或者个人销售危险化学品。

第三十二条　危险化学品经营企业储存危险化学品，应当遵守本条例第二章的有关规定。危险化学品商店内只能存放民用小包装的危险化学品，其总量不得超过国家规定的限量。

第三十三条　剧毒化学品经营企业销售剧毒化学品，应当记录购买单位的名称、地址和购买人员的姓名、身份证号码及所购剧毒化学品的品名、数量、用途。记录应当至少保存1年。

剧毒化学品经营企业应当每天核对剧毒化学品的销售情况；发现被盗、丢失、误售等情况时，必须立即向当地公安部门报告。

第三十四条　购买剧毒化学品，应当遵守下列规定：

（一）生产、科研、医疗等单位经常使用剧毒化学品的，应当向设区的市级人民政府公安部门申请领取购买凭证，凭购买凭证购买；

（二）单位临时需要购买剧毒化学品的，应当凭本单位出具的证明（注明品名、数量、用途）向设区的市级人民政府公安部门申请领取准购证，凭准购证购买；

（三）个人不得购买农药、灭鼠药、灭虫药以外的剧毒化学品。

剧毒化学品生产企业、经营企业不得向个人或者无购买凭证、准购证的单位销售剧毒化学品。剧毒化学品购买凭证、准购证不得伪造、变造、买卖、出借或者以其他方式转让，不得使用作废的剧毒化学品购买凭证、准购证。

剧毒化学品购买凭证和准购证的式样和具体申领办法由国务院公安部门

制定。

第四章　危险化学品的运输

第三十五条　国家对危险化学品的运输实行资质认定制度；未经资质认定，不得运输危险化学品。

危险化学品运输企业必须具备的条件由国务院交通部门规定。

第三十六条　用于危险化学品运输工具的槽罐以及其他容器，必须依照本条例第二十一条的规定，由专业生产企业定点生产，并经检测、检验合格，方可使用。

质检部门应当对前款规定的专业生产企业定点生产的槽罐以及其他容器的产品质量进行定期的或者不定期的检查。

第三十七条　危险化学品运输企业，应当对其驾驶员、船员、装卸管理人员、押运人员进行有关安全知识培训；驾驶员、船员、装卸管理人员、押运人员必须掌握危险化学品运输的安全知识，并经所在地设区的市级人民政府交通部门考核合格（船员经海事管理机构考核合格），取得上岗资格证，方可上岗作业。危险化学品的装卸作业必须在装卸管理人员的现场指挥下进行。

运输危险化学品的驾驶员、船员、装卸人员和押运人员必须了解所运载的危险化学品的性质、危害特性、包装容器的使用特性和发生意外时的应急措施。运输危险化学品，必须配备必要的应急处理器材和防护用品。

第三十八条　通过公路运输危险化学品的，托运人只能委托有危险化学品运输资质的运输企业承运。

第三十九条　通过公路运输剧毒化学品的，托运人应当向目的地的县级人民政府公安部门申请办理剧毒化学品公路运输通行证。

办理剧毒化学品公路运输通行证，托运人应当向公安部门提交有关危险化学品的品名、数量、运输始发地和目的地、运输路线、运输单位、驾驶人员、押运人员、经营单位和购买单位资质情况的材料。

剧毒化学品公路运输通行证的式样和具体申领办法由国务院公安部门制定。

第四十条　禁止利用内河以及其他封闭水域等航运渠道运输剧毒化学品以及国务院交通部门规定禁止运输的其他危险化学品。

利用内河以及其他封闭水域等航运渠道运输前款规定以外的危险化学品的，只能委托有危险化学品运输资质的水运企业承运，并按照国务院交通部门的规定办理手续，接受有关交通部门（港口部门、海事管理机构，下同）的监督管理。

运输危险化学品的船舶及其配载的容器必须按照国家关于船舶检验的规范进

行生产，并经海事管理机构认可的船舶检验机构检验合格，方可投入使用。

第四十一条　托运人托运危险化学品，应当向承运人说明运输的危险化学品的品名、数量、危害、应急措施等情况。

运输危险化学品需要添加抑制剂或者稳定剂的，托运人交付托运时应当添加抑制剂或者稳定剂，并告知承运人。

托运人不得在托运的普通货物中夹带危险化学品，不得将危险化学品匿报或者谎报为普通货物托运。

第四十二条　运输、装卸危险化学品，应当依照有关法律、法规、规章的规定和国家标准的要求并按照危险化学品的危险特性，采取必要的安全防护措施。

运输危险化学品的槽罐以及其他容器必须封口严密，能够承受正常运输条件下产生的内部压力和外部压力，保证危险化学品在运输中不因温度、湿度或者压力的变化而发生任何渗（洒）漏。

第四十三条　通过公路运输危险化学品，必须配备押运人员，并随时处于押运人员的监管之下，不得超装、超载，不得进入危险化学品运输车辆禁止通行的区域；确需进入禁止通行区域的，应当事先向当地公安部门报告，由公安部门为其指定行车时间和路线，运输车辆必须遵守公安部门规定的行车时间和路线。

危险化学品运输车辆禁止通行区域，由设区的市级人民政府公安部门划定，并设置明显的标志。

运输危险化学品途中需要停车住宿或者遇有无法正常运输的情况时，应当向当地公安部门报告。

第四十四条　剧毒化学品在公路运输途中发生被盗、丢失、流散、泄漏等情况时，承运人及押运人员必须立即向当地公安部门报告，并采取一切可能的警示措施。公安部门接到报告后，应当立即向其他有关部门通报情况；有关部门应当采取必要的安全措施。

第四十五条　任何单位和个人不得邮寄或者在邮件内夹带危险化学品，不得将危险化学品匿报或者谎报为普通物品邮寄。

第四十六条　通过铁路、航空运输危险化学品的，按照国务院铁路、民航部门的有关规定执行。

第五章　危险化学品的登记与事故应急救援

第四十七条　国家实行危险化学品登记制度，并为危险化学品安全管理、事故预防和应急救援提供技术、信息支持。

第四十八条　危险化学品生产、储存企业以及使用剧毒化学品和数量构成重大危险源的其他危险化学品的单位，应当向国务院经济贸易综合管理部门负责危险化学品登记的机构办理危险化学品登记。危险化学品登记的具体办法由国务院经济贸易综合管理部门制定。

负责危险化学品登记的机构应当向环境保护、公安、质检、卫生等有关部门提供危险化学品登记的资料。

第四十九条　县级以上地方各级人民政府负责危险化学品安全监督管理综合工作的部门应当会同同级其他有关部门制定危险化学品事故应急救援预案，报经本级人民政府批准后实施。

第五十条　危险化学品单位应当制定本单位事故应急救援预案，配备应急救援人员和必要的应急救援器材、设备，并定期组织演练。

危险化学品事故应急救援预案应当报设区的市级人民政府负责危险化学品安全监督管理综合工作的部门备案。

第五十一条　发生危险化学品事故，单位主要负责人应当按照本单位制定的应急救援预案，立即组织救援，并立即报告当地负责危险化学品安全监督管理综合工作的部门和公安、环境保护、质检部门。

第五十二条　发生危险化学品事故，有关地方人民政府应当做好指挥、领导工作。负责危险化学品安全监督管理综合工作的部门和环境保护、公安、卫生等有关部门，应当按照当地应急救援预案组织实施救援，不得拖延、推诿。有关地方人民政府及其有关部门并应当按照下列规定，采取必要措施，减少事故损失，防止事故蔓延、扩大：

（一）立即组织营救受害人员，组织撤离或者采取其他措施保护危害区域内的其他人员；

（二）迅速控制危害源，并对危险化学品造成的危害进行检验、监测，测定事故的危害区域、危险化学品性质及危害程度；

（三）针对事故对人体、动植物、土壤、水源、空气造成的现实危害和可能产生的危害，迅速采取封闭、隔离、洗消等措施；

（四）对危险化学品事故造成的危害进行监测、处置，直至符合国家环境保护标准。

第五十三条　危险化学品生产企业必须为危险化学品事故应急救援提供技术指导和必要的协助。

第五十四条　危险化学品事故造成环境污染的信息，由环境保护部门统一公布。

第六章　法 律 责 任

第五十五条　对生产、经营、储存、运输、使用危险化学品和处置废弃危险化学品依法实施监督管理的有关部门工作人员，有下列行为之一的，依法给予降级或者撤职的行政处分；触犯刑律的，依照刑法关于受贿罪、滥用职权罪、玩忽职守罪或者其他罪的规定，依法追究刑事责任：

（一）利用职务上的便利收受他人财物或者其他好处，对不符合本条例规定条件的涉及生产、经营、储存、运输、使用危险化学品和处置废弃危险化学品的事项予以批准或者许可的；

（二）发现未依法取得批准或者许可的单位和个人擅自从事有关活动或者接到举报后不予取缔或者不依法予以处理的；

（三）对已经依法取得批准或者许可的单位和个人不履行监督管理职责，发现其不再具备本条例规定的条件而不撤销原批准、许可或者发现违反本条例的行为不予查处的。

第五十六条　发生危险化学品事故，有关部门未依照本条例的规定履行职责，组织实施救援或者采取必要措施，减少事故损失，防止事故蔓延、扩大，或者拖延、推诿的，对负有责任的主管人员和其他直接责任人员依法给予降级或者撤职的行政处分；触犯刑律的，依照刑法关于滥用职权罪、玩忽职守罪或者其他罪的规定，依法追究刑事责任。

第五十七条　违反本条例的规定，有下列行为之一的，分别由工商行政管理部门、质检部门、负责危险化学品安全监督管理综合工作的部门依据各自的职权予以关闭或者责令停产停业整顿，责令无害化销毁国家明令禁止生产、经营、使用的危险化学品或者用剧毒化学品生产的灭鼠药以及其他可能进入人民日常生活的化学产品和日用化学品；有违法所得的，没收违法所得；违法所得 10 万元以上的，并处违法所得 1 倍以上 5 倍以下的罚款；没有违法所得或者违法所得不足 10 万元的，并处 5 万元以上 50 万元以下的罚款；触犯刑律的，对负有责任的主管人员和其他直接责任人员依照刑法关于危险物品肇事罪、非法经营罪或者其他罪的规定，依法追究刑事责任：

（一）未经批准或者未经工商登记注册，擅自从事危险化学品生产、储存的；

（二）未取得危险化学品生产许可证，擅自开工生产危险化学品的；

（三）未经审查批准，危险化学品生产、储存企业擅自改建、扩建的；

（四）未取得危险化学品经营许可证或者未经工商登记注册，擅自从事危险化学品经营的；

（五）生产、经营、使用国家明令禁止的危险化学品，或者用剧毒化学品生产灭鼠药以及其他可能进入人民日常生活的化学产品和日用化学品的。

第五十八条　危险化学品单位违反本条例的规定，未根据危险化学品的种类、特性，在车间、库房等作业场所设置相应的监测、通风、防晒、调温、防火、灭火、防爆、泄压、防毒、消毒、中和、防潮、防雷、防静电、防腐、防渗漏、防护围堤或者隔离操作等安全设施、设备的，由负责危险化学品安全监督管理综合工作的部门或者公安部门依据各自的职权责令立即或者限期改正，处 2 万元以上 10 万元以下的罚款；触犯刑律的，对负有责任的主管人员和其他直接责任人员依照刑法关于危险物品肇事罪、重大责任事故罪或者其他罪的规定，依法追究刑事责任。

第五十九条　违反本条例的规定，有下列行为之一的，由负责危险化学品安全监督管理综合工作的部门、质检部门或者交通部门依据各自的职权责令立即或者限期改正，处 2 万元以上 20 万元以下的罚款；逾期未改正的，责令停产停业整顿；触犯刑律的，对负有责任的主管人员和其他直接责任人员依照刑法关于危险物品肇事罪、生产销售伪劣商品罪或者其他罪的规定，依法追究刑事责任：

（一）未经定点，擅自生产危险化学品包装物、容器的；

（二）运输危险化学品的船舶及其配载的容器未按照国家关于船舶检验的规范进行生产，并经检验合格的；

（三）危险化学品包装的材质、型式、规格、方法和单件质量（重量）与所包装的危险化学品的性质和用途不相适应的；

（四）对重复使用的危险化学品的包装物、容器在使用前，不进行检查的；

（五）使用非定点企业生产的或者未经检测、检验合格的包装物、容器包装、盛装、运输危险化学品的。

第六十条　危险化学品单位违反本条例的规定，有下列行为之一的，由负责危险化学品安全监督管理综合工作的部门责令立即或者限期改正，处 1 万元以上 5 万元以下的罚款；逾期不改正的，责令停产停业整顿：

（一）危险化学品生产企业未在危险化学品包装内附有与危险化学品完全一致的化学品安全技术说明书，或者未在包装（包括外包装件）上加贴、拴挂与包装内危险化学品完全一致的化学品安全标签的；

（二）危险化学品生产企业发现危险化学品有新的危害特性时，不立即公告并及时修订其安全技术说明书和安全标签的；

（三）危险化学品经营企业销售没有化学品安全技术说明书和安全标签的危险化学品的。

第六十一条　危险化学品单位违反本条例的规定，有下列行为之一的，由负责危险化学品安全监督管理综合工作的部门或者公安部门依据各自的职权责令立即或者限期改正，处1万元以上5万元以下的罚款；逾期不改正的，由原发证机关吊销危险化学品生产许可证、经营许可证和营业执照；触犯刑律的，对负有责任的主管人员和其他直接责任人员依照刑法关于危险物品肇事罪、重大责任事故罪或者其他罪的规定，依法追究刑事责任：

（一）未对其生产、储存装置进行定期安全评价，并报所在地设区的市级人民政府负责危险化学品安全监督管理综合工作的部门备案，或者对安全评价中发现的存在现实危险的生产、储存装置不立即停止使用，予以更换或者修复，并采取相应的安全措施的；

（二）未在生产、储存和使用危险化学品场所设置通信、报警装置，并保持正常适用状态的；

（三）危险化学品未储存在专用仓库内或者未设专人管理的；

（四）危险化学品出入库未进行核查登记或者入库后未定期检查的；

（五）危险化学品专用仓库不符合国家标准对安全、消防的要求，未设置明显标志，或者未对专用仓库的储存设备和安全设施定期检测的；

（六）危险化学品经销商店存放非民用小包装的危险化学品或者危险化学品民用小包装的存放量超过国家规定限量的；

（七）剧毒化学品以及构成重大危险源的其他危险化学品未在专用仓库内单独存放，或者未实行双人收发、双人保管，或者未将储存剧毒化学品以及构成重大危险源的其他危险化学品的数量、地点以及管理人员的情况，报当地公安部门和负责危险化学品安全监督管理综合工作的部门备案的；

（八）危险化学品生产单位不如实记录剧毒化学品的产量、流向、储存量和用途，或者未采取必要的保安措施防止剧毒化学品被盗、丢失、误售、误用，或者发生剧毒化学品被盗、丢失、误售、误用后不立即向当地公安部门报告的；

（九）危险化学品经营企业不记录剧毒化学品购买单位的名称、地址，购买人员的姓名、身份证号码及所购剧毒化学品的品名、数量、用途，或者不每天核对剧毒化学品的销售情况，或者发现被盗、丢失、误售不立即向当地公安部门报告的。

第六十二条　危险化学品单位违反本条例的规定，在转产、停产、停业或者解散时未采取有效措施，处置危险化学品生产、储存设备、库存产品及生产原料的，由负责危险化学品安全监督管理综合工作的部门责令改正，处2万元以上10万元以下的罚款；触犯刑律的，对负有责任的主管人员和其他直接责任人员依照刑法关于重大环境污染事故罪、危险物品肇事罪或者其他罪的规定，依法追究刑事责任。

第六十三条　违反本条例的规定，有下列行为之一的，由工商行政管理部门责令改正，有违法所得的，没收违法所得；违法所得5万元以上的，并处违法所得1倍以上5倍以下的罚款；没有违法所得或者违法所得不足5万元的，并处2万元以上20万元以下的罚款；不改正的，由原发证机关吊销生产许可证、经营许可证和营业执照；触犯刑律的，对负有责任的主管人员和其他直接责任人员依照刑法关于非法经营罪、危险物品肇事罪或者其他罪的规定，依法追究刑事责任：

（一）危险化学品经营企业从未取得危险化学品生产许可证或者危险化学品经营许可证的企业采购危险化学品的；

（二）危险化学品生产企业向未取得危险化学品经营许可证的经营单位销售其产品的；

（三）剧毒化学品经营企业向个人或者无购买凭证、准购证的单位销售剧毒化学品的。

第六十四条　违反本条例的规定，伪造、变造、买卖、出借或者以其他方式转让剧毒化学品购买凭证、准购证以及其他有关证件，或者使用作废的上述有关证件的，由公安部门责令改正，处1万元以上5万元以下的罚款；触犯刑律的，对负有责任的主管人员和其他直接责任人员依照刑法关于伪造、变造、买卖国家机关公文、证件、印章罪或者其他罪的规定，依法追究刑事责任。

第六十五条　违反本条例的规定，未取得危险化学品运输企业资质，擅自从事危险化学品公路、水路运输，有违法所得的，由交通部门没收违法所得；违法所得5万元以上的，并处违法所得1倍以上5倍以下的罚款；没有违法所得或者违法所得不足5万元的，处2万元以上20万元以下的罚款；触犯刑律的，对负有责任的主管人员和其他直接责任人员依照刑法关于危险物品肇事罪或者其他罪的规定，依法追究刑事责任。

第六十六条　违反本条例的规定，有下列行为之一的，由交通部门处2万元以上10万元以下的罚款；触犯刑律的，依照刑法关于危险物品肇事罪或者其他罪的规定，依法追究刑事责任：

（一）从事危险化学品公路、水路运输的驾驶员、船员、装卸管理人员、押运人员未经考核合格，取得上岗资格证的；

（二）利用内河以及其他封闭水域等航运渠道运输剧毒化学品和国家禁止运输的其他危险化学品的；

（三）托运人未按照规定向交通部门办理水路运输手续，擅自通过水路运输剧毒化学品和国家禁止运输的其他危险化学品以外的危险化学品的；

（四）托运人托运危险化学品，不向承运人说明运输的危险化学品的品名、数量、危害、应急措施等情况，或者需要添加抑制剂或者稳定剂，交付托运时未添加的；

（五）运输、装卸危险化学品不符合国家有关法律、法规、规章的规定和国家标准，并按照危险化学品的特性采取必要安全防护措施的。

第六十七条　违反本条例的规定，有下列行为之一的，由公安部门责令改正，处 2 万元以上 10 万元以下的罚款；触犯刑律的，依照刑法关于危险物品肇事罪、重大环境污染事故罪或者其他罪的规定，依法追究刑事责任：

（一）托运人未向公安部门申请领取剧毒化学品公路运输通行证，擅自通过公路运输剧毒化学品的；

（二）危险化学品运输企业运输危险化学品，不配备押运人员或者脱离押运人员监管，超装、超载，中途停车住宿或者遇有无法正常运输的情况，不向当地公安部门报告的；

（三）危险化学品运输企业运输危险化学品，未向公安部门报告，擅自进入危险化学品运输车辆禁止通行区域，或者进入禁止通行区域不遵守公安部门规定的行车时间和路线的；

（四）危险化学品运输企业运输剧毒化学品，在公路运输途中发生被盗、丢失、流散、泄漏等情况，不立即向当地公安部门报告，并采取一切可能的警示措施的；

（五）托运人在托运的普通货物中夹带危险化学品或者将危险化学品匿报、谎报为普通货物托运的。

第六十八条　违反本条例的规定，邮寄或者在邮件内夹带危险化学品，或者将危险化学品匿报、谎报为普通物品邮寄的，由公安部门处 2000 元以上 2 万元以下的罚款；触犯刑律的，依照刑法关于危险物品肇事罪或者其他罪的规定，依法追究刑事责任。

第六十九条　危险化学品单位发生危险化学品事故，未按照本条例的规定立即组织救援，或者不立即向负责危险化学品安全监督管理综合工作的部门和公安、环境保护、质检部门报告，造成严重后果的，对负有责任的主管人员和其他直接责任人员依照刑法关于国有公司、企业工作人员失职罪或者其他罪的规定，依法追究刑事责任。

第七十条　危险化学品单位发生危险化学品事故造成人员伤亡、财产损失的，应当依法承担赔偿责任；拒不承担赔偿责任或者其负责人逃匿的，依法拍卖其财产，用于赔偿。

第七章　附　　则

第七十一条　监控化学品、属于药品的危险化学品和农药的安全管理，依照本条例的规定执行；国家另有规定的，依照其规定。

民用爆炸品、放射性物品、核能物质和城镇燃气的安全管理，不适用本条例。

第七十二条　危险化学品的进出口管理依照国家有关规定执行；进口危险化学品的经营、储存、运输、使用和处置进口废弃危险化学品，依照本条例的规定执行。

第七十三条　依照本条例的规定，对生产、经营、储存、运输、使用危险化学品和处置废弃危险化学品进行审批、许可并实施监督管理的国务院有关部门，应当根据本条例的规定制定并公布审批、许可的期限和程序。

本条例规定的国家标准和涉及危险化学品安全管理的国家有关规定，由国务院质检部门或者国务院有关部门分别依照国家标准化法律和其他有关法律、行政法规以及本条例的规定制定、调整并公布。

第七十四条　本条例自 2002 年 3 月 15 日起施行。1987 年 2 月 17 日国务院发布的《化学危险物品安全管理条例》同时废止。

六、作业场所职业危害申报管理办法

（2009 年 9 月 8 日国家安全生产监督管理总局令第 27 号公布，自 2009 年 11 月 1 日起施行）

第一条　为了规范作业场所职业危害的申报工作，加强对生产经营单位职业健康工作的监督管理，根据《中华人民共和国职业病防治法》《使用有毒物品作业场所劳动保护条例》等法律、行政法规和国务院有关职业健康监督检查职责调整的规定，制定本办法。

第二条　在中华人民共和国境内存在或者产生职业危害的生产经营单位（煤矿企业除外），应当按照国家有关法律、行政法规及本办法的规定，及时、如实申报职业危害，并接受安全生产监督管理部门的监督管理。

煤矿企业作业场所职业危害申报的管理，另行规定。

第三条　本办法所称作业场所职业危害，是指从业人员在从事职业活动中，由于接触粉尘、毒物等有害因素而对身体健康所造成的各种损害。

作业场所职业危害按照《职业病危害因素分类目录》确定。

第四条　职业危害申报工作实行属地分级管理。生产经营单位应当按照规定对本单位作业场所职业危害因素进行检测、评价，并按照职责分工向其所在地县级以上安全生产监督管理部门申报。

中央企业及其所属单位的职业危害申报，按照职责分工向其所在地设区的市级以上安全生产监督管理部门申报。

第五条　生产经营单位申报职业危害时，应当提交《作业场所职业危害申报表》和下列有关资料：

（一）生产经营单位的基本情况；

（二）产生职业危害因素的生产技术、工艺和材料的情况；

（三）作业场所职业危害因素的种类、浓度和强度的情况；

（四）作业场所接触职业危害因素的人数及分布情况；

（五）职业危害防护设施及个人防护用品的配备情况；

（六）对接触职业危害因素从业人员的管理情况；

（七）法律、法规和规章规定的其他资料。

第六条　作业场所职业危害申报采取电子和纸质文本两种方式。生产经营单位通过“作业场所职业危害申报与备案管理系统”进行电子数据申报，同时将《作业场所职业危害申报表》加盖公章并由生产经营单位主要负责人签字后，按照本办法第四条和第五条的规定，连同有关资料一并上报所在地相应的安全生产监督管理部门。

第七条　作业场所职业危害申报不得收取任何费用。

第八条　作业场所职业危害每年申报一次。生产经营单位下列事项发生重大变化的，应当按照本条规定向原申报机关申报变更：

（一）进行新建、改建、扩建、技术改造或者技术引进的，在建设项目竣工验收之日起30日内进行申报；

（二）因技术、工艺或者材料发生变化导致原申报的职业危害因素及其相关内容发生重大变化的，在技术、工艺或者材料变化之日起15日内进行申报；

（三）生产经营单位名称、法定代表人或者主要负责人发生变化的，在发生变化之日起15日内进行申报。

第九条　生产经营单位终止生产经营活动的，应当在生产经营活动终止之日起15日内向原申报机关报告并办理相关手续。

第十条　县级以上安全生产监督管理部门应当建立职业危害管理档案。职业危害管理档案应当包括辖区内存在职业危害因素的生产经营单位数量、职业危害因素种类、行业及地区分布、接触人数、防护设施的配备和职业卫生管理状况等内容。

第十一条　安全生产监督管理部门应当依法对生产经营单位作业场所职业危害申报情况进行监督检查。

第十二条　安全生产监督管理部门及其工作人员在对职业危害申报材料审查以及监督检查中，涉及生产经营单位商业秘密和技术秘密的，应当为其保密。违反有关保密义务的，应当承担相应的法律责任。

第十三条　生产经营单位未按照本办法规定及时、如实地申报职业危害的，由安全生产监督管理部门给予警告，责令限期改正，可以并处2万元以上5万元以下的罚款。

第十四条　生产经营单位有关事项发生重大变化，未按照本办法第八条的规定申报变更的，由安全生产监督管理部门责令限期改正，可以并处1万元以上3万元以下罚款。

第十五条　《作业场所职业危害申报表》《作业场所职业危害申报回执》的

内容和格式由国家安全生产监督管理总局统一制定。

第十六条　本办法自2009年11月1日起施行。

七、作业场所职业健康监督管理暂行规定

（2009 年 7 月 1 日国家安全生产监督管理总局令第 23 号公布，自 2009 年 9 月 1 日起施行）

第一章　总　　则

第一条　为了加强工矿商贸生产经营单位作业场所职业健康的监督管理，强化生产经营单位职业危害防治的主体责任，预防、控制和消除职业危害，保障从业人员生命安全和健康，根据《职业病防治法》《安全生产法》等法律、行政法规和国务院有关职业健康监督检查职责调整的规定，制定本规定。

第二条　除煤矿企业以外的工矿商贸生产经营单位（以下简称生产经营单位）作业场所的职业危害防治和安全生产监督管理部门对其实施监督管理工作，适用本规定。

煤矿企业作业场所的职业危害防治和煤矿安全监察机构对其实施监察工作，另行规定。

第三条　生产经营单位应当加强作业场所的职业危害防治工作，为从业人员提供符合法律、法规、规章和国家标准、行业标准的工作环境和条件，采取有效措施，保障从业人员的职业健康。

第四条　生产经营单位是职业危害防治的责任主体。

生产经营单位的主要负责人对本单位作业场所的职业危害防治工作全面负责。

第五条　国家安全生产监督管理总局负责全国生产经营单位作业场所职业健康的监督管理工作。

县级以上地方人民政府安全生产监督管理部门负责本行政区域内生产经营单位作业场所职业健康的监督管理工作。

第六条　为作业场所职业危害防治提供技术服务的职业健康技术服务机构，应当依照法律、法规、规章和执业准则，为生产经营单位提供技术服务。

第七条　任何单位和个人均有权向安全生产监督管理部门举报生产经营单位

违反本规定的行为和职业危害事故。

第二章　生产经营单位的职责

第八条　存在职业危害的生产经营单位应当设置或者指定职业健康管理机构，配备专职或者兼职的职业健康管理人员，负责本单位的职业危害防治工作。

第九条　生产经营单位的主要负责人和职业健康管理人员应当具备与本单位所从事的生产经营活动相适应的职业健康知识和管理能力，并接受安全生产监督管理部门组织的职业健康培训。

第十条　生产经营单位应当对从业人员进行上岗前的职业健康培训和在岗期间的定期职业健康培训，普及职业健康知识，督促从业人员遵守职业危害防治的法律、法规、规章、国家标准、行业标准和操作规程。

第十一条　存在职业危害的生产经营单位应当建立、健全下列职业危害防治制度和操作规程：

（一）职业危害防治责任制度；

（二）职业危害告知制度；

（三）职业危害申报制度；

（四）职业健康宣传教育培训制度；

（五）职业危害防护设施维护检修制度；

（六）从业人员防护用品管理制度；

（七）职业危害日常监测管理制度；

（八）从业人员职业健康监护档案管理制度；

（九）岗位职业健康操作规程；

（十）法律、法规、规章规定的其他职业危害防治制度。

第十二条　存在职业危害的生产经营单位的作业场所应当符合下列要求：

（一）生产布局合理，有害作业与无害作业分开；

（二）作业场所与生活场所分开，作业场所不得住人；

（三）有与职业危害防治工作相适应的有效防护设施；

（四）职业危害因素的强度或者浓度符合国家标准、行业标准；

（五）法律、法规、规章和国家标准、行业标准的其他规定。

第十三条　存在职业危害的生产经营单位，应当按照有关规定及时、如实将本单位的职业危害因素向安全生产监督管理部门申报，并接受安全生产监督管理部门的监督检查。

第十四条　新建、改建、扩建的工程建设项目和技术改造、技术引进项目

（以下统称建设项目）可能产生职业危害的，建设单位应当按照有关规定，在可行性论证阶段委托具有相应资质的职业健康技术服务机构进行预评价。职业危害预评价报告应当报送建设项目所在地安全生产监督管理部门备案。

第十五条　产生职业危害的建设项目应当在初步设计阶段编制职业危害防治专篇。职业危害防治专篇应当报送建设项目所在地安全生产监督管理部门备案。

第十六条　建设项目的职业危害防护设施应当与主体工程同时设计、同时施工、同时投入生产和使用（以下简称“三同时”）。职业危害防护设施所需费用应当纳入建设项目工程预算。

第十七条　建设项目在竣工验收前，建设单位应当按照有关规定委托具有相应资质的职业健康技术服务机构进行职业危害控制效果评价。建设项目竣工验收时，其职业危害防护设施依法经验收合格，取得职业危害防护设施验收批复文件后，方可投入生产和使用。

职业危害控制效果评价报告、职业危害防护设施验收批复文件应当报送建设项目所在地安全生产监督管理部门备案。

第十八条　存在职业危害的生产经营单位，应当在醒目位置设置公告栏，公布有关职业危害防治的规章制度、操作规程和作业场所职业危害因素监测结果。

对产生严重职业危害的作业岗位，应当在醒目位置设置警示标识和中文警示说明。警示说明应当载明产生职业危害的种类、后果、预防和应急处置措施等内容。

第十九条　生产经营单位必须为从业人员提供符合国家标准、行业标准的职业危害防护用品，并督促、教育、指导从业人员按照使用规则正确佩戴、使用，不得发放钱物替代发放职业危害防护用品。

生产经营单位应当对职业危害防护用品进行经常性的维护、保养，确保防护用品有效。不得使用不符合国家标准、行业标准或者已经失效的职业危害防护用品。

第二十条　生产经营单位对职业危害防护设施应当进行经常性的维护、检修和保养，定期检测其性能和效果，确保其处于正常状态。不得擅自拆除或者停止使用职业危害防护设施。

第二十一条　存在职业危害的生产经营单位应当设有专人负责作业场所职业危害因素日常监测，保证监测系统处于正常工作状态。监测的结果应当及时向从业人员公布。

第二十二条　存在职业危害的生产经营单位应当委托具有相应资质的中介技术服务机构，每年至少进行一次职业危害因素检测，每三年至少进行一次职业危害现状评价。定期检测、评价结果应当存入本单位的职业危害防治档案，向从业人员公布，并向所在地安全生产监督管理部门报告。

第二十三条　生产经营单位在日常的职业危害监测或者定期检测、评价过程中，发现作业场所职业危害因素的强度或者浓度不符合国家标准、行业标准的，应当立即采取措施进行整改和治理，确保其符合职业健康环境和条件的要求。

第二十四条　向生产经营单位提供可能产生职业危害的设备的，应当提供中文说明书，并在设备的醒目位置设置警示标识和中文警示说明。警示说明应当载明设备性能、可能产生的职业危害、安全操作和维护注意事项、职业危害防护措施等内容。

第二十五条　向生产经营单位提供可能产生职业危害的化学品等材料的，应当提供中文说明书。说明书应当载明产品特性、主要成分、存在的有害因素、可能产生的危害后果、安全使用注意事项、职业危害防护和应急处置措施等内容。产品包装应当有醒目的警示标识和中文警示说明。储存场所应当设置危险物品标识。

第二十六条　任何生产经营单位不得使用国家明令禁止使用的可能产生职业危害的设备或者材料。

第二十七条　任何单位和个人不得将产生职业危害的作业转移给不具备职业危害防护条件的单位和个人。不具备职业危害防护条件的单位和个人不得接受产生职业危害的作业。

第二十八条　生产经营单位应当优先采用有利于防治职业危害和保护从业人员健康的新技术、新工艺、新材料、新设备，逐步替代产生职业危害的技术、工艺、材料、设备。

第二十九条　生产经营单位对采用的技术、工艺、材料、设备，应当知悉其可能产生的职业危害，并采取相应的防护措施。对可能产生职业危害的技术、工艺、材料、设备故意隐瞒其危害而采用的，生产经营单位主要负责人对其所造成的职业危害后果承担责任。

第三十条　生产经营单位与从业人员订立劳动合同（含聘用合同，下同）时，应当将工作过程中可能产生的职业危害及其后果、职业危害防护措施和待遇等如实告知从业人员，并在劳动合同中写明，不得隐瞒或者欺骗。生产经营单位应当依法为从业人员办理工伤保险，缴纳保险费。

从业人员在履行劳动合同期间因工作岗位或者工作内容变更，从事与所订立劳动合同中未告知的存在职业危害的作业的，生产经营单位应当依照前款规定，向从业人员履行如实告知的义务，并协商变更原劳动合同相关条款。

生产经营单位违反本条第一款、第二款规定的，从业人员有权拒绝作业。生产经营单位不得因从业人员拒绝作业而解除或者终止与从业人员所订立的劳动合同。

第三十一条　对接触职业危害的从业人员，生产经营单位应当按照国家有关规定组织上岗前、在岗期间和离岗时的职业健康检查，并将检查结果如实告知从业人员。职业健康检查费用由生产经营单位承担。

生产经营单位不得安排未经上岗前职业健康检查的从业人员从事接触职业危害的作业；不得安排有职业禁忌的从业人员从事其所禁忌的作业；对在职业健康检查中发现有与所从事职业相关的健康损害的从业人员，应当调离原工作岗位，并妥善安置；对未进行离岗前职业健康检查的从业人员，不得解除或者终止与其订立的劳动合同。

第三十二条　生产经营单位应当为从业人员建立职业健康监护档案，并按照规定的期限妥善保存。

从业人员离开生产经营单位时，有权索取本人职业健康监护档案复印件，生产经营单位应当如实、无偿提供，并在所提供的复印件上签章。

第三十三条　生产经营单位不得安排未成年工从事接触职业危害的作业；不得安排孕期、哺乳期的女职工从事对本人和胎儿、婴儿有危害的作业。

第三十四条　生产经营单位发生职业危害事故，应当及时向所在地安全生产监督管理部门和有关部门报告，并采取有效措施，减少或者消除职业危害因素，防止事故扩大。对遭受职业危害的从业人员，及时组织救治，并承担所需费用。

生产经营单位及其从业人员不得迟报、漏报、谎报或者瞒报职业危害事故。

第三十五条　作业场所使用有毒物品的生产经营单位，应当按照有关规定向安全生产监督管理部门申请办理职业卫生安全许可证。

第三十六条　生产经营单位在安全生产监督管理部门行政执法人员依法履行监督检查职责时，应当予以配合，不得拒绝、阻挠。

第三章　监督管理

第三十七条　安全生产监督管理部门依法对生产经营单位执行有关职业危害防治的法律、法规、规章和国家标准、行业标准的下列情况进行监督检查：

（一）职业健康管理机构设置、人员配备情况；

（二）职业危害防治制度和规程的建立、落实及公布情况；

（三）主要负责人、职业健康管理人员、从业人员的职业健康教育培训情况；

（四）作业场所职业危害因素申报情况；

（五）作业场所职业危害因素监测、检测及结果公布情况；

（六）职业危害防护设施的设置、维护、保养情况，以及个体防护用品的发放、管理及从业人员佩戴使用情况；

（七）职业危害因素及危害后果告知情况；

（八）职业危害事故报告情况；

（九）依法应当监督检查的其他情况。

第三十八条　安全生产监督管理部门应当建立健全职业危害的监督检查制度，加强行政执法人员职业健康知识的培训，提高行政执法人员的业务素质。

第三十九条　安全生产监督管理部门应当建立健全职业危害防护设施“三同时”的备案管理制度，加强职业危害相关资料的档案管理。

第四十条　安全生产监督管理部门对从事职业危害防治工作的职业健康技术服务机构实行登记备案管理制度。依法取得相应资质的职业健康技术服务机构，应当向安全生产监督管理部门登记备案。

从事作业场所职业危害检测、评价等工作的中介技术服务机构应当客观、真实、准确地开展检测、评价工作，并对其检测、评价的结果负责。

第四十一条　安全生产监督管理部门应当加强对职业健康技术服务机构的监督检查，发现存在违法违规行为的，及时向有关部门通报。

第四十二条　安全生产监督管理部门行政执法人员依法履行监督检查职责时，应当出示有效的执法证件。

行政执法人员应当忠于职守，秉公执法，严格遵守执法规范；对涉及被检查单位的技术秘密和业务秘密的，应当为其保密。

第四十三条　安全生产监督管理部门履行监督检查职责时，有权采取下列措施：

（一）进入被检查单位及作业场所，进行职业危害检测，了解有关情况，调查取证；

（二）查阅、复制被检查单位有关职业危害防治的文件、资料，采集有关样品；

（三）对有根据认为不符合职业危害防治的国家标准、行业标准的设施、设备、器材予以查封或者扣押，并应当在15日内依法作出处理决定。

第四十四条　发生职业危害事故的，安全生产监督管理部门应当并依照国家有关规定报告事故和组织事故的调查处理。

第四章 罚则

第四十五条 生产经营单位有下列情形之一的，给予警告，责令限期改正；逾期未改正的，处2万元以下的罚款：

（一）未按照规定设置或者指定职业健康管理机构，或者未配备专职或者兼职的职业健康管理人员的；

（二）未按照规定建立职业危害防治制度和操作规程的；

（三）未按照规定公布有关职业危害防治的规章制度和操作规程的；

（四）生产经营单位主要负责人、职业健康管理人员未按照规定接受职业健康培训的；

（五）生产经营单位未按照规定组织从业人员进行职业健康培训的；

（六）作业场所职业危害因素监测、检测和评价结果未按照规定存档、报告和公布的。

第四十六条 生产经营单位有下列情形之一的，责令限期改正，给予警告，可以并处2万元以上5万元以下的罚款：

（一）未按照规定及时、如实申报职业危害因素的；

（二）未按照规定设有专人负责作业场所职业危害因素日常监测，或者监测系统不能正常监测的；

（三）订立或者变更劳动合同时，未告知从业人员职业危害真实情况的；

（四）未按照规定组织从业人员进行职业健康检查、建立职业健康监护档案，或者未将检查结果如实告知从业人员的。

第四十七条 生产经营单位有下列情形之一的，给予警告，责令限期改正；逾期未改正的，处5万元以上20万元以下的罚款；情节严重的，责令停止产生职业危害的作业，或者提请有关人民政府按照国务院规定的权限责令关闭：

（一）作业场所职业危害因素的强度或者浓度超过国家标准、行业标准的；

（二）未提供职业危害防护设施和从业人员使用的职业危害防护用品，或者提供的职业危害防护设施和从业人员使用的职业危害防护用品不符合国家标准、行业标准的；

（三）未按照规定对职业危害防护设施和从业人员职业危害防护用品进行维护、检修、检测，并保持正常运行、使用状态的；

（四）未按照规定对作业场所职业危害因素进行检测、评价的；

（五）作业场所职业危害因素经治理仍然达不到国家标准、行业标准的；

（六）发生职业危害事故，未采取有效措施，或者未按照规定及时报告的；

（七）未按照规定在产生职业危害的作业岗位醒目位置公布操作规程、设置警示标识和中文警示说明的；

（八）拒绝安全生产监督管理部门依法履行监督检查职责的。

第四十八条　生产经营单位有下列情形之一的，责令限期改正，并处5万元以上30万元以下的罚款；情节严重的，责令停止产生职业危害的作业，或者提请有关人民政府按照国务院规定的权限责令关闭：

（一）隐瞒技术、工艺、材料所产生的职业危害而采用的；

（二）使用国家明令禁止使用的可能产生职业危害的设备或者材料的；

（三）将产生职业危害的作业转移给没有职业危害防护条件的单位和个人，或者没有职业危害防护条件的单位和个人接受产生职业危害作业的；

（四）擅自拆除、停止使用职业危害防护设施的；

（五）安排未经职业健康检查的从业人员、有职业禁忌的从业人员、未成年工或者孕期、哺乳期女职工从事接触产生职业危害作业或者禁忌作业的。

第四十九条　生产经营单位违反有关职业危害防治法律、法规、规章和国家标准、行业标准的规定，已经对从业人员生命健康造成严重损害的，责令停止产生职业危害的作业，或者提请有关人民政府按照国务院规定的权限责令关闭，并处10万元以上30万元以下的罚款。

第五十条　建设项目职业危害预评价报告、职业危害防治专篇、职业危害控制效果评价报告和职业危害防护设施验收批复文件未按照本规定要求备案的，给予警告、并处3万元以下的罚款。

第五十一条　向生产经营单位提供可能产生职业危害的设备或者材料，未按照规定提供中文说明书或者设置警示标识和中文警示说明的，责令限期改正，给予警告，并处5万元以上20万元以下的罚款。

第五十二条　安全生产监督管理部门及其行政执法人员未按照规定报告职业危害事故的，依照有关规定给予处理；构成犯罪的，依法追究刑事责任。

第五十三条　本规定所规定的对作业场所职业健康违法行为的处罚，由县级以上安全生产监督管理部门决定。法律、行政法规和国务院有关规定对行政处罚决定机关另有规定的，依照其规定。

第五章　附　　则

第五十四条　本规定下列用语的含义：

作业场所，是指从业人员进行职业活动的所有地点，包括建设单位施工场所。

职业危害，是指从业人员在从事职业活动中，由于接触粉尘、毒物等有害因素而对身体健康所造成的各种损害。

职业禁忌，是指从业人员从事特定职业或者接触特定职业危害因素时，比一般职业人群更易于遭受职业危害损伤和罹患职业病，或者可能导致原有自身疾病病情加重，或者在从事作业过程中诱发可能导致对他人生命健康构成危险的疾病的个人特殊生理或者病理状态。

第五十五条　本规定未规定的职业危害防治的其他有关事项，依照《职业病防治法》和其他有关法律、行政法规的规定执行。

第五十六条　本规定自 2009 年 9 月 1 日起施行。

八、化学品分类和危险性公示　通则

（国家质量监督检验检疫总局、国家标准化管理委员会 2009 年 6 月 21 日发布，2010 年 5 月 1 日实施）

前　言

本标准第 4 章、第 5 章为强制性的，其余为推荐性的。

本标准对应于联合国《化学品分类及标记全球协调制度》（GHS）第二修订版（ST/SG/AC. 10/30/Rev. 2），与其一致性程度为非等效，其有关技术内容与 GHS 中一致，在标准文本格式上按 GB/T 1.1—2000 做了编辑性修改。

本标准代替 GB 13690—1992《常用危险化学品的分类及标志》。

本标准与 GB 13690—1992 相比主要变化如下：

——标准名称改为“化学品分类和危险性公示　通则”；

——本标准按照 GHS 的要求对化学品危险性进行分类；

——本标准按照 GHS 的要求对化学品危险性公示进行了规定。

本标准的附录 A、附录 B、附录 C、附录 D 为资料性附录。

本标准由全国危险化学品管理标准化技术委员会（SAC/TC 251）提出并归口。

本标准参加起草单位：中化化工标准化研究所、山东出入境检验检疫局、上海化工研究院、江苏出入境检验检疫局、湖北出入境检验检疫局。

本标准起草人：张少岩、崔海容、杨一、王晓兵、梅建、汤礼军、车礼东、陈会明、周玮。

本标准所代替标准的历次版本发布情况为：

——GB 13690—1992。

1　范围

本标准规定了有关 GHS 的化学品分类及其危险公示。

本标准适用于化学品分类及其危险公示。本标准适用于化学品生产场所和消费品的标志。

2 规范性引用文件

下列文件中的条款，通过本标准的引用而成为本标准的条款。凡是注日期的引用文件，其随后所有的修改单（不包括勘误的内容）或修订版均不适用于本标准，然而，鼓励根据本标准达成协议的各方研究是否可使用这些文件的最新版本。凡是不注日期的引用文件，其最新版本适用于本标准。

GB/T 16483 化学品安全技术说明书 内容和项目顺序

GB 20576 化学品分类、警示标签和警示性说明安全规范 爆炸物

GB 20577 化学品分类、警示标签和警示性说明安全规范 易燃气体

GB 20578 化学品分类、警示标签和警示性说明安全规范 易燃气溶胶

GB 20579 化学品分类、警示标签和警示性说明安全规范 氧化性气体

GB 20580 化学品分类、警示标签和警示性说明安全规范 压力下气体

GB 20581 化学品分类、警示标签和警示性说明安全规范 易燃液体

GB 20582 化学品分类、警示标签和警示性说明安全规范 易燃固体

GB 20583 化学品分类、警示标签和警示性说明安全规范 自反应物质

GB 20584 化学品分类、警示标签和警示性说明安全规范 自热物质

GB 20585 化学品分类、警示标签和警示性说明安全规范 自燃液体

GB 20586 化学品分类、警示标签和警示性说明安全规范 自燃固体

GB 20587 化学品分类、警示标签和警示性说明安全规范 遇水放出易燃气体的物质

GB 20588 化学品分类、警示标签和警示性说明安全规范 金属腐蚀物

GB 20589 化学品分类、警示标签和警示性说明安全规范 氧化性液体

GB 20590 化学品分类、警示标签和警示性说明安全规范 氧化性固体

GB 20591 化学品分类、警示标签和警示性说明安全规范 有机过氧化物

GB 20592 化学品分类、警示标签和警示性说明安全规范 急性毒性

GB 20593 化学品分类、警示标签和警示性说明安全规范 皮肤腐蚀/刺激

GB 20594 化学品分类、警示标签和警示性说明安全规范 严重眼睛损伤/眼睛刺激性

GB 20595 化学品分类、警示标签和警示性说明安全规范 呼吸或皮肤过敏

GB 20596 化学品分类、警示标签和警示性说明安全规范 生殖细胞突变性

GB 20597 化学品分类、警示标签和警示性说明安全规范 致癌性

GB 20598 化学品分类、警示标签和警示性说明安全规范 生殖毒性

GB 20599 化学品分类、警示标签和警示性说明安全规范 特异性靶器官系统毒性 一次接触

GB 20601　化学品分类、警示标签和警示性说明安全规范　特异性靶器官系统毒性　反复接触

GB 20602　化学品分类、警示标签和警示性说明安全规范　对水环境的危害

GB/T 22272～GB/T 22278　良好实验室规范（GLP）系列标准

ISO 11683：1997　包装　触觉危险警告　要求

国际化学品安全方案/环境卫生标准第 225 号文件“评估接触化学品引起的生殖健康风险所用的原则”

3　术语和定义

GHS 转化的系列国家标准（GB 20576～GB 20599、GB 20601、GB 20602）以及下列术语和定义适用于本标准。

3.1

化学名称　chemical identity

唯一标识一种化学品的名称。这一名称可以是符合国际纯粹与应用化学联合会（IUPAC）或化学文摘社（CAS）的命名制度的名称，也可以是一种技术名称。

3.2

压缩气体　compressed gas

加压包装时在－50℃时完全是气态的一种气体；包括临界温度为≤－50℃的所有气体。

3.3

闪点　flash point

规定试验条件下施用某种点火源造成液体汽化而着火的最低温度（校正至标准大气压 101.3 kPa）。

3.4

危险类别　hazard category

每个危险种类中的标准划分，如口服急性毒性包括五种危险类别而易燃液体包括四种危险类别。这些危险类别在一个危险种类内比较危险的严重程度，不可将它们视为较为一般的危险类别比较。

3.5

危险种类　hazard class

危险种类指物理、健康或环境危险的性质，例如易燃固体、致癌性、口服急性毒性。

3.6

危险性说明 hazard statement

对某个危险种类或类别的说明，它们说明一种危险产品的危险性质，在情况适合时还说明其危险程度。

3.7

初始沸点 initial boiling point

一种液体的蒸汽压力等于标准压力（101.3 kPa），第一个气泡出现时的温度。

3.8

标签 label

关于一种危险产品的一组适当的书面、印刷或图形信息要素，因为与目标部门相关而被选定，它们附于或印刷在一种危险产品的直接容器上或其外部包装上。

3.9

标签要素者 label element

统一用于标签上的一类信息，例如象形图、信号词。

3.10

《联合国关于危险货物运输的建议书·规章范本》（以下简称规章范本）recommendations on the transport of dangerous goods，model regulations

经联合国经济贸易理事会认可，以联合国关于危险货物运输建议书附件“关于运输危险货物的规章范本”为题，正式出版的文字材料。

3.11

象形图 pictogram

一种图形结构，它可能包括一个符号加上其他图形要素，例如边界、背景图案或颜色，意在传达具体的信息。

3.12

防范说明 precautionary statement

一个短语/和（或）象形图，说明建议采取的措施，以最大限度地减少或防止因接触某种危险物质或因对它存储或搬运不当而产生的不利效应。

3.13

产品标识符 product identifier

标签或安全数据单上用于危险产品的名称或编号。它提供一种唯一的手段使产品使用者能够在特定的使用背景下识别该物质或混合物，例如在运输、消费时或在工作场所。

3.14

信号词　signal word

标签上用来表明危险的相对严重程度和提醒读者注意潜在危险的单词。GHS使用“危险”和“警告”作为信号词。

3.15

图形符号　symbol

意在简明地传达信息的图形要素。

4　分类

4.1　理化危险

4.1.1　爆炸物

爆炸物分类、警示标签和警示性说明见GB 20576。

4.1.1.1　爆炸物质（或混合物）是一种固态或液态物质（或物质的混合物），其本身能够通过化学反应产生气体，而产生气体的温度、压力和速度能对周围环境造成破坏。其中也包括发火物质，即使它们不放出气体。

发火物质（或发火混合物）是这样一种物质或物质的混合物，它意在通过非爆炸自持放热化学反应产生的热、光、声、气体、烟或所有这些的组合来产生效应。

爆炸性物品是含有一种或多种爆炸性物质或混合物的物品。

烟火物品是包含一种或多种发火物质或混合物的物品。

4.1.1.2　爆炸物种类包括：

a）爆炸性物质和混合物；

b）爆炸性物品，但不包括下述装置：其中所含爆炸性物质或混合物由于其数量或特性，在意外或偶然点燃或引爆后，不会由于迸射、发火、冒烟、发热或巨响而在装置之外产生任何效应；

c）在a）和b）中未提及的为产生实际爆炸或烟火效应而制造的物质、混合物和物品。

4.1.2　易燃气体

易燃气体分类、警示标签和警示性说明见GB 20577。

易燃气体是在20℃和101.3 kPa标准压力下，与空气有易燃范围的气体。

4.1.3　易燃气溶胶

易燃气溶胶分类、警示标签和警示性说明见GB 20578。

气溶胶是指气溶胶喷雾罐，系任何不可重新罐装的容器，该容器由金属、玻璃或塑料制成，内装强制压缩、液化或溶解的气体，包含或不包含液体、膏剂或粉末，配有释放装置，可使所装物质喷射出来，形成在气体中悬浮的固态或液态微粒或形成泡沫、膏剂或粉末或处于液态或气态。

4.1.4　氧化性气体

氧化性气体分类、警示标签和警示性说明见 GB **20579**。

氧化性气体是指一般通过提供氧气，比空气更能导致或促使其他物质燃烧的任何气体。

4.1.5　压力下气体

压力下气体分类、警示标签和警示性说明见 GB 20580。

压力下气体是指高压气体在压力等于或大于 200 kPa（表压）下装入贮器的气体，或是液化气体或是冷冻液化气体。

压力下气体包括压缩气体、液化气体、溶解液体、冷冻液化气体。

4.1.6　易燃液体

易燃液体分类、警示标签和警示性说明见 GB 20581。

易燃液体是指闪点不高于 93℃的液体。

4.1.7　易燃固体

易燃固体分类、警示标签和警示性说明见 GB 20582。

易燃固体是容易燃烧或通过摩擦可能引燃或助燃的固体。

易于燃烧的固体为粉状、颗粒状或糊状物质，它们在与燃烧着的火柴等火源短暂接触即可点燃和火焰迅速蔓延的情况下，都非常危险。

4.1.8　自反应物质或混合物

自反应物质分类、警示标签和警示性说明见 GB 20583。

4.1.8.1　自反应物质或混合物是即使没有氧（空气）也容易发生激烈放热分解的热不稳定液态或固态物质或者混合物。本定义不包括根据统一分类制度分类为爆炸物、有机过氧化物或氧化物质的物质和混合物。

4.1.8.2　自反应物质或混合物如果在实验室试验中其组分容易起爆、迅速爆燃或在封闭条件下加热时显示剧烈效应，应视为具有爆炸性质。

4.1.9　自燃液体

自燃液体分类、警示标签和警示性说明见 GB 20585。

自燃液体是即使数量小也能在与空气接触后 5 min 之内引燃的液体。

4.1.10　自燃固体

自燃固体分类、警示标签和警示性说明见 GB 20586。

自燃固体是即使数量小也能在与空气接触后 5 min 之内引燃的固体。

4.1.11　自热物质和混合物

自热物质分类、警示标签和警示性说明见 GB 20584。

自热物质是发火液体或固体以外，与空气反应不需要能源供应就能够自己发热的固体或液体物质或混合物；这类物质或混合物与发火液体或固体不同，因为这类物质只有数量很大（公斤级）并经过长时间（几小时或几天）才会燃烧。

注：物质或混合物的自热导致自发燃烧是由于物质或混合物与氧气（空气中的氧气）发生反应并且所产生的热没有足够迅速地传导到外界而引起的。当热产生的速度超过热损耗的速度而达到自燃温度时，自燃便会发生。

4.1.12　遇水放出易燃气体的物质或混合物

遇水放出易燃气体的物质分类、警示标签和警示性说明见 GB 20587。

遇水放出易燃气体的物质或混合物是通过与水作用，容易具有自燃性或放出危险数量的易燃气体的固态或液态物质或混合物。

4.1.13　氧化性液体

氧化性液体分类、警示标签和警示性说明见 GB 20589。

氧化性液体是本身未必燃烧，但通常因放出氧气可能引起或促使其他物质燃烧的液体。

4.1.14　氧化性固体

氧化性固体分类、警示标签和警示性说明见 GB 20590。

氧化性固体是本身未必燃烧，但通常因放出氧气可能引起或促使其他物质燃烧的固体。

4.1.15　有机过氧化物

有机过氧化物分类、警示标签和警示性说明见 GB 20591。

4.1.15.1　有机过氧化物是含有二价－O－O－结构的液态或固态有机物质，可以看作是一个或两个氢原子被有机基替代的过氧化氢衍生物。该术语也包括有机过氧化物配方（混合物）。有机过氧化物是热不稳定物质或混合物，容易放热自加速分解。另外，它们可能具有下列一种或几种性质：

a）易于爆炸分解；

b）迅速燃烧；

c）对撞击或摩擦敏感；

d）与其他物质发生危险反应。

4.1.15.2　如果有机过氧化物在实验室试验中，在封闭条件下加热时组分容易爆炸、迅速爆燃或表现出剧烈反应，则可认为它具有爆炸性质。

4.1.16 金属腐蚀剂

金属腐蚀物分类、警示标签和警示性说明见 GB 20588。

腐蚀金属的物质或混合物是通过化学作用显著损坏或毁坏金属的物质或混合物。

4.2 健康危险

4.2.1 急性毒性

急性毒性分类、警示标签和警示性说明见 GB 20592。

急性毒性是指在单剂量或在 24 h 内多剂量口服或皮肤接触一种物质，或吸入接触 4 h 之后出现的有害效应。

4.2.2 皮肤腐蚀/刺激

皮肤腐蚀/刺激分类、警示标签和警示性说明见 GB 20593。

皮肤腐蚀是对皮肤造成不可逆损伤；即施用试验物质达到 4 h 后，可观察到表皮和真皮坏死。

腐蚀反应的特征是溃疡、出血、有血的结痂，而且在观察期 14 d 结束时，皮肤、完全脱发区域和结痂处由于漂白而退色。应考虑通过组织病理学来评估可疑的病变。

皮肤刺激是施用试验物质达到 4 h 后对皮肤造成可逆损伤。

4.2.3 严重眼损伤/眼刺激

严重眼睛损伤/眼睛刺激性分类、警示标签和警示性说明见 GB 20594。

严重眼损伤是在眼前部表面施加试验物质之后，对眼部造成在施用 21 d 内并不完全可逆的组织损伤，或严重的视觉物理衰退。

眼刺激是在眼前部表面施加试验物质之后，在眼部产生在施用 21 d 内完可逆的变化。

4.2.4 呼吸或皮肤过敏

呼吸或皮肤过敏分类、警示标签和警示性说明见 GB 20595。

4.2.4.1 呼吸过敏物是吸入后会导致气管超过敏反应的物质。皮肤过敏物是皮肤接触后会导致过敏反应的物质。

4.2.4.2 过敏包含两个阶段：第一个阶段是某人因接触某种变应原而引起特定免疫记忆。第二阶段是引发，即某一致敏个人因接触某种变应原而产生细胞介导或抗体介导的过敏反应。

4.2.4.3 就呼吸过敏而言，随后为引发阶段的诱发，其形态与皮肤过敏相同。对于皮肤过敏，需有一个让免疫系统能学会作出反应的诱发阶段；此后，可出现临床症状，这时的接触就足以引发可见的皮肤反应（引发阶段）。因此，预测性的试验通常取这种形态，其中有一个诱发阶段，对该阶段的反应则通过标准的引发阶段加以计量，典型做法是使用斑贴试验。直接计量诱发反应的局部淋巴结试验则是例外做法。人体皮肤过敏的证据通常是通过诊断性斑贴试验加以评估。

4.2.4.4　就皮肤过敏和呼吸过敏而言，对于诱发所需的数值一般低于引发所需的数值。

4.2.5　生殖细胞致突变性

4.2.5.1　生殖细胞突变性分类、警示标签和警示性说明见 GB 20596。

4.2.5.2　本危险类别涉及的主要是可能导致人类生殖细胞发生可传播给后代的突变的化学品。但是，在本危险类别内对物质和混合物进行分类时，也要考虑活体外致突变性/生殖毒性试验和哺乳动物活体内体细胞中的致突变性/生殖毒性试验。

4.2.5.3　本标准中使用的引起突变、致变物、突变和生殖毒性等词的定义为常见定义。突变定义为细胞中遗传物质的数量或结构发生永久性改变。

4.2.5.4　“突变”一词用于可能表现于表型水平的可遗传的基因改变和已知的基因 DNA 改性（例如，包括特定的碱基对改变和染色体易位）。引起突变和致变物两词用于在细胞和/或有机体群落内产生不断增加的突变的试剂。

4.2.5.5　生殖细胞突变性的和生殖毒性这两个较具一般性的词汇用于改变 DNA 的结构、信息量、分离试剂或过程。包括那些通过干扰正常复制过程造成 DNA 损伤或以非生理方式（暂时）改变 DNA 复制的试剂或过程。生殖毒性试验结果通常作为致突变效应的指标。

4.2.6　致癌性

4.2.6.1　致癌性分类、警示标签和警示性说明见 GB 20597。

4.2.6.2　致癌物一词是指可导致癌症或增加癌症发生率的化学物质或化学物质混合物。在实施良好的动物实验性研究中诱发良性和恶性肿瘤的物质也被认为是假定的或可疑的人类致癌物，除非有确凿证据显示该肿瘤形成机制与人类无关。

4.2.6.3　产生致癌危险的化学品的分类基于该物质的固有性质，并不提供关于该化学品的使用可能产生的人类致癌风险水平的信息。

4.2.7　生殖毒性

生殖毒性分类、警示标签和警示性说明见 GB 20598。

4.2.7.1　生殖毒性

生殖毒性包括对成年雄性和雌性性功能和生育能力的有害影响，以及在后代中的发育毒性。下面的定义是国际化学品安全方案/环境卫生标准第 225 号文件中给出的。

在本标准中，生殖毒性细分为两个主要标题：

a）对性功能和生育能力的有害影响；

b）对后代发育的有害影响。

有些生殖毒性效应不能明确地归因于性功能和生育能力受损害或者发育毒性。尽管如此，具有这些效应的化学品将划为生殖有毒物并附加一般危险说明。

4.2.7.2　对性功能和生育能力的有害影响

化学品干扰生殖能力的任何效应。这可能包括（但不限于）对雌性和雄性生殖系统的改变，对青春期的开始、配子产生和输送、生殖周期正常状态、性行为、生育能力、分娩怀孕结果的有害影响，过早生殖衰老。或者对依赖生殖系统完整性的其他功能的改变。

对哺乳期的有害影响或通过哺乳期产生的有害影响也属于生殖毒性的范围，但为了分类目的，对这样的效应进行了单独处理。这是因为对化学品对哺乳期的有害影响最好进行专门分类，这样就可以为处于哺乳期的母亲提供有关这种效应的具体危险警告。

4.2.7.3　对后代发育的有害影响

从其最广泛的意义上来说，发育毒性包括在出生前或出生后干扰孕体正常发育的任何效应，这种效应的产生是由于受孕前父母一方的接触，或者正在发育之中的后代在出生前或出生后性成熟之前这一期间的接触。但是，发育毒性标题下的分类主要是为了为怀孕女性和有生殖能力的男性和女性提出危险警告。因此，为了务实的分类目的，发育毒性实质上是指怀孕期间引起的有害影响，或父母接触造成的有害影响。这些效应可在生物体生命周期的任何时间显现出来。

发育毒性的主要表现包括：

a）发育中的生物体死亡；

b）结构异常畸形；

c）生长改变；

d）功能缺陷。

4.2.8　特异性靶器官系统毒性——一次接触

特异性靶器官系统毒性一次接触分类、警示标签和警示性说明见 GB 20599。

4.2.8.1　本条款的目的是提供一种方法，用以划分由于单次接触而产生特异性、非致命性靶器官/毒性的物质。所有可能损害机能的、可逆和不可逆的、即时和/或延迟的并且在 4.2.1～4.2.7 中未具体论述的显著健康影响都包括在内。

4.2.8.2　分类可将化学物质划为特定靶器官有毒物，这些化学物质可能对接触者的健康产生潜在有害影响。

4.2.8.3　分类取决于是否拥有可靠证据，表明在该物质中的单次接触对人类或试验动物产生了一致的、可识别的毒性效应，影响组织/器官的机能或形态的毒理学显著变化，或者使生物体的生物化学或血液学发生严重变化，而且这些变化与人类健康有关。人类数据是这种危险分类的主要证据来源。

4.2.8.4　评估不仅要考虑单一器官或生物系统中的显著变化。而且还要考虑涉及多个器官的严重性较低的普遍变化。

4.2.8.5　特定靶器官毒性可能以与人类有关的任何途径发生，即主要以口服、皮肤接触或吸入途径发生。

4.2.9　特异性靶器官系统毒性——反复接触

特异性靶器官系统毒性反复接触分类、警示标签和警示性说明见 GB 20601。

4.2.9.1　本条款的目的是对由于反复接触而产生特定靶器官/毒性的物质进行分类。所有可能损害机能的，可逆和不可逆的，即时和/或延迟的显著健康影响都包括在内。

4.2.9.2　分类可将化学物质划为特定靶器官/有毒物，这些化学物质可能对接触者的健康产生潜在有害影响。

4.2.9.3　分类取决于是否拥有可靠证据，表明在该物质中的单次接触对人类或试验动物产生了一致的、可识别的毒性效应。影响组织/器官的机能或形态的毒理学显著变化。或者使生物体的生物化学或血液学发生严重变化，而且这些变化与人类健康有关。人类数据是这种危险分类的主要证据来源。

4.2.9.4　评估不仅要考虑单一器官或生物系统中的显著变化，而且还要考虑涉及多个器官的严重性较低的普遍变化。

4.2.9.5　特定靶器官/毒性可能以与人类有关的任何途径发生，即主要以口服、皮肤接触或吸入途径发生。

4.2.10　吸入危险

（注：本危险性我国还未转化成为国家标准。）

4.2.10.1　本条款的目的是对可能对人类造成吸入毒性危险的物质或混合物进行分类。

4.2.10.2　“吸入”指液态或固态化学品通过口腔或鼻腔直接进入或者因呕吐间接进入气管和下呼吸系统。

4.2.10.3　吸入毒性包括化学性肺炎、不同程度的肺损伤或吸入后死亡等严重急性效应。

4.2.10.4　吸入开始是在吸气的瞬间。在吸一口气所需的时间内，引起效应的物质停留在咽喉部位的上呼吸道和上消化道交界处时。

4.2.10.5　物质或混合物的吸入可能在消化后呕吐出来时发生。这可能影响到标签，特别是如果由于急性毒性，可能考虑消化后引起呕吐的建议。不过，如果物质/混合物也呈现吸入毒性危险，引起呕吐的建议可能需要修改。

4.2.10.6　特殊考虑事项

a）审阅有关化学品吸入的医学文献后发现有些烃类（石油蒸馏物）和某些烃类氯化物已证明对人类具有吸入危险。伯醇和甲酮只有在动物研究中显示吸入危险。

b）虽然有一种确定动物吸入危险的方法已在使用，但还没有标准化。动物试验得到的正结果只能用作可能有人类吸入危险的指导。在评估动物吸入危险数据时必须慎重。

c）分类标准以运动黏度作基准。式（1）用于动力黏度和运动黏度之间的换算：

$$\nu=\frac{\eta}{\rho} \tag{1}$$

式中：ν——运动黏度，单位为平方毫米每秒（mm^2/s）；

η——动力黏度，单位为毫帕秒（mPa·s）；

ρ——密度，单位为克每立方厘米（g/cm^3）。

d）气溶胶/烟雾产品的分类。

气溶胶/烟雾产品通常分布在密封容器、扳机式和按钮式喷雾器等容器内。这产品分类的关键是，是否有一团液体在喷嘴内形成，因此可能被吸出。如果从密封容器喷出的烟雾产品是细粒的，那么可能不会有一团液体形成。另一方面，如果密封容器是以气流形式喷出产品，那么可能有一团液体形成然后可能被吸出。一般来说，扳机式和按钮式喷雾器喷出的烟雾是粗粒的，因此可能有一团液体形成然后可能被吸出。如果按钮装置可能被拆除，因此内装物可能被吞咽，那么就应当考虑产品的分类。

4.3　环境危险

4.3.1　危害水生环境

对水环境的危害分类、警示标签和警示性说明见GB 20602。

4.3.2　急性水生毒性是指物质对短期接触它的生物造成的固有性质

a）物质的可用性是指该物质成为可溶解或分解的范围。对金属可用性来说，则指金属（Mo）化合物的金属离子部分可以从化合物（分子）的其他部分分解出来的范围。

b）生物利用率是指一种物质被有机体吸收以及在有机体内一个区域分布的范围。它依赖于物质的物理化学性质、生物体的解剖学和生理学、药物动力学和接触途径。可用性并不是生物利用率的前提条件。

c）生物积累是指物质以所有接触途径（即空气、水、沉积物/土壤和食物）在生物体内吸收、转化和排出的净结果。

d）生物浓缩是指一种物质以水传播接触途径在生物体内吸收、转化和排出的净结果。

e）慢性水生毒性是指物质在与生物体生命周期相关的接触期间对水生生物产生有害影响的潜在性质或实际性质。

f）复杂混合物或多组分物质或复杂物质是指由不同溶解度和物理化学性质的单个物质复杂混合而成的混合物。在大部分情况下，它们可以描述为具有特定碳链长度/置换度数目范围的同源物质系列。

g）降解是指有机分子分解为更小的分子，并最后分解为二氧化碳、水和盐。

4.3.3　基本要素

a）基本要素是：

急性水生毒性；

潜在或实际的生物积累；

有机化学品的降解（生物或非生物）；和慢性水生毒性。

b）最好使用通过国际统一试验方法得到的数据。一般来说，淡水和海生物种毒性数据可被认为是等效数据，这些数据建议根据良好实验室规范（GLP）的各项原则，符合 GB/T 22272～GB/T 22278 良好实验室规范（GLP）系列标准。

4.3.4　急性水生毒性

4.3.5　生物积累潜力

4.3.6　快速降解性

a）环境降解可能是生物性的，也可能是非生物性的（例如水解）。

b）诸如水解之类的非生物降解、非生物和生物主要降解、非水介质中的降解和环境中已证实的快速降解都可以在定义快速降解性时加以考虑。

4.3.7　慢性水生毒性

慢性毒性数据不像急性数据那么容易得到，而且试验程序范围也未标准化。

5　危险性公示

5.1　危险性公示：标签

5.1.1　标签涉及的范围

制定 GHS 标签的程序：

a）分配标签要素；

b）印制符号；

c）印制危险象形图；

d）信号词；

e）危险说明；

f）防范说明和象形图；

g）产品和供应商标识；

h）多种危险和信息的先后顺序；

i）表示 GHS 标签要素的安排；

j）特殊的标签安排。

5.1.2　标签要素

关于每个危险种类的各个标准均用表格详细列述了已分配给 GHS 每个危险类别的标签要素（符号、信号词、危险说明）。危险类别反映统一分类的标准。

5.1.3　印制符号

下列危险符号是 GHS 中应当使用的标准符号。除了将用于某些健康危险的新符号，即感叹号及鱼和树之外，它们都是规章范本使用的标准符号集的组成部分，见图 1。

火焰	圆圈上方火焰	爆炸弹
腐　蚀	高压气瓶	骷髅和交叉骨
感叹号	环　境	健康危险

图 1　GHS 中应当使用的标准符号

5.1.4　印制象形图和危险象形图

5.1.4.1　象形图指一种图形构成，它包括一个符号加上其他图形要素，如边界、背景图样或颜色，意在传达具体的信息。

5.1.4.2　形状和颜色。

5.1.4.2.1　GHS 使用的所有危险象形图都应是设定在某一点的方块形状。

5.1.4.2.2　对于运输，应当使用规章范本规定的象形图（在运输条例中通常称为标签）。规章范本规定了运输象形图的规格，包括颜色、符号、尺寸、背影对比度、补充安全信息（如危险种类）和一般格式等。运输象形图的规定尺寸至少为 100 mm×100 mm，但非常小的包装和高压气瓶可以例外，使用较小的象形图。运输象形图包括标签上半部的符号。规章范本要求将运输象形图印刷或附在背景有色差的包装上。以下例子是按照规章范本制作的典型标签，用来标识易燃液体危险，见图 2。

图 2　《联合国规章范本》中易燃液体的象形图
（符号：火焰；黑色或白色；背景：红色；下角为数字 3；最小尺寸 100 mm×100 mm）

5.1.4.2.3　GHS（与规章范本的不同）规定的象形图，应当使用黑色符号加白色背景，红框要足够宽，以便醒目。不过，如果此种象形图用在不出口的包装的标签上，主管当局也可给予供应商或雇主酌情处理权，让其自行决定是否使用黑边。此外，在包装不为规章范本所覆盖的其他使用背景下，主管当局也可允许使用规章范本的象形图。以下例子是 GHS 的一个象形图。用来标识皮肤刺激物（见图 3）。

图 3　皮肤刺激物象形图

5.2　分配标签要素

5.2.1　规章范本所覆盖的包装所需要的信息

在出现规章范本象形图的标签上，不应出现 GHS 的象形图。危险货物运输不要求使用的 GHS 象形图，象形图不应出现在散货箱、公路车辆或铁路货车/罐车上。

5.2.2　GHS 标签所需的信息（见图 3）

5.2.2.1　信号词

信号词指标签上用来表明危险的相对严重程度和提醒读者注意潜在危险的单词。GHS 使用的信号词是“危险”和“警告”。“危险”用于较为严重的危险类别（即主要用于第 1 类和第 2 类），而“警告”用于较轻的类别。关于每个危险种类的各个章节均以图表详细列出了已分配给 GHS 每个危险类别的信号词。

5.2.2.2　危险性说明

危险说明指分配给一个危险种类和类别的短语。用来描述一种危险产品的危险性质，在情况合适时还包括其危险程度。关于每个危险种类的各个章节均以标签要素表详细列出了已分配给 GHS 每个危险类别的危险说明。

危险说明和每项说明专用的标定代码列于《化学品分类、警示标签和警示性说明安全规范》系列标准中。危险说明代码用作参考。此种代码并非危险说明案文的一部分。不应用其替代危险说明案文。

5.2.2.3　防范说明和象形图

防范说明指一个短语［和（或）象形图］。说明建议采取的措施，以最大限度地减少或防止因接触某种危险物质或因对它存储或搬运不当而产生的不利效应。GHS 的标签应当包括适当的防范信息，但防范信息的选择权属于标签制作作者或主管当局。附录 A 和附录 B 中有可以使用的防范说明的例子和在主管当局允许的情况下可以使用的防范象形图的例子。

5.2.2.4　产品标识符

5.2.2.4.1　在 GHS 标签上应使用产品标识符，而且标识符应与安全数据单上使用的产品标识符相一致。如果一种物质或混合物为规章范本所覆盖，包装上还应使用联合国正确的运输名称。

5.2.2.4.2　物质的标签应当包括物质的化学名称。在急性毒性、皮肤腐蚀或严重眼损伤、生殖细胞突变性、致癌性、生殖毒性、皮肤或呼吸道敏感或靶器官系统毒性出现在混合物或合金标签上时，标签上应当包括可能引起这些危险的所有成分或合金元素的化学名称。主管当局也可要求在标签上列出可能导致混合物或台金危险的所有成分或合金元素。

5.2.2.4.3　如果一种物质或混合物专供工作场所使用，主管当局可选择将处理权交给供应商，让其决定是将化学名称列入安全数据单上还是列在标签上。

5.2.2.4.4　主管当局有关机密商业信息的规则优先于有关产品标识的规则。这就是说，在某种成分通常被列在标签上的情况下，如果它符合主管当局关于机密商业信息的标准，那就不必将它的名称列在标签上。

5.2.2.4.5　供应商标识

标签上应当提供物质或混合物的生产商或供应商的名称、地址和电话号码。

5.3　多种危险和危险信息的先后顺序

在一种物质或混合物的危险不只是 GHS 所列一种危险时，可适用以下安排。

因此，在一种制度不在标签上提供有关特定危险的信息的情况下，应相应修改这些安排的适用性。

5.3.1　图形符号分配的先后顺序

对于规章范本所覆盖的物质和混合物，物理危险符号的先后顺序应遵循规章范本的规则。在工作场所的各种情况中，主管当局可要求使用物理危险的所有符号。对于健康危险，适用以下先后顺序原则：

a）如果适用骷髅和交叉骨，则不应出现感叹号；

b）如果适用腐蚀符号，则不应出现感叹号，用以表示皮肤或眼刺激；

c）如果出现有关呼吸道敏感的健康危险符号，则不应出现感叹号，用以表示皮肤敏感或皮肤或眼刺激。

5.3.2　信号词分配的先后顺序

如果适用信号词“危险”，则不应出现信号词“警告”。

5.3.3　危险性说明分配的先后顺序

所有分配的危险说明都应出现在标签上。主管当局可规定它们的出现顺序。

5.4　GHS 标签要素的显示安排

5.4.1　GHS 信息在标签上的位置

应将 GHS 的危险象形图、信号词和危险说明一起印制在标签上。主管当局可规定它们以及防范信息的展示布局，主管当局也可让供应商酌情处理。具体的指导和例子载于关于个别危险种类的各个标准中。

5.4.2　补充信息

主管当局对是否允许使用不违反 GHS 中关于对非标准化与补充信息规定的信息拥有处理权。主管当局可规定这种信息在标整上的位置，也可让供应商酌定。不论采用何种方法，补充信息的安排不应妨碍 GHS 信息的识别。

5.4.3　象形图外颜色的使用

颜色除了用于象形图中，还可用于标签的其他区域，以执行特殊的标签要求，如将农药色带用于信号词和危险说明或用作它们的背景，或执行主管当局的其他规定。

5.5　特殊标签安排

主管当局可允许在标签和安全数据单上，或只通过安全数据单公示有关致癌物、生殖毒性和靶器官系统毒性反复接触的某些危险信息（有关这些种类的相关临界值的详细情况，见具体各章）。同样，对于金属和合金，在它们大量而不是分散供应时，主管当局可允许只通过安全数据单公示危险信息。

5.5.1 工作场所的标签

5.5.1.1 属于GHS范围内的产品将在供应工作场所的地点贴上GHS标签，在工作场所，标签应一直保留在提供的容器上。GHS的标签或标签要素也应用于工作场所的容器（见附录C）。不过，主管当局可允许雇主使用替代手段，以不同的书面或显示格式向工人提供同样的信息，如果此种格式更适合于工作场所而且与GHS标签能同样有效地公示信息的话。例如，标签信息可显示在工作区而不是在单个容器上。

5.5.1.2 如果危险化学品从原始供应商容器倒入工作场所的容器或系统，或化学品在工作场所生产但不用预定用于销售或供应的容器包装，通常需要使用替代手段向工人提供GHS标签所载信息。在工作场所生产的化学品可以用许多不同的方法容纳或存储，例如，为了进行试验或分析而收集的小样品，包括阀门在内的管道系统、工艺过程容器或反应容器、矿车、传送带或独立的固体散装存储器。采用成批制造工艺过程时，可以使用一个混合容器容纳若干不同的化学混合物。

5.5.1.3 在许多情况下，例如，由于容器尺寸的限制或不能使用工艺过程容器，制作完整的GHS标签并将它附着在容器上是不切实际的。在工作场所的一些情况下，化学品可能会从供应商容器中移出，这方面的部分例子有：用于实际或分析的容器、存储容器、管道或工艺过程反应系统或工人在短时限内使用化学品时使用的临时容器。对于打算立即使用的移出的化学品，可标上其主要组成部分并请使用者直接参阅供应商的标签信息和安全数据单。

5.5.1.4 所有此类制度都应确保危险公示的清楚明确。应当训练工人，使其了解工作场所使用的具体公示方法。替代方法的例子包括：将产品标识符与GHS符号和其他象形图结合使用，以说明防范措施；对于复杂系统，将工艺流程图与适当的安全数据单结合使用，以标明管道和容器中所装的化学品；对于管道系统和加工设备。展示GHS的符号、颜色和信号词；对于固定管道，使用永久性布告；对于批料混合容器，将批料单或处方贴在它们上面。以及在管道带上印上危险符号和产品标识符。

5.5.2 基于伤害可能性的消费产品标签

所有制度都应使用基于危险的GHS分类标准，然而主管当局可授权使用提供基于伤害可能性的信息的消费标签制度（基于风险的标签）。在后一种情况下，主管当局将制定用来确定产品使用的潜在接触和风险的程序。基于这种方法的标签提供有关认定风险的有针对性的信息但可能不包括有关慢性健康效应的某些信息（例如反复接触后的靶器官系统毒性、生殖毒性和致癌性），这些信息将出现在只基于危险的标签上。

5.5.3　触觉警告

如果使用触觉警告应符合 ISO 11683:1997。

5.6　危险性公示：安全数据单（SDS）

5.6.1　确定是否应当制作 SDS 的标准

应当为符合 GHS 中物理、健康或环境危险统一标准的所有物质和混合物及含有符合致癌性、生殖毒性或靶器官系统毒性标准且浓度超过混合物标准所规定的安全数据单临界极限的物质的所有混合物制作安全数据单，见 GB/T 16483。主管当局还可要求为不符合危险类别标准但含有某种浓度的危险物质的混合物制作安全数据单。

5.6.2　关于编制 SDS 的一般指导

5.6.2.1　临界值/浓度极限值

a）应根据表 1 所示通用临界值/浓度极限值提供安全数据单。

表 1　　每个健康和环境危险种类的临界值/浓度极限值

危险种类	临界值/浓度极限值
急性毒性	≥1.0%
皮肤腐蚀/刺激	≥1.0%
严重眼损伤/眼刺激	≥1.0%
呼吸/皮肤过敏作用	≥1.0%
生殖细胞致突变性：第 1 类	≥0.1%
生殖细胞致突变性：第 2 类	≥1.0%
致癌性	≥0.1%
生殖毒性	≥0.1%
特定靶器官系统毒性（一次接触）	≥1.0%
特定靶器官系统毒性（重复接触）	≥1.0%
危害水生环境	≥1.0%

b）可能出现这样的情况，即现有的危险数据可能证明，基于其他临界值/浓度极限值的分类比基于关于健康和环境危险种类的各章所规定的通用临界值/浓度极限值的分类更合理。在此类具体临界值用于分类时，它们也应适用于编制 SDS 的义务。

c）主管当局可能要求为这样的混合物编制 SDS：它们由于适用加和性公式而不进行急性毒性或水生毒性分类，但它们含有浓度等于或大于 1%的急性有毒物质或对水生环境有毒的物质。

d）主管当局可能决定不对一个危险种类内的某些类别实行管理。在此种情况下，没有义务编制 SDS。

e）一旦弄清某种物质或混合物需要 SDS，那么需要列入 SDS 中的信息在所有情况下都应按照 GHS 的要求提供。

5.6.2.2　SDS 的格式

安全数据单中的信息应按 16 个项目提供，见附录 D。

5.6.2.3　SDS 的内容

a）SDS 应清楚说明用来确定危险的数据。如果可适用和可获得，附录 B 中的最低限度的信息应列在安全数据单的有关标题下。如果在某一特定小标题下具体的信息不能适用或不能获得，则 SDS 应予以明确指出。主管当局可要求提供补充信息。

b）有些小标题实际上涉及国家性或区域性信息，如“欧洲联盟委员会编号”和“职业接触极限”。供应商或雇主应将适当的、与 SDS 所针对和产品所供应的国家或区域有关的信息收列在此类小标题下。

c）根据 GHS 的要求编制 SDS 的编写见 GB/T 16483。

附　录　A
（资料性附录）
防范说明示例

A.1　爆炸物防范说明示例，见图 A.1。

爆炸物

（见 4.1.1）

图形符号

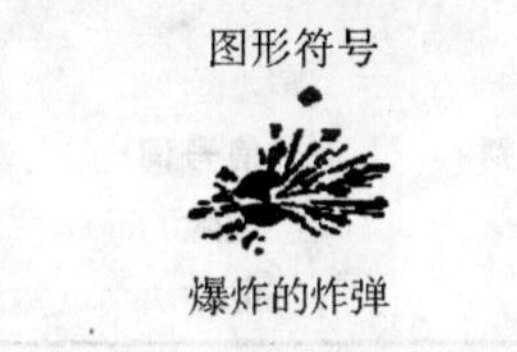

爆炸的炸弹

危险类别	**信号词**	**危险性说明**
不稳定爆炸物	危险	不稳定爆炸物　H200

防　范　说　明			
预防	反应	储存	处置
P201 在使用前获取特别指示。 P202 在读懂所有安全防范措施之前勿搬动。 P281 使用所需的个人防护装备。	P372 烧到爆炸物时切勿救火。 P373 火灾时可能爆炸。 P380 火灾时，撤离灾区。	P401 贮存…… ……按照地方/区域/国家/国际规章（待规定）。	P501 处置内装物容器…… ……按照地方/区域/国家/国际规章（待规定）。

图 A.1

A.2 急性毒性——口服防范说明示例，见图 A.2。

急性毒性——口服

(见 4.2.1)

图形符号

骷髅和交叉骨

危险类别	**信号词**	**危险性说明**
1	危险	吞咽致命
2	危险	H300

防范说明			
预防	反应	贮存	处置
P264 作业后彻底清洗……。 ……制造商/供应商或主管当局规定作业后需清洗的身体部位。 P270 使用本产品时不得进食、饭水或吸烟。	P301＋P310 如误吞咽：立即呼叫解毒中心或医生。 P321 具体治序（见本标签上的……）。 ……参看附加急救指示。 ——如需立即施用解毒药。 P330 漱口。	P405 存放处须加锁。	P501 处置内装物/容器……。 ……按照地方/区域/国家/国际规章（待规定）。

图 A.2

A.3　危害水生环境——急性危险防范说明示例，见图 A.3。

危害水生环境——急性危险

（见 4.3.1）

危险类别	**信号词**	**危险性说明**
1	警告	对水生生物毒性极大 H400

防范说明			
预防	反应	贮存	处置
P273 避免释放到环境中。 ——如非其预定用途。	P391 收集溢出物。		P501 处置内装物/容器……。 ……按照地方/区域/国家/国际规章（待规定）。

图 A.3

附 录 B
（资料性附录）
防范象形图

B.1　图 B.1 来自欧洲联盟理事会第 92/58/EEC 号指令（1992 年 6 月 24 日）。

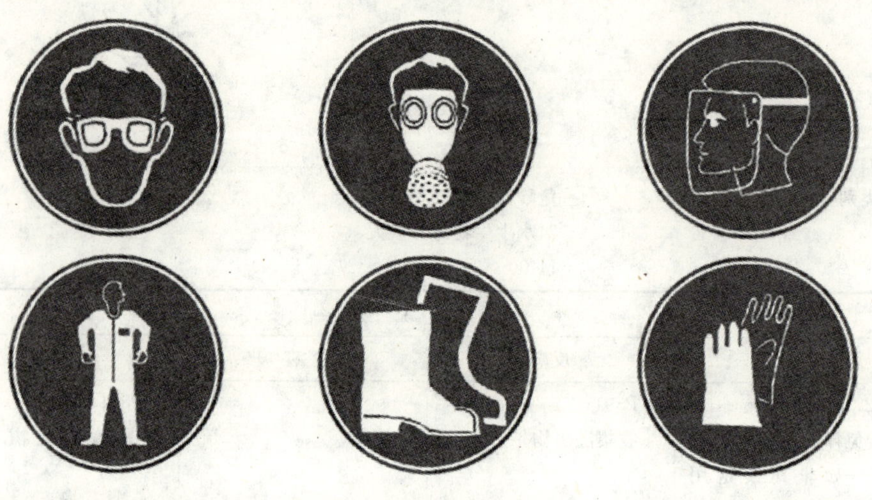

图 B.1

B.2　图 B.2 来自南非标准局（SABS 0265：1999）。

图 B.2

附　录　C
（资料性附录）
CHS 标签样例

C.1　例子：第 2 类易燃液体的组合容器，见图 C.1。

C.1.1　外容器：带易燃液体运输标签的箱①。

C.1.2　内容器：带 GHS 危险警告标签的塑料瓶②。

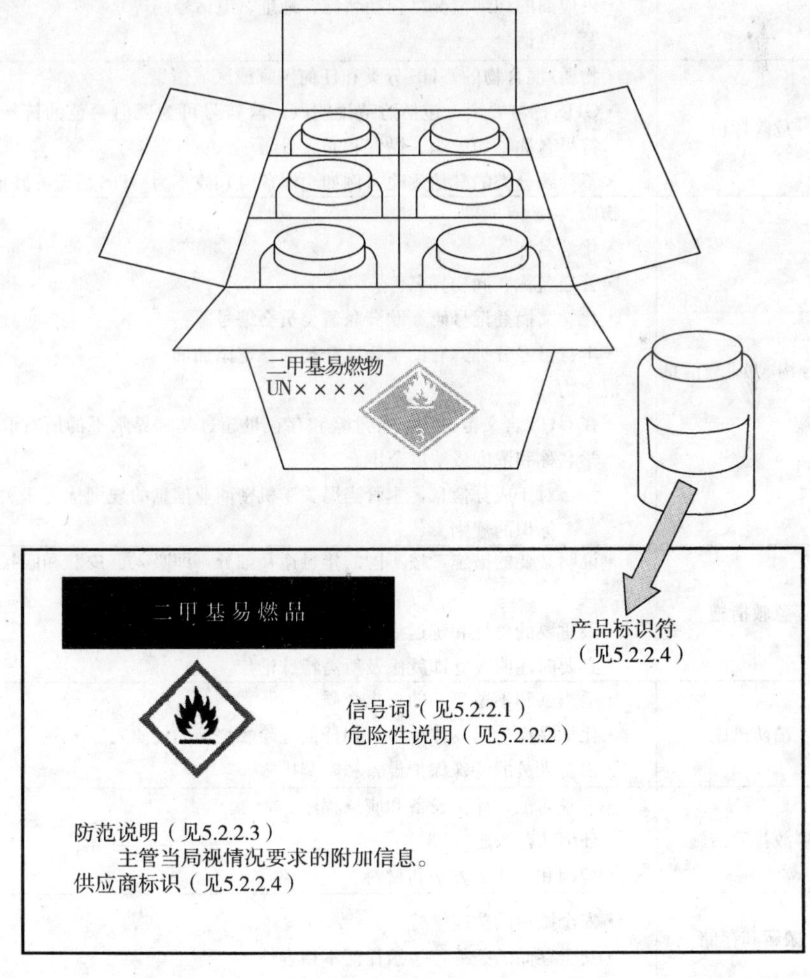

图 C.1

① 外容器仅要求有规章范本易燃液体运输标记和标签。

② 内容器标签可使用规章范本规定的易燃液体象形图替代 GHS 象形图。

附　录　D

（资料性附录）

安全数据单最低限度的信息

1	物质或化合物和供应商的标识	·GHS产品标识符。 ·其他标识手段。 ·化学品使用建议和使用限制。 ·供应商的详细情况（包括名称、地址、电话号码等）。 ·紧急电话号码。
2	危险标识	·物质/混合物的GHS分类和任何国家或区域信息。 ·GHS标签要素，包括防范说明（危险符号可为黑白两色的符号图形或符号名称，如火焰、骷髅和交叉骨）。 ·不导致分类的其他危险（例如尘爆危险）或不为GHS覆盖的其他危险。
3	成分构成/成分信息	物质 ·化学名称。 ·普通名称、同物异名等。 ·化学文摘登记号码、欧洲联盟委员会编号等。 ·本身已经分类并有助于物质分类的稳定添加剂。 混合物 ·在GHS含义范围内具有危险和存在量超过其临界水平的所有成分的化学名称和浓度或浓度范围。 注：对于成分信息，主管当局关于机密商业信息的规则优先于关于产品标识的规则。
4	急救措施	·说明必要的措施，按不同的接触途径细分，即吸入、皮肤和眼接触及摄入。 ·最重要的急性和延迟症状/效应。 ·必要时注明要立即就医及所需特殊治疗。
5	消防措施	·适当（和不适当）的灭火介质。 ·化学品产生的具体危险（如任何危险燃烧品的性质）。 ·消防人员的特殊保护设备和防范措施。
6	事故排除措施	·人身防范、保护设备和应急程序。 ·环境防范措施。 ·抑制和清洁的方法和材料。
7	搬运和存储	·安全搬运的防范措施。 ·安全存储的条件，包括任何不相容性。
8	接触控制/人身保护	·控制参数，如职业接触极限值或生物极限值。 ·适当的工程控制。 ·个人保护措施，如人身保护设备。

续表

9	物理和化学特性	•外观（物理状态、颜色等）。 •气味。 •气味阈值。 •pH 值。 •熔点/凝固点。 •初始沸点和沸腾范围。 •闪点。 •蒸发速率。 •易燃性（固态、气态）。 •上下易燃极限或爆炸极限。 •蒸汽压力。 •蒸汽密度。 •相对密度。 •可溶性。 •分配系数：n-辛醇/水。 •自动点火温度。 •分解温度。
10	稳定性和反应性	•化学稳定性。 •危险反应的可能性。 •避免的条件（如静态卸载、冲击或振动）。 •不相容材料。 •危险的分解产品。
11	毒理学信息	简洁但完整和全面地说明各种毒理学（健康）效应和可用来确定这些效应的现有数据，其中包括： •关于可能的接触途径的信息（吸入、摄入、皮肤和眼接触）； •有关物理、化学和毒理学特点的症状； •延迟和即时效应以及长期和短期接触引起的慢性效应； •毒性的数值度量（如急性毒性估计值）。
12	生态信息	•生态毒性（水生和陆生，如果有）。 •持久性和降解性。 •生物积累潜力。 •在土壤中的流动性。 •其他不利效应。
13	处置考虑	1. 废物残留的说明和关于它们的安全搬运和处置方法的信息，包括任何污染包装的处置。

续表

14	运输信息	2. 联合国编号。 3. 联合国专有的装运名称。 4. 运输危险种类。 5. 包装组，如果适用。 6. 海洋污染物（是/否）。 7. 在其房地内外进行运输或传送时，用户需要遵守的特殊防范措施。
15	管理信息	8. 针对有关产品的安全、健康和环境条例。
16	其他信息，包括关于安全数据单编制和修订的信息	

九、作业场所安全使用化学品公约

（1990 年 6 月 25 日国际劳工组织通过。本公约在国际劳工公约系列中称为“第 170 号公约”。中国劳动部于 1992 年 8 月 27 日提交国务院批准）

国际劳工组织大会：

经国际劳工局理事会召集，于 1990 年 6 月 7 日在日内瓦举行的第七十七届会议，注意到有关的国际劳工公约和建议书，特别是：1971 年本公约和建议书、1974 年职业癌病公约和建议书、1977 年工作环境（空气污染、噪声和震动）公约和建议书、1981 年职业安全卫生公约和建议书、1985 年职业卫生设施公约和建议书、1986 年石棉公约和建议书，以及作为 1964 年就业伤害津贴公约的附件、1980 年经修订的职业病清单，并注意到保护工人免受化学品的有害影响同样有助于保护公众和环境，并注意到工人需要并有权利获得他们在工作中使用的化学品的有关资料，并考虑到通过下列方法预防或减少工作中化学品导致的疾病和伤害事故的重要性：

（a）保证对所有化学制品的评价以确定其危害。

（b）为雇主提供一定机制，以从供货者处得到关于工作中使用的化学品的资料，这样他们能够实施保护工人免受化学制品危害的有效计划。

（c）为工人提供关于其工作场所的化学品及其适当防护措施的资料，这样他们能有效地参与保护计划。

（d）确定关于此类计划的原则，以保证化学品的安全使用，并认识到在国际劳工组织、联合国环境计划署和世界卫生组织之间，以及与联合国粮食和农业组织及联合国工业和发展组织就国际化学品安全计划进行合作的需要，并注意到这些组织制订的有关文件。规则和使用指南。并经决定采纳本届会议议程第五项关于化学品在工作中的使用安全的某些提议，并经确定这些提议应采取国际公约的形式，于 1990 年 6 月 25 日通过以下公约，引用时得称之为 1990 年化学品公约。

第一部分　范围和定义

第一条

1. 本公约适用于使用化学品的所有经济活动部门。

2. 凡批准本公约的会员国主管当局，经与最有代表性的有关雇主和工人组织协商，及在评价所包含的危害和应采取的保护措施的基础上：

(a) 得准许某些特殊经济活动部门、企业或产品在下列情况中免于实施本公约或其若干条款：

(Ⅰ) 存在实质性特殊问题；

(Ⅱ) 依照国家法律或实践提供的全部保护不低于完全实施本公约各项条款所构成的保护。

(b) 应作出特殊规定以保护其泄露给竞争对手可能造成对雇主经营的损害的机密资料，只要工人的安全和健康不因此而受到伤害。

3. 本公约不适用于其在正常或合理可预见条件下的使用不造成工人接触有害化学品的物品。

4. 本公约不适用于各类有机物，但适用于有机物衍生的化学品。

第二条

就本公约而言：

(a)“化学品”一词系指化学元素和化合物及其混合物，无论其为天然的或人造的；

(b)“有害化学品”一词包括根据第六条被归类为有害，或有适当资料指明其为有害的任何化学品；

(c)“作业场所使用化学品”一词系指可能使工人接触化学品的任何工作活动，包括：

(Ⅰ) 化学品的生产；

(Ⅱ) 化学品的搬运；

(Ⅲ) 化学品的储存；

(Ⅳ) 化学品的运输；

(Ⅴ) 化学品废料的处置或处理；

(Ⅵ) 因工作活动导致的化学品的排放；

(Ⅶ) 化学品设备和容器的保养、维修和清洁。

(d)“经济活动部门”一词系指包括公营部门在内的雇用工人的所有部门；

(e)“物品”一词系指在生产过程中形成特定形状或构成，或处于其自然形状，其在这样形式下的用途全部或部分地取决于其形状或构成的物体；

(f)“工人代表”一词系指根据1971年工人代表公约被国家法律或实践所承认的人员。

第二部分　总　　则

第三条

应就为使本公约各项规定生效所采取的措施与最有代表性的有关雇主和工人组织进行协商。

第四条

会员国应依照国家条件和实践并经与最有代表性的雇主和工人组织协商，制定、贯彻关于化学品在工作中的使用安全的连续性政策，并进行定期审查。

第五条

如证实在安全和健康方面属正当，主管当局应有权禁止或限制某些有害化学品的使用，或要求在使用此种化学品时予以事先通知和批准。

第三部分　分类和有关措施

第六条　分类制度

1. 应由主管当局，或经主管当局批准或认可的机构，根据国家或国际标准，建立适当的制度或专门标准，以按照其固有的对健康和身体的危害方式和程度对所有化学品进行分类，并对确定化学品是否有害所需的有关资料进行判定。

2. 可通过以其各种化学品固有危害为基础进行的判定确定两种或多种化学品的危害特性。

3. 在运输时，此种制度和标准应考虑关于危险品运输的联合国建议书。

4. 分类制度及其实施应逐步推广。

第七条　标签和标志

1. 所有化学品应加以标志，以表明其特性。

2. 有害化学品应以易于为工人理解的方式另外加贴标签，以便提供关于其分类，其具有的危害以及应遵循的安全预防措施的基本资料。

3. (1) 应由主管当局，或经主管当局批准或认可的机构，根据国家或国际标准，依照本条第1和第2款提出对化学品加以标志或加贴标签的要求。

(2) 在运输时，此种要求应考虑关于危险品运输的联合国建议书。

第八条　化学制品安全说明书

1. 对于有害化学品，应向雇主提供化学品安全说明书。其中列明关于其特性、供货人、分类、危害、安全预防措施和紧急程序的基本资料。

2. 应由主管当局，或经主管当局批准或认可的机构，根据国家或国际标准，制定关于编制化学品安全说明书的标准。

3. 化学品安全说明书中用于识别化学品的化学或通用名称应与标签上使用

的名称一致。

第九条　供货人的责任

1. 化学品供货人，无论其为制造者、进口者或分配者，均应保证：

(a) 已在了解其特性和对现有资料进行研究的基础上，根据第六条对此种化学品加以分类，或已根据下列第3款对其加以判定；

(b) 根据第七条第1款对此种化学品加以标志，以表明其特性；

(c) 根据第七条第2款对其提供的有害化学品加贴标签；

(d) 根据第八条第1款为此种有害化学品编制化学品安全说明书并提供给雇主。

2. 有害化学品的供货人应保证，在得到新的适当安全卫生资料时，以符合国家法律和实践的方法编制经修订的标签和化学品安全说明书，并提供给雇主。

3. 未根据第六条进行分类的化学品的供货人应在对现有资料进行研究的基础上对其供应的化学品进行识别并对其成分进行判定，以确定其是否为危险化学品。

第四部分　雇主的责任

第十条　识别

1. 雇主应保证工作中使用的所有化学品均按第七条的要求加贴标签或加以标志，化学品安全说明书已按第八条的要求提供并可供工人及其代表使用。

2. 收到尚未按第七条要求加贴标签或加以标志，或尚未按第八条要求提供化学品安全说明书的化学品的雇主，应从供货人或其他合理的可能来源处获得有关资料，在未获得此种资料前不应使用此种化学品。

3. 雇主应保证仅使用根据第六条加以分类的，或根据第九条第3款加以识别或判定的，和根据第七条加贴标签或加以标志的化学品，以及在使用前采取必要的预防措施。

4. 雇主应保存与适当的化学品安全说明书互为参照的关于工作场所使用有害化学品的记录。此项记录应向所有有关工人及其代表开放。

第十一条　化学品的转移

雇主应保证在将化学品转移到其他容器或设备时，以一定方式对其含量加以列明，以使工人明了其特性、与使用有关的危害以及应遵守的安全预防措施。

第十二条　接触

雇主应：

(a) 保证工人接触化学品的程度不超过主管当局、或经主管当局批准或认可的机构，根据国家或国际标准制定的用于评估和控制工作环境的接触限度或其他接触标准；

(b) 判定工人接触有害化学品的情况；

(c) 在对保障工人安全和健康必要或经主管当局决定时，监测并记录工人接触有害化学品的情况；

(d) 保证对工作环境和使用有害化学品工人的接触情况的监测记录按主管当局规定的期限加以保存及可供工人及其代表使用。

第十三条　操作控制

1. 雇主应对工作中使用化学品所造成的危险进行判定，并通过适当办法，包括下列方法使工人避免这些危险：

(a) 选择可将危险消除或减到最低程度的化学品；

(b) 选择可将危险消除或减到最低程度的技术；

(c) 使用适当的工程控制措施；

(d) 采用可将危险消除或减到最低程度的工作制度和实际做法；

(e) 采取适当的职业卫生措施；

(f) 在依靠上述措施仍不足的情况下，免费向工人提供并适当保养个人防护装备和服装，并采取措施，以保证其使用。

2. 雇主应：

(a) 限制接触有害化学品，以保护工人的安全与健康；

(b) 提供急救；

(c) 做好处置紧急情况的安排。

第十四条　处 置

应对不再需要的有害化学品和已腾空、但仍可能带有有害化学品残留的容器，依照国家法律和实践，以一定方式加以处理和处置，以将其对安全和卫生以及环境的危险加以消除或减到最低程度。

第十五条　资料和培训

雇主应：

(a) 通知工人与接触工作场所使用的化学制品有关的危害；

(b) 指导工人如何获得和使用就标签和化学品安全说明书所提供的资料；

(c) 使用化学品安全说明书以及关于工作场所的专门资料，作为编制工人工作须知的基础，如适宜应采用书面形式；

(d) 对工人不断进行工作中使用化学品安全方面应遵循的做法和程序的培训。

第十六条　合 作

雇主在履行其责任时，应尽可能在工作中对化学品的使用安全方面与工人及其代表密切合作。

第五部分　工人的义务

第十七条

1. 在雇主履行其责任时，工人应尽可能与其雇主密切合作，并遵守与工作中化学品的使用安全有关的所有程序和做法。

2. 工人应采取一切合理步骤将工作中使用化学品对他们自己以及他人的危险加以消除或减到最低程度。

第六部分　工人及其代表的权利

第十八条

1. 工人应有权在有正当理由相信存在对其安全或健康的紧迫和严重危险的情况下，从使用化学品造成的危险中撤离，并应立即通知其上级主管。

2. 根据前款规定从危险中撤离或行使本公约规定的任何权利的工人应免受不适当后果的影响。

3. 有关工人及其代表应有权获得：

(a) 关于工作中使用的化学品的特性、此种化学品的有害成分、预防措施、教育和培训的资料；

(b) 标签和标志包含的资料；

(c) 化学品安全说明书；

(d) 本公约要求加以保存的任何其他资料。

4. 在某种化学混合物的成分的特殊特性向竞争者透露可能对雇主和经营造成损害的情况下。雇主在提供上述第 3 款要求的资料时，得以根据第一条第 2 款 (b) 由主管机关批准的方式对该种特性予以保密。

第七部分 出口国的责任

第十九条

在某出口化学品的会员国因工作安全和健康原因全部或部分禁用有害化学品的情况下，此种禁用的事实及原因应由该出口会员国通知进口化学品的国家。

第二十条

本公约的正式批准书应送请国际劳工局长登记。

第二十一条

1. 本公约应仅对其批准书已经局长登记的国际劳工组织会员国有约束力。

2. 本公约应自两个会员国的批准书已经局长登记之日起 12 个月后生效。

3. 此后，对于任何会员国，本公约应自其批准书已经登记之日起 12 个月后生效。

第二十二条

1. 凡批准本公约的会员国，自本公约初次生效之日起满 10 年后得向国际劳工局局长通知解约，并请其登记。此项解约通知书自登记之日起满 1 年后始得生效。

2. 凡批准本公约的会员国，在前款所述 10 年期满后的 1 年内未行使本条所规定的解约权利者，即须再遵守 10 年，此后每当 10 年期满，得依本条的规定通知解约。

第二十三条

1. 国际劳工局长应将国际劳工组织各会员国所送达的一切批准书和解约通知书的登记情况，通知本组织的全体会员国。

2. 局长在将所送达的第二份批准书的登记通知本组织的各会员国时，应提请本组织各会员国注意本公约开始生效的日期。

第二十四条

国际劳工局长应将他按照以上各条规定所登记的一切批准书和解约通知书的详细情况。按照联合国宪章第 102 条的规定，送请联合国秘书长进行登记。

第二十五条

国际劳工局理事会在必要时应将本公约的实施情况向大会提出报告，并审查应否将本公约的全部或部分修订问题列入大会议程。

第二十六条

1. 如大会通过新公约对本公约作全部或部分修订时，除新公约另有规定外，应：

(a) 如新修订公约生效和当其生效之时，会员国对于新修订公约的批准，不须按照上述第二十二条的规定，依法应为对本公约的立即解约；

(b) 自新修订公约生效之日起，本公约应立即停止接受会员国的批准。

2. 对于已批准本公约而未批准修订公约的会员国，本公约以其现有的形式和内容，在任何情况下仍应有效。

第二十七条

本公约的英文本和法文本同等为准。

十、剧毒化学品目录（2002年版）

（2003年6月24日国家安全生产监督管理局、公安部、国家环境保护总局、卫生部、国家质量监督检验检疫总局、铁道部、交通部、中国民用航空总局公布，2003年第2号公告公布）

一、剧毒化学品的判定界限

1. 剧毒化学品的定义

剧毒化学品是指具有非常剧烈毒性危害的化学品，包括人工合成的化学品及其混合物（含农药）和天然毒素。

2. 剧毒化学品毒性判定界限

大鼠试验，经口 $LD_{50}\leqslant 50$ mg/kg，经皮 $LD_{50}\leqslant 200$ mg/kg，吸入 $LC_{50}\leqslant$ 500 ppm（气体）或2.0 mg/L（蒸汽）或0.5 mg/L（尘雾），经皮 LD_{50} 试验数据，可参考免试验数据。

二、本目录为2002年版，共收录335种剧毒化学品。本目录将随着我国对化学品危险性鉴别水平和毒性认识的提高，不定期进行修订和公布新的目录。

三、本目录各栏目含义：

1. “序号”是指本目录录入剧毒化学品的顺序。

2. “中文名称”和“英文名称”是指剧毒化学品的中文和英文名称。其中：“化学名”是按照化学品命名方法给予的名称；“别名”是指除“化学名”以外的习惯称谓或俗名。

“*”表示该剧毒化学品含量来源于国家标准《危险货物品名表》（GB 12268－1990）

“※”表示该剧毒化学品含量来源于中国疾病预防控制中心职业卫生与中毒控制所检验报告。

3. “分子式”是指该剧毒化学品的元素组成。

4. “CAS号”是指美国化学文摘社为一种化学物质指定的唯一索引编号。

5. “UN号”是指联合国危险货物运输专家委员会在《关于危险货物运输的建议书》（橘皮书）中对危险货物指定的编号。在目录中标注2个UN号是指该剧毒化学品两种不同形态危险货物指定的编号。

6.“受限范围”是指该剧毒化学品受到中国政府的限制范围。

“I”表示国家明令禁止使用的剧毒化学品；

“Ⅱ”表示国家明令禁止使用的农药；

“Ⅲ”表示在蔬菜、果树、茶叶和中草药材上不得使用的农药。

四、本目录是以化学品毒性指标作为判定界限而收录的，不改变现行有关危险化学品的分类。运输部门可以从管理实际出发，按现行国家标准《危险货物分类和品名编号》（GB 6944）分类，制定实施相应的监管措施。

剧毒化学品目录(2002版)

序号	中文名称		英文名称		分子式	CAS号	UN号	受限范围
	化学名	别名	化学名(英文)	别名(英文)				
1	氰	氰气	Cyanogen	Dicyanogen; Dicyan	C_2N_2	460-19-5	1026	
2	氰化钠	山奈	Sodium cyanide	Cyanogran	NaCN	143-33-9	1689	
3	氰化钾	山奈钾	Potassium cyanide	Hydrocyanic acid; potassium salt	KCN	151-50-8	1680	
4	氰化钙		Calcium cyanide	Calcyanide	$Ca(CN)_2$	592-01-8	1575	
5	氰化银钾	银氰化钾	Potassium silver cyanide	Potassium cyanoargenate	$KAg(CN)_2$	506-61-6	1588	
6	氰化镉		Cadium cyanide		$Cd(CN)_2$	542-83-6	2570	
7	氰化汞	氰化高汞;二氰化汞	Mercuric cyanide	Mercury dicyanide; Dicyanomercury	$Hg(CN)_2$	592-04-1	1636	
8	氰化金钾	亚金氰化钾	Cold potassium cyanide	Potassium aurous cyanide	$KAu(CN)_2$	13967-50-5	1588	
9	氰化碘	碘化氰	Cyanogen iodide	Iodine cyanide	ICN	506-78-5	3290	
10	氰化氢	氢氰酸	Hydrogen cyanide	Hydrocyanic acid	HCN	74-90-8	1051	
11	异氰酸甲酯	甲基异氰酸酯	Methyl isocyanate	Isocyanatomethane	C_2H_3NO	624-83-9	2480	
12	丙酮氰醇	丙酮合氰化氢;2-羟基异丁腈;氰丙醇	Acetone cyanohydrin	2-Hydroxyisobutyronitrile; 2-Methyllactonitrile	C_4H_7NO	75-86-5	1541	
13	异氰酸苯酯	苯基异氰酸酯	Isocyanic acid phenyl ester	Phenylcarbimide; Carbanil	C_7H_5NO	103-71-9	2487	

续表

序号	中文名称		英文名称		分子式	CAS 号	UN 号	受限范围
	化学名	别名	化学名(英文)	别名(英文)				
14	甲苯-2,4-二异氰酸酯	2,4-二异酸甲苯酯	Toluene-2，4-diisocyanate	2，4-Diisocyanato toluene；Diisocyanto toluene	$C_9H_6N_2O_2$	584-84-9	2078	
15	异硫氰酸烯丙酯	人造芥子油；烯丙基异硫氰酸酯；烯丙基芥子油	Allyl isothiocyanate	Allyl isosulfocyanate；Allyl mustard oil	C_4H_5NS	57-06-7	1545	
16	四乙基铅	发动机燃料抗爆混合物	Tetraethyl lead	Tetraethylptumbane；TEL；Motor fuel anti knock-mixture；	$C_8H_{20}Pb$	78-00-2	1649	
17	硝酸汞	硝酸高汞	Mercuric nitrate	Mercury pernitrate	$Hg(NO_3)_2$	10045-94-0	1625	
18	氯化汞	氯化高汞；二氯化汞；升汞	Mercuric chloride	Mercury perchloride；Mercury bichknde；Corrosive sublimate	$HgCl_2$	7487-94-7	1624	
19	碘化汞	碘化高汞；二碘化汞	Mercuric iodide	Mercury biiodide；Mercury iodide red	HgI_2	7774-29-0	1638	
20	溴化汞	溴化高汞；二溴化汞	Mercury bromide	Mercury dibromide；Mercuric bromide	$HgBr_2$	7789-47-1	1634	
21	氧化汞	一氧化汞；黄降汞；红降汞；三仙丹	Mercury oxide	Mercury oxide，red；Red precipitate	HgO	21908-53-2	1641	
22	硫氰酸汞	硫氰化汞；硫氰酸高汞	Mercuric thiocyanate	Mercuric sulfocyanate；Mercuic sulfocyanide；Mercury(Ⅱ) thiocyanate	$Hg(SCH)_2$	592-85-8	1646	

续表

序号	中文名称		英文名称		分子式	CAS号	UN号	受限范围
	化学名	别名	化学名(英文)	别名(英文)				
23	乙酸汞	醋酸汞	Mercuric acetate	Mercuric diacetate	$C_4H_6O_4Hg$	1600-27-7	1629	
24	乙酸甲氧基乙基汞	醋酸甲氧基乙基汞	Methoxyethyl mercury acetate	Acetato (2-methoxyethyl)mercury	$C_5H_{10}HgO_3$	151-38-2	2025	
25	氯化甲氧基乙基汞		Methoxyethyl mercury chloride	Methoxyethylmercuric chloride; Merchlorate	C_3H_7ClHgO	123-88-6	2028	
26	二乙基汞		Diethyl mercury	Mercury diethyl	$C_4H_{10}Hg$	627-44-1	2929	
27	重铬酸钠	红矾钠	Sodium dichromate	Sodium bichromate	$Na_2Cr_2O_7$	10588-01-9	3086	
28	羰基镍	四羰基镍;四碳酰镍	Nickel carbonyl	Nickel tetracarbonly; Tetracarbonyl nickel	$Ni(CO)_4$	13463-39-3	1259	
29	五羰基铁	羰基铁	Iron pentacarbonyl	Pentacarbonyl iron; Iron carbonyl	$Fe(CO)_5$	13463-40-6	1994	
30	铊	金属铊	Thallium	Thallium,Metal	Tl	7440-28-0	3288	
31	氧化亚铊	一氧化(二)铊	Thallium monoxide	Thallous oxide	Tl_2O	1314-12-1	1707	
32	氧化铊	三氧化(二)铊	Thallium oxide	Dithallium trioxid; Thallium sesquioxide	Tl_2O_3	1314-32-5	1707	
33	碳酸亚铊	碳酸铊	Thallous carbonate	Thallium carbonate	Tl_2CO_3	6533-73-9	1707	
34	硫酸亚铊	硫酸铊	Thallous sulfate	Dithallium sulfate	Tl_2SO_4	7446-18-6	1707	
35	乙酸亚铊	乙酸铊;醋酸铊	Thallous acetate	Thallium(I)acetate	$C_2H_3O_2Tl$	563-68-8	1707	
36	丙二酸铊	丙二酸亚铊	Thallous malonate	Thallium (I) malonate	$C_3H_2O_4Tl_2$	2757-18-8	1707	

续表

序号	中文名称		英文名称		分子式	CAS 号	UN 号	受限范围
	化学名	别名	化学名(英文)	别名(英文)				
37	硫酸三乙基锡		Triethyltin sulphate	Triaethylzinnsulfate	$C_{12}H_{30}O_4SSn_2$	57-52-3	3146	
38	二丁基氧化锡	氧化二丁基锡	Dibutyltin oxide	Dibutyl oxostannane	$C_8H_{18}OSn$	818-08-6	3146	
39	乙酸三乙基锡	三乙基乙酸锡	Acetoxytriethyl Stannane	Triethyltin acetate	$C_8H_{18}O_2Sn$	1907-13-7	2788	
40	四乙基锡	四乙锡	Tetra ethyltin	Tetraethylstannane	$C_8H_{20}Sn$	597-64-8	2929	
41	乙酸三甲基锡	醋酸三甲基锡	Trimethyltin acetate	Trimethylstannium acetate	$C_5H_{12}O_2Sn$	1118-14-5	2788	
42	磷化锌	二磷化三锌	Zinc phosphide	Trizinc diphosphide	Zn_3P_2	1314-84-7	1714	
43	五氧化二钒	钒(酸)酐	Vanadium pentoxide	Vanadic anhydride	V_2O_5	1314-62-1	2862	
44	五氯化锑	过氯化锑；氯化锑	Antimony pentachloride	Antimony (v) chloride; Antimony perchloride	$SbCl_5$	7647-18-9	1730	
45	四氧化锇	锇酸酐	Osmium tetroxide	Osmic acid anhydride	OsO_4	20816-12-0	2471	
46	砷化氢	砷化三氢；胂	Arsenic hydride	Arsenic trihydride; Arsine	AsH_3	7784-42-1	2188	
47	三氧化(二)砷	白砒；砒霜；亚砷(酸)酐	Arsenic trioxide	White arsenic; Arsenous acid anhydride; Arsenic sesquioxide	As_2O_3	1327-53-3	1561	

续表

序号	中文名称		英文名称		分子式	CAS号	UN号	受限范围
	化学名	别名	化学名(英文)	别名(英文)				
48	五氧化(二)砷	砷(酸)酐	Arsenic pentoxide	Arsenic anhydride	As_2O_5	1303-28-2	1559	
49	三氯化砷	氯化亚砷	Arsenic trichloride	Arsenous chloride	$AsCl_3$	7784-34-1	1560	
50	亚砷酸钠	偏压砷酸钠	Sodium arsenite	Sodium metaarsenite	$NaAsO_2$	7784-46-5	2027	
51	亚砷酸钾	偏亚砷酸钾	Potassium arsenite	Potassium metaarsenite	$KAsO_2$	10124-50-2	1678	
52	乙酰亚砷酸铜	祖母绿;翡翠绿;巴黎绿;帝绿;苔绿;维也纳绿;草地绿;翠绿	Copper acetoarsenite	Emerald green; Imperial green	$C_4H_6As_6Cu_4O_{16}$	12002-03-8	1585	
53	砷酸	原砷酸	Arsenic acid	Orthoarsenic acid	H_3AsO_4	7778-39-4	1553 1554	
54	砷酸钙	砷酸三钙	Calcium arsenate	Tricalcium Arsenate	$Ca_3(AsO_4)_2$	7778-44-1	1573	
55	砷酸铜		Cupric arsenate	Copper Arsenate	$Cu_3(AsO_4)_2 \cdot 4H_2O$	13478-34-7	1557	
56	磷化氢	磷化三氢;磷	Hydrogen phosphide	Phosphine	PH_3	7803-51-2	2199	
57	黄磷	白磷	Phosphorus ylow	Phosphorus White	P_4	7723-14-0	2447	
58	氧氯化磷	氯化磷酰;磷酰氯;三氯氧化磷;三氯化磷酰;三氯氧磷;磷酰三氯	Phosphorus oxychloride	Phosphoryl chloride; Phosphorus oxytrichloride; Phosphorus oxide trichloride; Trichlorophosphorus oxide	$POCl_3$	10025-87-3	1810	

续表

序号	中文名称		英文名称		分子式	CAS 号	UN 号	受限范围
	化学名	别名	化学名(英文)	别名(英文)				
59	三氯化磷	氯化磷;氯化亚磷	Phosphorus trichloride	Phosphorus（Ⅲ） chloride; Trichlorophosphine	PCl_3	7719-12-2	1809	
60	硫代磷酰氯	硫代氯化磷酰;三氯化硫磷;三氯硫磷	Thiophosphoryl chloride	Phosphorous sulfochloride; Phosphorus (V) thiochloride	Cl_3PS	3982-91-0	1837	
61	亚硒酸钠	亚硒酸二钠	Sodium selenite	Disodium selenite	Na_2SeO_3	10102-18-8	2630	
62	亚硒酸氢钠	重亚硒酸钠	Sodium biselenite	Sodium hydrogen selenite	$NaHSeO_3$	7782-82-3	2630	
63	亚硒酸镁		Magnesium selenite		$MgSeO_3$	15593-61-0	2630	
64	亚硒酸		Seleious acid		H_2SeO_3	7783-00-8	2630	
65	硒酸钠		Sodium selenate	Disodium selenate	Na_2SeO_4	13410-01-0	2630	
66	乙硼烷	二硼烷;硼乙烷	Diborane	Diboron hexahydride; Boroethane	B_2H_6	19287-45-7	1911	
67	癸硼烷	十硼烷;十硼氢	Decaborane	Decaboron tetradecahydride	$B_{10}H_{14}$	17702-41-9	1868	
68	戊硼烷	五硼烷	Pentaborane	Pentaboron nonahydride	B_5H_9	19624-22-7	1380	
69	氟		Fluorine		F_2	7782-41-4	1045	
70	二氟化氧	一氧化二氟	Oxygen difluoride	Fluorine monoxide	OF_2	7783-41-7	2190	
71	三氟化氯		Chlorine trifluoride	Chlorotrifluoride	ClF_3	7790-91-2	1749	
72	三氟化硼	氟化硼	Boron trifluoride	Boron fluoride	BF_3	7637-07-2	1008	

续表

序号	中文名称		英文名称		分子式	CAS 号	UN 号	受限范围
	化学名	别名	化学名(英文)	别名(英文)				
73	五氟化氯		Chlorine pentafluoride		ClF_5	13637-63-3	2548	
74	羰基氟	氟化碳酰;氟氧化碳	Carbonyl fluoride	Formyl fluoride; Carbon oxyfluoride	COF_2	353-50-4	2417	
75	氟乙酸钠	氟醋酸钠	Sodium fluoroacetate	Fluoroacetic acid sodium salt	$C_2H_2FO_2Na$	62-74-8	2629	Ⅱ
76	二甲胺氰磷酸乙酯	塔崩	Ethyl *N*,*N*-dimethylphosphoramid ocyanidate	Tabun	$C_5H_{11}N_2O_2P$	77-81-6	2810	Ⅰ
77	*O*-乙基-*S*-[2-(二异丙氨基)乙基]甲基硫代磷酸酯	维埃克斯;VXS	*O*-Ethyl-*S*-2-diisopropylaminoethyl methyl phosphonothioate	VX	$C_{11}H_{26}NO_2PS$	50782-69-9	2810	
78	二(2-氯乙基)硫醚	二氯二乙硫醚;芥子气;双氯乙基硫	Di(2-chloroethyl) thioether	Dichloroethyl sulfide; Mustard gas	$C_4H_8Cl_2S$	505-60-2	2927	Ⅰ
79	甲氟膦酸叔己酯	索曼	Pinacolyl methyl phosphonofluoridate	Soman	$C_7H_{16}FO_2P$	96-64-0	2810	Ⅰ
80	甲基氟膦酸异丙酯	沙林	Isopropyl methyl phosphonofluoridate	Sarin	$C_4H_{10}FO_2P$	107-44-8	2810	Ⅰ
81	甲烷磺酰氟	甲磺酰氟;甲基磺酰氟	Methanesulfonyl fluoride	MSF; Fumette; Mesyl fluoride	CH_3FO_2S	558-25-8	2927	
82	八氟异丁烯	全氟异丁烯	Octafluoroisobutylene	Perfluoroisobutylene	C_4F_8	382-21-8	3162	

续表

序号	中文名称		英文名称		分子式	CAS号	UN号	受限范围
	化学名	别名	化学名(英文)	别名(英文)				
83	六氟丙酮	全氟丙酮	Hexafluoroacetone	Perfluoroacetone	C_3OF_6	684-16-2	2420	
84	氯	液氯;氯气	Chloride	Liquid Chloride	Cl_2	7782-50-5	1017	
85	碳酰氯	光气	Carbonyl chloride	Phosgene	$COCl_2$	75-44-5	1076	
86	氯磺酸	氯化硫酸;氯硫酸	Chlorosulfonic acid	Chlorosulfuric acid; Sulfuric chlorohydrin	$ClSO_3H$	7790-94-5	1754	
87	全氯甲硫醇	三氯硫氯甲烷;过氯甲硫醇;四氯硫代碳酰	Perchloromethyl mercaptan	Trichloromethane sulfenyl chloride; Thiocarbonyl tetrachloride	CCl_4S	594-42-3	1670	
88	甲基磺酰氯	氯化硫酰甲烷;甲烷磺酰氯	Methylsulfonyl chloride	Mesyl chloride; Methane sulfonyl chloride	CH_3ClO_2S	124-63-0	3246	
89	*O,O'*-二甲基硫代磷酰氯	二甲基硫代磷酰氯	*O,O'*-Dimethylthiophosphoryl chloride	Dimethyl thiophosphoryl chloride	$C_2H_6ClO_2PS$	2524-03-0	2267	
90	*O,O'*-二乙基硫代磷酰氯	二乙基硫代磷酰氯	*O,O'*-diethyl phosphorochloridithioate	Diethyl chlorothioph osphate	$C_4H_{10}ClO_2PS$	2524-04-1	2751	
91	双(2-氯乙基)甲胺	氮芥;双(氯乙基)甲胺	Bis-(2-chloroethyl) methylamine	Mustine; Chlormethine	$C_5H_{11}Cl_2N$	51-75-2	2810	
92	2-氯乙烯基二氯胂	路易氏剂	2-Chlorovinyldichloroarsine	Lewisite	$C_2H_2AsCl_3$	541-25-3	2927	I

续表

序号	中文名称		英文名称		分子式	CAS号	UN号	受限范围
	化学名	别名	化学名(英文)	别名(英文)				
93	苯胂化二氯	二氯苯胂	Phenylarsine dichloride	Dichlorophenylarsine;FDA	$C_6H_5AsCl_2$	696-28-6	1556	
94	二苯(基)胺氯胂	吩吡嗪化氯;亚当氏气	Diphenylamine chloroarsine	Phenarsazine chloride; Adamsite	$C_{12}H_9AsClN$	578-94-9	1698	
95	三氯三乙胺	氮芥气;氮芥-A	2,2′,2′-Trichlorotriethylamine	Tris-(β-chloroethyl)amine	$C_6H_{12}Cl_3N$	555-77-1	2810	I
96	氯代磷酸二乙酯	氯化磷酸二乙酯	Chlorophosphoric acid	Diethyl chlorophosphate	$C_4H_{10}ClO_3P$	814-49-3		
97	六氯环戊二烯	全氯环戊二烯	Hexachlorocyclopentadiene	Perchlorocyclopentadiene	C_5Cl_6	77-47-4	2646	
98	六氟-2,3-二氯-2-丁烯	2,3-二氯六氟-2-丁烯	Hexafluoro-2,3-dichloro-2-butylene	2,3-Dichlorohexafluoro-2-butylene	$C_4Cl_2F_6$	303-04-8	2927	
99	二氯化苄	二氯甲(基)苯;苄叉二氯;a,a-二氯甲(基)苯	Benzyl dichloride	Dichloromethylben zene; Benzylidene chloride; alpha,alpha-Dichlorotoluene	$C_7H_6Cl_2$	98-87-3	1886	
100	四氧化二氮	二氧化氮;过氧化氮	Dinitrogen tetroxide	Nitrogen dioxide; Nitrogen tetroxide; Nitrogen peroxide	$\dot{N}O_2$	10102-44-0	1067	
101	叠氮(化)钠	三氮化钠	Sodium azide		NaN_3	26628-22-8	1687	
102	马钱子碱	二甲氧基士的宁;白路新	Brucine	2,3-Dimethoxystrychnidin-10-one; Brucinealkaloid	$C_{23}H_{26}N_2O_4$	357-57-3	1570	

续表

序号	中文名称		英文名称		分子式	CAS 号	UN 号	受限范围
	化学名	别名	化学名(英文)	别名(英文)				
103	番木鳖碱	二甲氧基马钱子碱;士的宁;士的年	Strychnine	Strychnidin-10-one; Certox	$C_{21}H_{22}N_2O_2$	57-24-9	1692	
104	原藜芦碱 A		ProtoveratrineA	Puroverine	$C_{41}H_{63}NO_{14}$	143-57-7	1544	
105	乌头碱	附子精	Aconitine	Aconitane	$C_{34}H_{47}NO_{11}$	302-27-2	1544	
106	(盐酸)吐根碱	(盐酸)依米丁	Emetine, dihydrochloride	Amebicide;Purum	$C_{29}H_{40}N_2O_4 \cdot 2ClH$	316-42-7	1544	
107	藜芦碱	赛丸丁;绿藜芦生物碱	Veratrine	Sabadilla	$C_{32}H_{49}NO_9$	8051-02-3	1544	
108	a-氯化筒箭毒碱	氯化南美防己碱;氢氧化吐巴寇拉令碱;氯化箭毒块茎碱;氯化管箭毒碱	α-Tubocurarine chloride	Tubocurarine hydrochloride; Dextrotubocurarine chloride; Tubarine	$C_{38}H_{44}N_2O_6 \cdot 2Cl$	57-94-3	1544	
109	3-(1-甲基-2-四氢吡咯基)吡啶	烟碱;尼古丁;1-甲基-2-(3-吡啶基)吡咯烷	3-(1-Methyl-2-pyrrolidyl)pyridine	Nicotine; 1-Methyl-2-(3-pyridyl) pyrrolidine	$C_{10}H_{14}N_2$	54-11-5	1654	
110	4,9-环氧,3-(2-羟基-2-甲基丁酸酯)15-(*S*)2-甲基丁酸酯);[3*β*(*S*),4*a*,7*a*,15*a*(*R*),16*β*]-瑟文-3,4,7,14,15,16,20-庚醇	计明胺;胚芽儿碱;计末林碱;杰莫灵	Cevane-3,4,7,14,15,16,20-heptol,4,9, epoxy, 3-(2-hydroxy-2-methylbutanoate) 15-(S)-2-methylbutanoate,[3β(S),4α,7α,15α(*R*),16β]	Veratensine; Germerine	$C_{37}H_{59}NO_{11}$	63951-45-1	1544	

续表

序号	中文名称		英文名称		分子式	CAS号	UN号	受限范围
	化学名	别名	化学名(英文)	别名(英文)				
111	(2-氨基甲酰氧乙基)三甲基氯化铵	氯化氨甲酰胆碱;卡巴考	(2-Carbamoyloxyethyl)trimethylammonium chloride	Carbachol chloride; Carbacholin	$C_6H_{15}ClN_2O_2$	51-83-2	2811	
112	甲基肼	甲基联胺	Methylhydrazine	1-Methylhydrazine	CH_6N_2	60-34-4	1244	
113	1,1-二甲基肼	二甲基肼[不对称]	1,1-Dimethylhydrazine	Dimethylhydrazine, Unsymmetrical	$C_2H_8N_2$	57-14-7	1163	
114	1,2-二甲基肼	对称二甲基肼;1,2-亚肼基甲烷	1,2-Dimethylhydrazine	*sym*-Dimethylhydrazine; Hydrazomethane	$C_2H_8N_2$	540-73-8	2382	
115	无水肼	无水联胺	Hydrazine angydrous	Diamine, Anhydrous	H_4N_2	302-01-2	2029	
116	丙腈	乙基氰	Propionitrile	Ethyl cyanide	C_3H_5N	107-12-0	2404	
117	丁腈	丙基氰;2-甲基丙腈	Butyronitrile	Propyl cyanide	C_4H_7N	109-74-0	2411	
118	异丁腈	异丙基氰	Isobutyronitrile	Isopropyl cyanide; 2-Methylpropanenitrile	C_4H_7N	78-82-0	2284	
119	2-丙烯腈	乙烯基氰;丙烯腈	2-Propenenitrile	Cyanoethylene; Acrylonitrile	C_3H_3N	107-13-1	1093	
120	甲基丙烯腈	异丁烯腈	Methacrylonitrile	2-Methacrylonitrile	C_4H_5N	126-98-7	3079	
121	*N*,*N*-二甲基氨基乙腈	2-(二甲氨基)乙腈	*N*,*N*-Dimethylaminoacetonitrile	2-Dimethylaminoacetonitrile	$C_4H_8N_2$	926-64-7	2878	

续表

序号	中文名称		英文名称		分子式	CAS 号	UN 号	受限范围
	化学名	别名	化学名(英文)	别名(英文)				
122	3-氯丙腈	β-氯丙腈；氰化-β-氯乙烷	3-Chloropropionitrile	β-Chloropropionitrile; β-Chloroethyl cyanide	C_3H_4ClN	542-76-7	2810	
123	2-羟基丙腈	乳腈	2-Hydroxypropionitrile	Acetocyanohydrin; aktonitril	C_3H_5NO	78-97-7	2810	
124	羟基乙腈	乙醇腈	2-Hydroxyacetonitrile	Glycolonitrile; Cyanomethanol	C_2H_3NO	107-16-4	2810	
125	乙撑亚胺	氮丙环；吖丙啶	Ethyleneimine	Aziridine; Dimethyleneimine	C_2H_5N	151-56-4	1185	
126	N-二乙氨基乙基氯	2-氯乙基二乙胺	N-Diethylaminoethyl chloride	N-(2-Chloroethyl) diethylamine	$C_6H_{14}ClN$	100-35-6	2810	
127	甲基苄基亚硝胺	N-甲基-N-亚磷基苯甲胺	Methylbenzylnitrosamine	N-methyl-N-nitrosobenzenemeth anamine	$C_8H_{10}N_2O$	937-40-6	2810	
128	丙撑亚胺	2-甲基氮丙啶；2-甲基乙撑亚胺	Propyene imine	2-Methylaziridine	C_3H_7N	75-55-8	1921	
129	乙酰替硫脲	1-乙酰硫脲	Acetyl thiourea	1-Acetylthiourea	$C_3H_6N_2OS$	591-08-2	2811	
130	N-乙烯基乙撑亚胺	N-乙烯基氮丙环	N-Vinylethyleneimine	N-Vinylaziridine	C_4H_7N	5628-99-9	2810	
131	六亚甲基亚胺	高哌啶	Hexamethyleneimine	Homopiperidine	$C_6H_{13}N$	111-49-9	2493	
132	3-氨基丙稀	烯丙胺	3-Aminopropene	allylamine	C_3H_7N	107-11-9	2334	
133	N-亚硝基二甲胺	二甲基亚硝胺	N-Nitrosodimethylamine	Dimethylnitrosamine	$C_2H_6N_2O$	62-75-9	2810	

续表

序号	中文名称		英文名称		分子式	CAS 号	UN 号	受限范围
	化学名	别名	化学名(英文)	别名(英文)				
134	碘甲烷	甲基碘	Iodomethane	Methyl iodide	CH_3I	74-88-4	2644	
135	亚硝酸乙酯	亚硝酰乙氧	Ethyl nitrite	Nitrosyl ethoxide	$C_2H_5NO_2$	109-95-5	1194	
136	四硝基甲烷		Tetranitromethane	TNM	CN_4O_8	509-14-8	1510	
137	三氯硝基甲烷	氯化苦;硝基三氯甲烷	Nitrochloroform	Chloropicrin;Aquinite;Nitrotrichloromethane	CCl_3NO_2	76-06-2	1580	
138	2,4-二硝基(苯)酚	二硝酚;1-羟基-2,4-二硝基苯	2,4-Dinitrophenol	Aldifen;1-Hydroxy-2,4-dinitrobenzene	$C_6H_4N_2O_5$	51-28-5	1320	
139	4,6-二硝基邻甲基苯酚钠	二硝基邻甲酚钠	4,6-Dinitro-o-cresol sodium salt	Dynosol;Gilboform	$C_7H_5N_2O_5Na$	2312-76-7	1348	
140	4,6-二硝基邻甲苯酚	2,4-二硝基邻甲苯酚	4,6-Dinitro-o-cresol	2,4-Dinitro-o-cresol;Dinurania	$C_7H_6N_2O_5$	534-52-1	1598	
141	1-氟-2,4-二硝基苯	2,4-二硝基-1-氟苯	1-Fluoro-2,4-dinitrobenzene	2,4-Dinitro-l-fluorobenzene	$C_6H_3FN_2O_4$	70-34-8	2811	
142	1-氯-2,4-二硝基苯	2,4二硝基氯苯;4-氯-1,3-二硝基苯;1,3-二硝基-4-氯苯	1-Chloro-2,4-dinitrobenzene	2,4-Dinitrochlorobenzene;4-Chloro-1,3-dinitro benzene;1,3-Dinitro-4-chlorobenzene	$C_6H_3ClN_2O_4$	97-00-7	1577	
143	丙烯醛	烯丙醛;败酯醛	Acrolein	Allyaldehyde;2-Propenal	C_3H_4O	107-02-8	1092	
144	2-丁烯醛	巴豆醛;β-甲基丙稀醛	2-Butenal	Crotonaldehyde;β-Methylacrolein	C_4H_6O	4170-30-3	1143	

续表

序号	中文名称		英文名称		分子式	CAS号	UN号	受限范围
	化学名	别名	化学名(英文)	别名(英文)				
145	一氯乙醛	氯乙醛；2-氯乙醛	Monochloroace taldehyde	Chloroacetaldehyde; 2-Chloroethanal	C_2H_3ClO	107-20-0	2232	
146	二氯甲酰基丙烯酸	粘氯酸；二氯代丁烯醛酸；糠氯酸	2,3-Dichloro-3-formylacrylic acid	Mucochloric acid; Dichloromaleicaldehyde acid; Dichloromaleic acid hemialdehyde	$C_4H_2Cl_2O$	87-56-9	2923	
147	2-丙稀-1-醇	烯丙醇；蒜醇；乙烯甲醇	2-propen-l-ol	Allyl alcohol; Vinylcarbinol	C_3H_6O	107-18-6	1098	
148	2-巯基乙醇	硫代乙二醇；2-羟基-1-乙硫醇	2-mercapto ethand	Thioglycol; 2-Hydroxy-1-ethanethiol	C_2H_6OS	60-24-2	2966	
149	2-氯乙醇	乙撑氯醇；氯乙醇	2-Chloroethanol	Ethylene chlorohydrin; 2-Chloroethyl alcohol; Glycol chlorohydrin; β-Chloroethyl alcohol	C_2H_5ClO	107-07-3	1135	
150	4-己烯-1-炔-3-醇		4-Hexen-l-yn-3-ol	4-Hexen-l-yne-3-ol	C_6H_8O	10138-60-0	2810	
151	3,4-二羟基-α-[(甲氨基)甲基]苄醇	肾上腺素；付肾碱；付肾素	3, 4-Dihydroxy-alpha-((methylamino) methyl) benzyl alcohol	Epinephrine; Adrenaline; Biorenine	$C_9H_{13}NO_3$	51-43-4	3249	
152	3-氯-1,2-丙二醇	α-氯代丙二醇；3-氯-1,2-二羟基丙烷；α-氯甘油；3-氯代丙二醇	3-Chloro-1, 2-propanediol	α-Chlorohydrin; 3-Chloro-1,2-dihydroxy propane; 3-Chloropropyleneglycol	$C_3H_7ClO_2$	96-24-2	2810	

续表

序号	中文名称		英文名称		分子式	CAS号	UN号	受限范围
	化学名	别名	化学名(英文)	别名(英文)				
153	丙炔醇	2-丙炔-1-醇；炔丙醇	Propargyl alcohol	2-Propynyl alcohol; Acetylene carbinol	C_3H_4O	107-19-7	2929	
154	苯(基)硫醇	苯硫酚；巯基苯；硫代苯酚	Phenyl mercaptan	Benzenethiol; Mercaptobenzene; Thiophenol	C_6H_6S	108-98-5	2337	
155	2，5-双（1-吖丙啶基)-3-(2-氨甲酰氧-1-甲氧乙基)-6-甲基-1，4-苯醌	卡巴醌；卡波醌	2，5-Bis（1-aziridinyl）-3-（2-carbamoyloxy-1-methoxyethyl）-6-methyl-1，4-ben zoquinone	Carboquone; Esquinon; Carbazilquinone	$C_{15}H_{19}N_3O_5$	24279-91-2	3249	
156	氯甲基甲醚	甲基氯甲醚；氯二甲醚	Chloromethyl methyl ether	Methyl chloromethyl ether; Chlordimethylether	C_2H_5ClO	107-30-2	1239	
157	二氯(二)甲醚	对称二氯二甲醚	Dichlordimethylaether	*sym*-Dichlorodimethyl ether	$C_2H_4Cl_2O$	542-88-1	2249	
158	3-丁烯-2-酮	甲基乙烯基（甲）酮；丁烯酮	3-Buten-2-one	Methyl vinyl ketone; Butenone	C_4H_6O	78-94-4	1251	
159	一氯丙酮	氯丙酮；氯化丙酮	Monochloroacetone	Chloroacetone; Acetonyl chloride; Chloropropanone; 1-Chloro-2-propanone	C_3H_5ClO	78-95-5	1695	
160	1,3-二氯丙酮	1,3-二氯-2-丙酮	1，3-Dichloroacetone	1,3-Dichloro-2-propanone	$C_3H_4Cl_2O$	534-07-6	2649	

续表

序号	中文名称		英文名称		分子式	CAS 号	UN 号	受限范围
	化学名	别名	化学名(英文)	别名(英文)				
161	2-氯乙酰苯	苯基氯甲基甲酮；氯苯乙酮；苯酰甲基氯；α-氯苯乙酮	Chloroacetophenone	Chloromethyl phenylketone; 2-Chloro-l-phenylethanone; α-Chloroacetophenone; Phenacylchloride	C_8H_7ClO	532-27-4	1697	I
162	1-羟环丁-1-烯-3，4-二酮	半方形酸	1-Hydroxy-cyc lobut-1-ene-3,4-dione	Semisquaric acid; Moniliformin	$C_4H_2O_3$	31876-38-7	2927	
163	1，1，3，3-四氯丙酮	1，1，3，3-四氯-2-丙酮	1,1,3,3-Tetrachloroacetone	1,1,3,3-Tetrachloro-2-propanone	$C_3H_2Cl_4O$	632-21-3	2929	
164	2-环已烯-1-酮	2-环已烯酮	2-Cyclohexen-1-one	2-Cyclohexenone	C_6H_8O	930-68-7	2929	
165	二氧化丁二烯	双环氧乙烷	Butadiene Dioxide	Diepoxybutane	$C_4H_6O_2$	298-18-0	2929	
166	氟乙酸	氟醋酸	Fluoroacetic acid	Fluoroethanoic acid	$C_2H_3FO_2$	144-49-0	2642	
167	氯乙酸	一氯醋酸	Chloroacetic acid	monochloroacetic acid	$C_2H_3ClO_2$	79-11-8	1751	
168	氯甲酸甲酯	氯碳酸甲酯	Methyl chloroformate	Methyl chlorocarbonate	$C_2H_3O_2Cl$	79-22-1	1238	
169	氯甲酸乙酯	氯碳酸乙酯	Ethyl chloroformate	Ethyl chlorocarbonate	$C_3H_5O_2Cl$	541-41-3	1182	
170	氯甲酸氯甲酯		Chloromethyl chloroformate		$C_2H_2Cl_2O_2$	22128-62-7	2745	
171	N-(苯乙基-4-哌啶基)丙酰胺柠檬酸盐	枸橼酸芬太尼	N-(phenylethyl-4-piperidinyl) propanamide citrate	Phentanyl citrate; Fentanyl citrate	$C_{22}H_{28}N_2O \cdot C_6H_8O_7$	990-73-8	1544	

续表

序号	中文名称		英文名称		分子式	CAS号	UN号	受限范围
	化学名	别名	化学名(英文)	别名(英文)				
172	碘乙酸乙酯		Ethyl iodoacetate	Iodoacetic acid, ethyl ester	$C_4H_7IO_2$	623-48-3	2927	
173	3,4-二甲基吡啶	3,4-二甲基氮杂苯	3, 4-Dimethylpyridine	3,4-Lutidine	C_7H_9N	583-58-4	2929	
174	2-氯吡啶		2-Chloropyridine		C_5H_4NClN	109-09-1	2822	
175	4-氨基吡啶	对氨基吡啶;4-氨基氮杂苯;对氨基氮苯;γ-吡啶胺	4-Aminopyridine	*p*-Aminopyridine; *r*-Pyridylamine; Avitrol	$C_5H_6N_2$	504—24—5	2671	
176	2-吡咯酮		2-pyrrolidone	Butyrolactam	C_4H_7NO	616-45-5	2810	
177	2,3,7,8-四氯二苯并对二𫫇英	二𫫇英	2,3,7,8-Tetrachlorodibenzo-*p*-dioxin	TCDD; Dioxine	$C_{12}H_4Cl_4O_2$	1746-01-6	2811	
178	羟间唑啉(盐酸盐)		Oxymetazoline hydrochloride	Afrazine; Neonabel	$C_{16}H_{24}N_2O \cdot HCl$	2315-02-8	3249	
179	5-[双(2-氯乙基)氨基]-2,4-(1*H*,3*H*)嘧啶二酮	尿嘧啶芳芥;嘧啶苯芥	5-(Bis(2-chloroethyl) amino)-2, 4 (1*H*, 3*H*) pyrimidinedione	Uramustine; Uracil mustard	$C_8H_{11}C_{12}N_3O_2$	66-75-1	3249	
180	杜廷	羟基马桑毒内酯;马桑苷	Tutin	Toot poison; Tutu	$C_{15}H_{18}O_6$	2571-22-4	3249	
181	氯化二烯丙托锡弗林		Alcuronium chloride	Alcuronium dichloride; Dialferin; Alloferin	$C_{44}H_{50}N_4O_2 \cdot Cl_2$	15180-03-7	3249	
182	5-(氨基甲基)-3-异𫫇唑醇	3-羟基-5-氨基甲基异𫫇唑	5-Aminomethyl-3-isoxazolol	Muscimol; 3-Hydroxy-5-aminomethylis oxazole	$C_4H_6N_2O_2$	2763-96-4	1544	

续表

序号	中文名称		英文名称		分子式	CAS号	UN号	受限范围
	化学名	别名	化学名(英文)	别名(英文)				
183	二硫化二甲基	二甲二硫；甲基化二硫	Dimethyl disulfide	Methyl disulphide; DMDS	$C_2H_6S_2$	624-92-0	2381	
184	乙烯砜	二乙烯砜	Vinyl Sulfone	Divinyl sulfone	$C_4H_6O_2S$	77-77-0	2927	
185	*N*-3-[1-羟基-2-(甲氨基)乙基]苯基甲烷磺酰胺甲磺酸盐	酰胺福林-甲烷磺酸盐	*N*-3-[1-hydroxy-2-(methylamino)ethyl] phenyl, methanesulfonamide mesylate	Amidephrine mesylate;Fentrinol	$C_{10}H_{16}N_2O_3S \cdot CH_4O_3S$	1421-68-7	3249	
186	8-(二甲基氨基甲基)-7-甲氧基氨基-3甲基黄酮	回苏灵；二甲弗林	8-(Dimethylaminomethyl)-7-methoxy-3-methyifiavone	*N*-(7-Methoxy-3-methyl-4-oxo-2-phenyl-4*H*-chromen-8-yl) methyl-*N*,*N*-dimethyl amine;Dimefline	$C_{20}H_{21}NO_3$	1165-48-6	3249	
187	三-(1-吖丙啶基)氧化膦	涕巴，绝育磷	Tri-(1-aziridinyl) phosphine oxide	Trietylene phosphoramide;Aphoxide	$C_6H_{12}N_3OP$	545-55-1	2501 2811	
188	*O*,*O*-二甲基-*O*-(1-甲基-2-*N*-甲基氨基甲酰)乙烯基磷酸酯(含量>25%)*	久效磷；纽瓦克；永伏虫	*O*, *O*-Dimethyl-*O*-(lmethyl-2-*N*-methyl-car bamoly) vinyl phosphate	Monocrotophos; Azodrin;Nuvacron	$C_7H_{14}NO_5P$	6923-22-4	2783	Ⅲ
189	*O*,*O*-二乙基-*O*-(4-硝基苯基)磷酸酯	对氧磷	*O*,*O*-Diethyl *O*-(4-nitrophenyl) phosphate	Paraoxon	$C_{10}H_{14}NO_6P$	311-45-5	3018 2783	
190	*O*,*O*-二甲基-*O*-(4-硝基苯基)硫逐磷酸酯(含量>15%)*	甲基对硫磷；甲基1605	*O*, *O*-Dimethyl-*O*-(4-nitrophenyl) phosphorothioate	Methyl parathion; Methyl 1605	$C_8H_{10}NO_5PS$	298-00-0	3018 2783	Ⅲ

续表

序号	中文名称		英文名称		分子式	CAS号	UN号	受限范围
	化学名	别名	化学名(英文)	别名(英文)				
191	*O*-乙基-*O*-(4-硝基苯基)苯基硫代磷酸酯(含量>15%)*	苯硫磷;伊皮恩	*O*-Ethyl-*O*-(4-nitrophenyl) phenyl phosphonothioate	EPN	$C_{14}H_{14}NO_4PS$	2104-64-5	3018 2783	
192	*O*-甲基-*O*-(邻异丙氧基羰基苯基)硫代磷酰胺酯	水胺硫磷;羧胺磷	*O*-Methyl-*O*-(o-isopropoxycarbonylphenyl) phosphoramidothioate	Isocarbophos; Optunal	$C_{11}H_{16}NO_4PS$	24353-61-5	2783	
193	*O*-(3-氯-4-甲基-2-氧代-2*H*-1-苯并吡喃-7-基)-*O*,*O*-二乙基硫代磷酸酯(含量>30%)*	蝇毒磷;蝇毒;蝇毒硫磷	*O*-(3-chloro-4-methyl-2-oxo-2*H*-1-benzopyran-7-yl)-*O*, *O*-diethyl phosphorothioate	Coumaphos; Cumafos; Meldane	$C_{14}H_{16}ClO_5PS$	56-72-4	3018 2783	Ⅲ
194	*S*-(5-甲氧基-4-氧代-4*H*-吡喃-2-基甲基)-*O*,*O*-二甲基硫赶磷酸酯(含量>45%)*	因毒磷;因毒硫磷	*S*-(5-Methoxy-4-oxo-4*H*-pyran-2-ylmethyl)-*O*, *O*-dimethyl phosphorothioate	Endothion; Endocide; Phosphopyrone	$C_9H_{13}O_6PS$	2778-04-3	3018 2783	
195	*O*-(4-溴-2,5-二氯苯基)-*O*-甲基苯基硫代瞵酸酯	对溴磷;溴苯磷	*O*-(4-bromo-2, 5-dichlorophenyl)-*O*-methyl phenylphosphorothionate	Leptophos; Phosvel	$C_{13}H_{10}BrCl_2O_2PS$	21609-90-5	2873	
196	*S*-[2-(乙基磺酰基)乙基]-*O*,*O*-二甲基硫代磷酸酯	砜吸磷;二氧吸磷	*S*-[2-(ethylsulfonyl)ethyl]-*O*, *O*-Dimethyl phosphorothioate	Demeton-S-methylsulfon; Isometasystox sulfone	$C_6H_{15}O_5PS_2$	17040-19-6	2783	

续表

序号	中文名称		英文名称		分子式	CAS号	UN号	受限范围
	化学名	别名	化学名(英文)	别名(英文)				
197	*O*,*O*-二甲基-*S*-[(4-氧代-1,2,3-苯并三氮苯-3[4*H*]-基)甲基]二硫代磷酸酯（含量>20%）*	保棉磷；谷硫磷；谷赛昂；甲基谷硫磷	*O*, *O*-Dimethyl *S*-[(4-oxo-1,2,3-benzotriazin-3[4*H*]-yl)methyl] phosphorodithioate	Azinphos-methyl; Cothion-methyl; Gusathion	$C_{10}H_{12}N_3O_3PS_2$	86-50-0	3018 2783	
198	*S*-[(5-甲氧基-2-氧代-1,3,4-噻二唑-3(2*H*)-基)甲基]-*O*,*O*-二甲基二硫代磷酸酯（含量>40%）*	杀扑磷；麦达西磷，甲塞硫磷	*S*-[(5-Methoxy-2-oxo-1,3,4-thiadiazol-3(2*H*)-yl)methyl]-*O*,*O*-dimethyl phosphorodithioate	Methidathion; Ultracide	$C_6H_{11}N_2O_4PS_3$	950-37-8	3018 2783	
199	对(5-氨基-3-苯基-1*H*-1,2,4-三唑-1-基)-*N*,*N*,*N*′,*N*′-四甲基磷二酰胺（含量>20%）*	威菌磷；三唑磷胺	*p*-(5-Amino-3-phenyl-1*H*-1,2,4-triazol-1-yl)-*N*,*N*,*N*′,*N*′-tetra-methyl phosphonicdiamide	Triamiphos; Wepsin	$C_{12}H_{19}N_6OP$	1031-47-6	3018 2783	
200	二乙基-1,3-亚二硫戊环-2-基硫酰胺酯（含量>15%）*	硫环磷；棉安磷；棉环磷	Diethyl-1,3-dithiolan-2-ylidene phosphoroamidate	Phosfolan; Cyloane	$C_7H_{14}NO_3PS_2$	947-02-4	3018 2783	Ⅲ
201	*O*,*S*-二甲硫代磷酰胺	甲胺磷；杀螨隆；多灭磷；多灭灵；克螨隆；脱麦隆	*O*,*S*-Dimethyl phosphoramidothioate	Methamidophos; Tamaron; Monitor; Tomron; Tammaron	$C_2H_8NO_2PS$	10265-92-6	2783	Ⅲ
202	*O*,*O*-二乙基-*S*-[(4-氧代-1,2,3-苯并三氮(杂)苯-3[4*H*]-基)甲基]二硫代磷酸酯（含量>25%）*	益棉磷；乙基保棉磷；乙基谷硫磷	*O*,*O*-Diethyl-*S*-[(4-oxo-1,2,3-benzotriazin-3[4*H*]-yl)methyl] phosphorodithioate	Azinphos ethyl; Cothion-ethyl; Ethyl guthion	$C_{12}H_{16}N_3O_3PS_2$	2642-71-9	3018 2783	

续表

序号	中文名称		英文名称		分子式	CAS号	UN号	受限范围
	化学名	别名	化学名(英文)	别名(英文)				
203	O-[4-(二甲氨基)-磺酰基苯基]-O,O-二甲基硫化磷酸酯	氨磺磷;伐灭磷;伐灭硫磷	O-[4-[(Dimethylin)sulfonyl]phenyl]O,O-dimethyl phosphorothioaet	Famphur; Dovip; Famophos	$C_{10}H_{16}O_5NPS_2$	52—85—7	2783	
204	O-(4-氰苯基)-O-乙基苯基硫代磷酸酯	苯腈磷;苯腈硫磷	O-(4-Cyanophenyl)O-ethyl phenylphosphonothioate	Surecide; Cyanophenphos	$C_{15}H_{14}NO_2PS$	13067-93-1	2783	
205	2-氯-3-(二乙氨基)-1-甲基-3-氧代-1-丙烯二甲基磷酸酯*(含量>30%)	磷胺;大灭虫	2-Chloro-3-(dieth yhamino)-1-methgl-3-oxo-1-propenyl dimethyl phosphato	Phosphamidon; Dimecron	$C_{10}H_{19}ClNO_5P$	13171-21-6	3018	Ⅲ
206	甲基-3-[(二甲氧基磷酰基)氧代]-2-丁烯酸酯(含量>5%)*	速灭磷;磷君	Methyl-3-[(dimethoxyphosphinyl)oxy]-2-crotonate	Mevinphos; Phosdrin	$C_7H_{13}O_6P$	7786-34-7	3018	
207	双(1-甲基乙基)氟磷酸酯	丙氟磷;异丙氟;二异丙基氟磷酸酯	Bis(1-methylethyl) phosphorofl uoridate	Diissopropyl fouorophosphate; DFP; Diisopropyl phosphorofluoridate	$C_6H_{16}FO_3P$	55-91-4	3018	
208	2-氯-1-(2,4-二氯苯基)乙烯基二乙基磷酸酯(含量>20%)*	杀螟畏;毒虫畏	2-Chloro-1-(2,4-dichlorophenyl) vinyl diethyl phosphate	Vinyphate; Chlorfenvinfos	$C_{12}H_{14}Cl_3O_4P$	470-90-6	3018	
209	3-二甲氧基磷氧基-N,N-二甲基异丁烯酰胺(含量>25%)*	百治磷;百特磷	3-Dimethoxy phosphinyloxy-N,N-dimethylisocrotonamide	Dicrotophos; Bidrin	$C_8H_{16}NO_5P$	141-66-2	3018	
210	O,O-二甲基-O-1,3-(二甲基氧甲酰基)丙烯-2-基磷酸酯	保米磷	Dimethyl 1, 3-bis(carbomethoxy)-1-propen-2-yl phosphate	Bomyl	$C_9H_{15}O_8P$	122-10-1	3018	

续表

序号	中文名称		英文名称		分子式	CAS 号	UN 号	受限范围
	化学名	别名	化学名(英文)	别名(英文)				
211	四乙基焦磷酸酯	特普	Tetraethyl pyrophosphate	TEPP	$C_8H_{20}O_7P_2$	107-49-3	3018	
212	*O*,*O*-二乙基-*O*-(4-硝基苯基)硫代磷酸酯(含量>4%)*	对硫磷；1605；乙基对硫磷；一扫光	*O*, *O*-Diethyl-*O*-(4-nitrophenyl) phosphorothioate	Parathion; Ethylparathion; Thiophos; Corothion	$C_{10}H_{14}NO_5PS$	56-38-2	3018	Ⅲ
213	*O*-乙基-*O*-(2-异丙氧羰基)-苯基-*N*-异丙基硫逐磷酰胺	丙胺磷；异丙胺磷；乙基异柳磷；异柳磷 2 号	*O*-Ethyl-*O*-(2-isopropoxy-carbonyl)-phenyl-*N*-isopropylphosphoramidothioate	Isofenphos; Oftanol	$C_{15}H_{24}NO_4PS$	25311-71-1	3018	
214	*O*-甲基-*O*-(2-异丙氧基羰基)苯基-*N*-异丙基硫逐磷酰胺	甲基异柳磷；异柳磷 1 号	*O*-Methyl-*O*-(2-isopropoxy-carbonyl)-phenyl-*N*-isopropylphosphorami dothioate	Isofenphos-methyl	$C_{14}H_{22}O_4NPS$	99675-03-3	3018	Ⅲ
215	*O*,*O*-二乙基-*O*-[2-(乙硫基)乙基]硫代磷酸酯和 *O*,*O*-二乙基-*S*-[2-(乙硫基)乙基]硫代磷酸酯混剂(含量>3%)*	内吸磷；杀虱多；1059	*O*,*O*-Diethyl-*O*(and *S*)-2-(ethylthio) ethyl phosphorothioate mixture	Demeton; Systok; Demox; E 1050	$C_8H_{19}O_3PS_2$	8065-48-3	3018	Ⅲ
216	*O*,*O*-二乙基-*O*-[(4-甲基亚磺酰)苯基]硫代磷酸酯(含量>4%)*	丰索磷；丰索硫磷；线虫磷	*O*, *O*-Diethyl-*O*-[4-(methylsulfinyl) phenyl]phosphorothioate	Fensulfothion; Fensulphothion	$C_{11}H_{17}O_4PS_2$	115-90-2	3018	

续表

序号	中文名称		英文名称		分子式	CAS号	UN号	受限范围
	化学名	别名	化学名(英文)	别名(英文)				
217	O,O二甲基-S-[2(甲氨基)-2-氧代乙基]硫代磷酸酯(含量>40%)*	氧乐果;氧化乐果;华果	O, O-Dimethyl-S-[2-(methylamino)-2-oxoethyl]phosphorothioate	Omethoate; Folimat	$C_5H_{12}NO_4PS$	1113-02-6	3018	
218	O-乙基-O-2,4,5-三氯苯基乙基硫代磷酸酯(含量>30%)*	毒壤磷;壤虫磷	O-Ethyl-O-2, 4, 5-trichlorophenyl ethylphosphonothioate	Trichloronate; Fenophosphon	$C_{10}H_{12}Cl_3O_2PS$	327-98-0	3018	
219	O-[2,5-二氯-4-(甲硫基)苯基]-O,O-二乙基硫代磷酸酯	氯甲硫磷;西拉硫磷	O-[2, 5-dichloro-4-(methylthio) phenyl]-O,O-diethyl phosphorothioate	Chlorthiophos; Ceiathion	$C_{11}H_{15}Cl_2O_3PS_2$	21923-23-9	3018	
220	S-{2-[(1-氰基-1-甲基乙基)氨基]-2-氧代乙基}-O,O-二乙基硫代磷酸酯	果虫磷;腈果	S-{2-[(1-Cyano-1-methylethyl) amino]-2-oxoethyl}-O, O-diethyl phosphorothioate	Cyanthoate; Tartan	$C_{10}H_{19}N_2O_4PS$	3734-95-0	3018	
221	O,O-二乙基-O-吡嗪基硫代磷酸酯(含量>5%)*	治线磷;治线灵;硫磷嗪;嗪线磷	O, O-Diethyl-O-pyrazinylphosphorothioate	Thionazin; Zinophos; Nemafos	$C_8H_{13}N_2O_3PS$	297-97-2	3018	
222	O,O-二甲基-O-或S-[2-(甲硫基)乙]硫代磷酸酯	田乐磷	O, O-Dimethyl-O-orS-[2-(methylthion) ethyl] phosphorothioate	Cymetox; Dcmephion	$C_5H_{13}O_3PS_2$	2587-90-8	3018	
223	二甲基-4-(甲基硫代)苯基磷酸酯	甲硫磷;GC6505	Dimethyl-4-(methylthio) phenyl phosphate	Dimethyl-p-(methylthiofevey)fosfat; GC6505	$C_9H_{13}O_4PS$	3254-63-5	3018	
224	O, O-二乙基-S-[(乙硫基)甲基]二硫代磷酸酯(含量>2%)*	甲拌磷;3911;西梅脱	O, O-Diethyl-S[(ethylthio) methyl]-phosphorodithioate	Thimet; Timet; phorate; Cyanamid-3911; AC-3911	$C_7H_{17}O_2PS_3$	298-02-2	3018	Ⅲ

续表

序号	中文名称		英文名称		分子式	CAS 号	UN 号	受限范围
	化学名	别名	化学名(英文)	别名(英文)				
225	*O*,*O*-二乙基-*S*-[2-(乙硫基)乙基]二硫代磷酸酯（含量>15%）*	乙拌磷；敌死通	*O*,*O*-Diethyl *S*-[(2-(ethylthio) ethyl dithiophosphate]	Disulfoton; Dithiodemeton	$C_8H_{19}O_2PS_3$	298-04-4	3018	
226	*S*-{[(4-氯苯基)硫代]甲基}-*O*,*O*-二乙基二硫代磷酸酯（含量>20%）*	三硫磷；三赛昂	*S*-{[(4-Chlorophenyl} thio] methyl}-*O*, *O*-diethyl phosphorodithioate	Carbophenothion; Trithion	$C_{11}H_{16}ClO_2PS_3$	786-19-6	3018	
227	*S*-{[(1,1-二甲基乙基)硫化]甲基}-*O*,*O*-二乙基二硫磷酸酯	特丁磷；特丁硫磷	*S*-{[(1, 1-Dimethylethyl) thio] methyl}-*O*,*O*-diethyl phosphorodithioate	Terbufos	$C_9H_{21}O_2PS_3$	13071-79-9	3018	Ⅲ
228	*O*-乙基-*S*-苯基乙基二硫代磷酸酯（含量>6%）*	地虫磷；地虫硫磷	*O*-Ethyl-*S*-phenyl ethyldithiophosphonate	Fonofos; Dyfonate	$C_{10}H_{15}OPS_2$	944-22-9	3018	Ⅲ
229	*O*,*O*,*O*,*O*-四乙基-*S*,*S*′-亚甲基双(二硫代磷酸酯)（含量>25%）*	乙硫磷；1240 蚜螨立死；益赛昂；易赛昂；乙赛昂；蚜螨	*O*, *O*, *O*, *O*-Tetraethyl-*S*, *S*′-methyleneid(phosphorodithioate)	Ethion; Ethiol 100; FMC-1240	$C_9H_{22}O_4P_2S_4$	563-12-2	3018	
230	*S*-氯甲基-*O*,*O*-二乙基二硫代磷酸酯（含量>15%）*	氯甲磷；灭尔磷	*S*-chloromethgl-*O*, *O*-dieting phosphorcdithioate	Chlormephos; Dotan	$C_5H_{12}ClO_2PS_2$	24934-91-6	3018	

续表

序号	中文名称		英文名称		分子式	CAS号	UN号	受限范围
	化学名	别名	化学名(英文)	别名(英文)				
231	S-(N-乙氧羰基-N-甲基氨基甲酰甲基)O,O-二乙基二硫代磷酸酯(含量>30%)*	灭蚜磷;灭蚜硫磷	S-(N-Ethoxycarbony-N-methyl carbamoylmethyl) O, O-diethyl phosphorodithioate	Mecarbam; Murotox; Murfotox	$C_{10}H_{20}NO_5PS_2$	2959-54-2	3018	
232	二乙基(4-甲基-1,3-二硫戊环-2-叉氨基)磷酸酯(含量>5%)*	地安磷;二噻磷	Diethyl (4-methyl-1, 3-dithiolan-2-ylidene) phosphoroamidate	Mephosfolan; Cytrolane	$C_8H_{16}NO_3PS_2$	950-10-7	3018	
233	O,O-二乙基-S-(乙基亚砜基甲基)二硫代磷酸酯	保棉丰;甲拌磷亚砜;异亚砜;3911亚砜	O,O-Diethyl-S-(ethylsulfinylmethyl) phosphorodithionate	Thimet sulfoxide; phrate sulfoxide	$C_7H_{17}O_3PS_3$	2588-03-6	3018	
234	O,O-二乙基-S-(N-异丙基氨基甲酰甲基)二硫代磷酸酯(含量>15%)*	发果;亚果;乙基乐果	O, O-Diethyl S-(-N-isoprpylcarbamoylmethyl)dithiophosphate	Prothoate; Trimethoate	$C_9H_{20}NO_3PS_2$	2275-18-5	3018	
235	O,O-二乙基-S-[2-(乙基亚硫酰基)乙基]二硫代磷酸酯(含量>5%)*	砜拌磷;乙拌磷亚砜	O, O-Diethyl-S-(2-(ethylsulfinyl) ethyl) phosphorodithioate	Oxydisulfoton; Disyston sulfoxide	$C_8H_{19}O_3PS_3$	2497-07-6	3018	
236	1,4-二噁烷-2,3-二基-S,S′-双(O,O-二乙基二硫代磷酸酯)(含量>40%)*	敌杀磷;敌噁磷;二噁硫磷	1, 4-Dioxan-2, 3diyl-S, S′-bis (O, O-diaethyl-dithlophosphat)	Diowathion; Delnatex; Delcar	$C_{12}H_{26}O_6P_2S_4$	78-34-2	3018	

续表

序号	中文名称		英文名称		分子式	CAS号	UN号	受限范围
	化学名	别名	化学名(英文)	别名(英文)				
237	双(二甲氨基)氟代磷酰(含量＞2%)*	甲氟磷;四甲氟	Bis (dimethylamino) fluorophosphine oxide	Dimefox;Pestox14	$C_4H_{12}FN_2OP$	115-26-4	3018	
238	二甲基-1,3-亚二硫戊环-2-基磷酰胺酯	甲基硫环磷	Dimethyl-1,3-dithiolan-2-ylidene phosphoroamidate	Phosfolan-methyl	$C_5H_{10}NO_3PS_2$		3018	Ⅲ
239	*O*,*O*-二乙基-*N*-(1,3-二噻丁环-2-亚基磷酰胺)	伐线丹;丁硫环磷	*O*,*O*-diethyl 1,3-dithietan-2-ylidene phosphoramidate	Fosthietan;Geofos	$C_6H_{12}NO_3PS_2$	21548-32-3	3018	
240	八甲基焦磷酰胺	八甲磷;希拉登	Octamethyl diphosphoramide	Schradan; Octamethyl	$C_8H_{24}N_4O_3P_2$	152-16-9	3018	
241	*S*-[2-氯-1-(1,3-二氢-1,3-二氧代-2*H*-异吲哚-2-基)乙基]-*O*,*O*-二乙基二硫代磷酸酯	氯亚磷;氯甲亚胺硫磷	*S*-[2-chloro-1-(1,3-dihydro-1,3-dioxo-2*H*-isoindol-2-yl) ethyl]-*O*,*O*-diethyl phosphorodithioate	Dialifos;Torak	$C_{14}H_{17}ClNO_4PS_2$	10311-84-9	2783	
242	*O*-乙基-*O*-(3-甲基-4-甲硫基)苯基-*N*-异丙氨基磷酸酯	苯线磷;灭线磷;力满库;苯胺磷;克线磷	*O*-Ethyl-*O*-(3-methyl-4-methylthio)phenyl-*N*-isopropylaminophosphate	Fenamiphos; Phenamiphos;ethoprophos	$C_{13}H_{22}NO_3PS$	22224-92-6	3018	Ⅲ
243	*O*,*O*-二甲基-对硝基苯基磷酸酯	甲基对氧磷	*O*, *O*-Dimetyl-*O*-*p*-nitrphenylphosphate	Methyl paraoxon	$C_8H_{10}NO_6P$	950-35-6	3018	
244	*S*-[2-(二乙氨基)乙基]*O*,*O*-二乙基硫赶磷酸酯	胺吸磷;阿米吨	*S*-[2-(diethylamino) ethyl]*O*,*O*-Diethylphosphorothioate	Amiton;Metramac	$C_{10}H_{24}NO_3PS$	78-53-5	3018	

续表

序号	中文名称		英文名称		分子式	CAS号	UN号	受限范围
	化学名	别名	化学名(英文)	别名(英文)				
245	*O*,*O*-二乙基-*O*-(2-氟乙烯基)磷酸酯	敌敌磷;棉花宁	*O*, *O*-Diethyl-*O*-(2-chlorovinyl)-phosphate	Compourd 1836; Shell OS 1836	$C_6H_{12}ClO_4P$	311-47-7	2784	
246	*O*,*O*-二乙基-*O*-(2,2-二氟 1-*β*-氯乙氧基乙烯基)-磷酸酯	福太农;彼氧磷	*O*, *O*-Diethyl-*O*-(2,2-dichloro-1-beta-chloroethoxyvinyl) phosphate	Phosphinon; Phosthenon	$C_8H_{14}Cl_3O_5P$	67329-01-5	2784	
247	*O*,*O*-二乙基-*O*-(4-甲基香豆素基-7)硫代磷酸酯	扑打杀;扑打散	*O*, *O*-Diethyl-*O*-(4-methylumbelliferone) phosphorothioate	Potasan	$C_{14}H_{17}O_5PS$	299-45-6	2811	
248	*S*-[2-(乙基亚磺酰基)乙基]-*O*,*O*-二甲基硫代磷酸酯	砜吸磷;甲基内吸磷亚砜	*S*-(2-(Ethylsulfinyl)ethyl)*O*,*O*-dimethylphosphorothioate	Oxydemetonmethyl; Demeton-S-methyl-sulfoxid; Metasystemox	$C_6H_{15}O_4PS_2$	301-12-2	3018	
249	*O*,*O*-二-4-氯苯基-*N*-亚氨逐乙酰基硫逐磷酰胺酯	毒鼠磷	*O*, *O*-Di-4-Chlorophenyl-*N*-acetimidoylphosphoramidothioate	Phosazetim; Phosacetim	$C_{14}H_{13}Cl_2N_2O_2PS$	4104-14-7	2783	
250	*O*,*O*-二乙基-*O*-(6-二乙胺次甲基-2,4-二氯)苯基硫代磷酸酯盐酸盐	除鼠磷 206	*O*, *O*-Diethyl-*O*-(6-diethylaminomethylene-2, 4-dichloro) phenylphosphorathioate hydrochloric acid salt	Dededeab-206	$C_{15}H_{24}Cl_2NPSO_3 \cdot HCl$		2588	
251	四磷酸六乙酯	乙基四磷酸酯	Hexaethyl tetraphosphate	Ethyl tetraphosphate	$C_{12}H_{30}O_{13}P_4$	757-58-4	1611	

续表

序号	中文名称		英文名称		分子式	CAS号	UN号	受限范围
	化学名	别名	化学名(英文)	别名(英文)				
252	*O*,*O*-二甲基-*O*-(2,2-二氯)-乙烯基磷酸酯(含量>80%)*	敌敌畏	*O*, *O*-Dimethyl-*O*-(2, 2-dichloro) vinylphosphate	Dichlorvos;DDVP	$C_4H_7Cl_2O_4P$	62-73-7	3018	
253	*O*,*O*-二甲基-*O*-(3-甲基-4-硝基苯基)硫代磷酸酯(含量>10%)*	杀螟硫磷;杀螟松;杀螟磷;速灭虫;速灭松;苏米松;苏米硫磷	*O*, *O*-Dimethyl-*O*-(3-methyl-4-nitrophenyl) thiophosphate	Fenitrothion; Sumithion; Folithion	$C_9H_{12}NO_5PS$	122-14-5	3018	
254	*O*,*O*-二乙基-*O*-1-苯基-1,2,4-三唑-3-基硫代磷酸酯	三唑磷;三唑硫磷	*O*, *O*-Diethyl-*O*-1-phenyl-1, 2, 4-triazol-3-yl-phosphorothioate	Triazophos; Hostathion	$C_{12}H_{16}N_3O_3PS$	24017-47-8	3018	
255	*S*-2-乙基硫代乙基-*O*,*O*-二甲基二硫代磷酸酯	甲基乙拌磷;二甲硫吸磷;M-81,蚜克丁	*S*-2-Ethylthioethyl-*O*, *O*-dimethyl phosphorodithioate	Thiometon;Ekatin;Intrathion	$C_6H_{15}O_2PS_3$	640-15-3	3018	
256	*S*-α-乙氧基羰基苄基-*O*,*O*-二甲基二硫代磷酸酯	稻丰散;甲基乙酯磷;益尔散;S－2940;爱尔散;益尔散	*S*-α-Ethoxycarbonylbenzyl-*O*, *O*-dimethyl phosphorodithioate	Phenthoate; Papthion; Elsan; S-2940; Tanone; Cidial	$C_{12}H_{17}O_4PS_2$	2597-03-7	2783 3018	
257	*O*,*O*-二甲基-*S*-[1,2-二(乙氧基羰基)乙基]二硫代磷酸酯	马拉硫磷;马拉松;马拉赛昂	*O*, *O*-Dimethyl-*S*-[1, 2-di (ethoxyl-carbonyl) ethyl] phosphorodithioate	Malathion; Forthion; Carbofos	$C_{10}H_{19}O_6PS_2$	121-75-5	3018	
258	*O*,*O*-二乙基-*S*-(对硝基苯基)硫代磷酸酯	硫代磷酸*O*,*O*-二乙基-*S*-(4-硝基苯基)酯	*O*, *O*-Diethyl-*S*-(*p*-nitrophenyl) Phosphate	Parathion *S*; *S*-Phenyl parathion; Phosphorothioic acid, *O*, *O*-diethyl-*S*-(4-nitrophenyl) ester	$C_{10}H_{14}NO_5PS$	3270-86-8	3018	

续表

序号	中文名称		英文名称		分子式	CAS号	UN号	受限范围
	化学名	别名	化学名(英文)	别名(英文)				
259	3,3-二甲基-1-(甲硫基)-2-丁酮-O-(甲基氨基)碳酰肟	己酮肟威;敌克威;庚硫威;特氨叉威;久效威;肟吸威	3, 3-Dimethyl-1-(methylthio)-2-butanone-O-(methylamino)carbonyl oxime	Thiofanox;Dacamox	$C_9H_{18}N_2O_2S$	39196-18-4	2771	
260	4-二甲基氨基间甲苯基甲基氨基甲酸酯	灭害威	4-Dimethyl amino-mtolyl methylcarbamate	Aminocarb;Aminocarbe;Mitacl	$C_{11}H_{16}N_2O_2$	2032-59-9	2757	
261	1-(甲硫基)亚乙基氨甲基氨基甲酸酯(含量>30%)*	灭多威;灭多虫;灭索威;乙肟威	1-(Methylthio)cthylideneamino methylcarbamate	Methomyl;Lannate;Dupont 1179;Lannate	$C_6H_{10}N_2O_2S$	16752-77-5	2771	
262	2,3-二氢-2,2-二甲基-7-苯并呋喃基-N-甲基氨基甲酸酯(含量>10%)*	克百威;呋喃丹;卡巴呋喃;虫螨威	2, 3-Dihydro-2, 2-dimethyl-7-benzofuranyl-N-methyl carbamate	Carbofuran;Furadan;Diafuran	$C_{12}H_{15}NO_3$	1563-66-2	2757	Ⅲ
263	4-二甲氨基-3,5-二甲苯基-N-甲基氨基甲酸酯(含量>25%)*	自克威;兹克威	4-Dimethylamino-3,5-xylyl-N-methylcarbamate	Mexacarbate;Zectran	$C_{12}H_{18}N_2O_2$	315-18-4	2757	
264	3-二甲胺基甲撑亚氨基苯基-N-甲氨基甲酸酯(或盐酸盐)(含量>40%)*	伐虫脒;抗螨脒	3-Dimethylaminomethyl eneiminophenyl-N-methylcarbamate, orhydrochloride	Formetanate hydrochloride;Carzol	$C_{11}H_{15}N_3O_2 \cdot HCl$	23422-53-9	2757	
265	2-氰乙基-N-{[(甲氨基)羰基]氧基}硫代乙烷亚氨	抗虫威;多防威	2-Cyanoethyl-N-{[(methylamino)carbonyl]oxy}ethanimidothioate	Thiocarbonime;Talcord	$C_7H_{11}N_3O_2S$	25171-63-5	2771	

续表

序号	中文名称		英文名称		分子式	CAS 号	UN 号	受限范围
	化学名	别名	化学名(英文)	别名(英文)				
266	挂-3-氯桥-6-氰基-2-降冰片酮-*O*-(甲基氨基甲酰基)肟	肟杀威;棉果威	Exo-3-Chloro-endo-6-cyano-2-norbornanone-*O*-(methylcarbamoyl)oxime	Tranid	$C_{10}H_{12}ClN_3O_2$	15271-41-7	2757	
267	3-异丙基苯基-*N*-氨基甲酸甲酯	间异丙威;虫草灵;间位叶蝉散	3-Isopropylphenyl-*N*-methylcarbamate	*m*-Cumenyl methylcarbamate; Compound 10854; HIP	$C_{11}H_{15}NO_2$	64-00-6	2757	
268	*N*,*N*-二甲基-α-甲基氨基甲酰基氧代亚氨-α-甲硫基乙酰胺	杀线威;草肟威;甲氨叉威	*N*, *N*-Dimethyl-α-methylcarbamoyloxyimino-α-(methylthio)acetamide	Oxamyl; Vydate; Thioxamyl	$C_7H_{13}N_3O_3S$	23135-22-0	2757	
269	2-二甲基氨基甲酰基-3-甲基-5-吡唑基*N*,*N*-二甲基氨基甲酸酯(含量>50%)*	敌蝇威	2-Dimethylcar-bamoyl-3-methyl-5-pyrazolyl-*N*, *N*-dimethylcarbamate	Dimetilan; Snipfly	$C_{10}H_{16}N_4O_3$	644-64-4	2757	
270	*O*-(甲基氨基甲酰基)-2-甲基-2-甲硫基丙醛肟	涕灭威;丁醛肟威;涕灭克;铁灭克	*O*-(Methylcarbamonyl) 2-methyl-2-(methylthio) propionaldehyde oxime	Aldicarb; Temik	$C_7H_{14}N_2O_2S$	116-06-3	2771	Ⅲ
271	4,4-二甲基-5-[〈(甲基氨基甲)酰氧〉亚氨基]戊腈	腈叉威;戊氰威	4, 4-dimethyl-5-[(((methylamino) carbonyl) oxy) imino] pentanenitrile	Nitrilcarb	$C_9H_{15}Cl_2N_3O_2$	58270-08-9	2757	

续表

序号	中文名称		英文名称		分子式	CAS 号	UN 号	受限范围
	化学名	别名	化学名(英文)	别名(英文)				
272	2,3-(异丙撑二氧)苯基-*N*-甲基氨基甲酸酯(含量>65%)*	恶虫威;苯恶威	2,3-(Isopropylidenedioxy)phenyl-*N*-methylcarbamate	Bendiocarb; Multamat; Garvox	$C_{11}H_{13}NO_4$	22781-23-3	2757	
273	1-异丙基-3甲基-5-吡唑基-*N*,*N*-二甲基氨基甲酸酯(含量>20%)*	异索威;异兰;异索兰	1-Isopropyl-3-methyl-5-pyrazoly-*N*,*N*-dimethylcarbamate	Isolan; Primin	$C_{10}H_{17}N_3O_2$	119-38-0	2992	
274	*α*-氰基-3-苯氧苄基-2,2,3,3四甲基环丙烷羧酸酯(含量>20%)*	甲氰菊酯;农螨丹、灭扫利	*α*-Cyano-3-phenoxybenzyl-2,2,3,3-tetramethyl cyclopropanecarboxylate	Meothrin; WL41706; Fenpropanate; Danitol; Rody; OMS 1999; S3206	$C_{22}H_{23}NO_3$	39515-41-8	2588	
275	*α*-氰基-苯氧苄基(1*R*,3*R*)-3-(2,2-二溴乙烯基)-2,2-二甲基环丙烷羧酸酯	溴氰菊酯;敌杀死;凯素灵、凯安宝、天马、骑士、金鹿、保棉丹、康素灵、增效百虫灵	*α*-Cyano-phenoxybenzyl(1*R*,3*R*)-3-(2,2-dibromoethenyl)-2,2-dimethyl cylcopropane carboxylate	Deltamethrin; Decis; Decamethrin	$C_{22}H_{19}Br_2NO_3$	52918-63-5	2588	
276	*β*-[2-(3,5-二甲基-2-氧代环己基)-2-羟基乙基]-戊二酰亚胺	放线菌酮;放线酮;农抗101	*β*-[2-(3,5-Dimethyl-2-oxocyclhexyl)-2-hydroxyethyl] glutarimide	Cycloheximide; ActiAid; Actispray; Aktidion; Naramycin A	$C_{15}H_{23}NO_4$	66-81-9	2588	
277	2,4-二硝基-3-甲基-6-叔丁基苯基乙酸酯(含量>80%)*	地乐施;甲基特乐酯	2,4-Dinitro-3-methyl-6-tert-butylphenylacetate	Medinoterb acetate; Herbicide; MC1488; P1488	$C_{13}H_{16}N_2O_6$	2487-01-6	2779	

续表

序号	中文名称		英文名称		分子式	CAS 号	UN 号	受限范围
	化学名	别名	化学名(英文)	别名(英文)				
278	2-(1,1-二甲基乙基)-4,6-二硝酚(含量>50%)*	特乐酚;二硝叔丁酚;异地乐酚;地乐硝酚	2-(1,1-Dimethylethyl)-4,6-dinitrophenol	Dinoterb; Basanite; Caldon; Contax; Dinosol; Dinitro; Herbogil	$C_{10}H_{12}N_2O_5$	1420-07-1	2779	
279	3-(1-甲基-2-四氰吡咯基)吡啶硫酸盐	硫酸化烟碱	3-(1-Methyl-2-pyrrolidyl)pyrdine sulfate	Nicotine sulfate	$C_{20}H_{28}N_4 \cdot SO_4$	65-30-5	1658	
280	2-(1-甲基丙基)-4,6-二硝酚(含量>5%)*	地乐酚;二硝(另)丁酚;二仲丁基-4,6-二硝基苯酚	2-(1-Methylpropyl)-4,6-dinitrophenol	Dinoseb; Basanite; 2-sec-butyl-4, 6-dinitrophenol	$C_{10}H_{12}N_2O_5$	88-85-7	2779	
281	4-(二甲胺基,苯重氮磺酸钠	敌磺钠;敌克松;对二甲基氨基苯重氮磺酸钠;地爽;地可松	Sodium [4-dimethylamino]phenyl diazenesulfonate	Fenaminosulf; Dexoxon; Phenaminosulf	$C_8H_{10}N_3O_3SNa$	140-56-7	2588	
282	2,4,6-三亚乙基氨基-1,3,5-三嗪	三亚乙基密胺;不膏津	2,4,6-Tri(ethyleneimino)-1,3,5-triazine	Tretamine; Triaethylenmelamin Trisaziridinyl triazine	$C_9H_{12}N_6$	51-18-3	3249	
283	二硫代焦磷酸四乙酯	治螟磷;硫特普;触杀灵;苏化 203;治螟灵	Tetraethyl dithiopyrophosphate	Sulfotepp; Bladafume; Dithiophos	$C_8H_{20}O_5P_2S_2$	3689-24-5	1704	Ⅲ
284	硫酸(二)甲酯	硫酸甲酯	Dimethyl sulphate	Methyl sulfate	$C_2H_6O_4S$	77-78-1	1595	
285	6,7,8,9,10,10-六氯-1,5,5a,6,9,9a-六氢-6,9-甲撑-2,4,3-苯丙二氧硫庚-3-氧化物(含量>80%)*	硫丹;1,2,3,4,7,7-六氯双环[2,2,1]庚烯-(2)-双羟甲基-5,6-亚硫酸酯	6,7,8,9,10,10-Hexachloro-1,5,5a,6,9,9a-hexahydro-6,9-methano-2,4,3-benzodioxathiepin-3-oxide	Endosulfan; Benzoepin	$C_9H_6Cl_6O_3S$	115-29-7	2761	

续表

序号	中文名称		英文名称		分子式	CAS号	UN号	受限范围
	化学名	别名	化学名(英文)	别名(英文)				
286	乙酸苯汞	赛力散；裕米农；龙汞	Phenylmercury acetate	Acetoxyphenylmercury; Phenyl mercuricacetate; PMA(fumgicide)	$C_8H_8HgO_2$	62-38-4	1674	
287	氯化乙基汞	西力生	Ethylmercury chloride	Ceresan	C_2H_5ClHg	107-27-7	2025	
288	磷酸二乙基汞	谷乐生；谷仁乐生；乌斯普龙汞制剂	Di(ethyl mercuric) phosphate	Ethylmercury phosphate; Ceresan NI; Soilsin; EMP	$C_2H_7HgO_4P$	2235-25-8	2025	
289	乳酸苯汞三乙醇铵		Phenylmercuric triethanolammonium lactate	Puraturf	$C_{12}H_{20}HgNO_3 \cdot C_3H_5O_3$	23319-66-6	2026	
290	氰胍甲汞	氰甲汞胍	Mcthylmercuric Cyanoguanidine	Panogen; Morsodren	$C_3H_6HgN_4$	502-39-6	2025	
291	氟乙酸胺	敌蚜胺；氟素儿	Fluoroacetamide	Fussol	C_2H_4FNO	640-19-7	2811	
292	2-氟乙酰苯胺	灭蚜胺	2-Fluoroacet anilide	Fluoroacetanilide	C_8H_8FNO	330-68-7	2588	
293	氟乙酸-2-苯酰肼	法尼林	Fluoroacetic acid2-phenylhydrazide	Fanyline; Fluoroacetphenylhydrazide	$C_8H_9FN_2O$	2343-36-4	2588	
294	二氯四氟丙酮	对称二氯四氟丙酮；敌锈酮；1,3-二氯-1,1,3,3-四氟-2-丙酮	Dichlorotetrafluoroacetone	*s ym*-Dichlorotetrafluoroacetone; 1, 3-Dichloro-1, 1, 3, 3-tetraflouoro-2-propanone	$C_3Cl_2F_4O$	127-21-9	2810	
295	三苯基羟基锡(含量＞20%)*	毒菌锡	Triphenyltin hydroxide	Fentin hydroxide	$C_{18}H_{16}OSn$	76-87-9	2786	

续表

序号	中文名称		英文名称		分子式	CAS号	UN号	受限范围
	化学名	别名	化学名(英文)	别名(英文)				
296	1,2,3,4,10,10-六氯-1,4,4a,5,8,8a-六氢-1,4,5,8-桥,挂-二亚甲基萘（含量＞75%）*	艾氏剂；化合物-118；六氯-六氢-二甲撑萘	1,2,3,4,10,10-Hexachloro-1,4,4a,5,8,8a-hexahydro-exo-1,4-endo-5,8-dimeth anonaphthalene	Aldrin；Compound118；Hexachlorohexahydroendo-exo-dimethanonaphthalene	$C_{12}H_8Cl_6$	309-00-2	2761	Ⅱ
297	1,2,3,4,10,10-六氯-1,4,4a,5,8,8a-六氢-1,4-挂-5,8-挂二亚甲基萘（含量＞10%）*	异艾氏剂	1,2,3,4,10 ,10-Hexachloro-1,4,4a,5,8,8a-hexahydro-endo-1,4-endo-5,8-dimethanonaphthalene	Isodrin	$C_{12}H_8Cl_6$	465-73-6	2761	
298	1,2,3,4,10,10-六氯-6,7-环氧-1,4,4a,5,6,7,8,8a-八氢-1,4-桥-5,8-二亚甲基萘	狄氏剂；化合物-497	1,2,3,4,10,10-Hexachloro-6,7-epoxy-1,4,4a,5,6,7,8,8a-octahydro-endo-1,4-exo-5, 8-dimethanonaphthalene	Dieldrin；Compund 497	$C_{12}H_8Cl_6O$	60-57-1	2761	Ⅱ
299	1,2,3,4,10,10-六氯-6,7-环氧-1,4,4a,5,6,7,8,8a-八氢-1,4-挂-5,8-挂二亚甲基萘(含量＞5%)*	异狄氏剂	1,2,3,4,10,10-Hexachloro-6, 7-epoxy-1,4,4a,5,6,7,8, 8a-octahydroendo-1,4-exo-5,8-dimethanona-phthalene	Endrin	$C_{12}H_8Cl_6O$	72-20-8	2761	
300	1,2,3,4,5,6,7,8,8-八氯-1,3,3a,4,7,7a-六氢-4,7-甲撑异苯并呋喃（含量＞1%）*	碳氯灵；八氯六氢亚甲基异苯并呋喃；碳氯特灵	1,3,4,5,6,8,8-Octachloro-1,3,3a,4,7,7a-hexahydro-4, 7-methanoisobenzofuran	Isobenzan；Octachloro-hexan ydromethanoisobenzofuran	$C_9H_4Cl_8O$	297-78-9	2761	

续表

序号	中文名称		英文名称		分子式	CAS号	UN号	受限范围
	化学名	别名	化学名(英文)	别名(英文)				
301	1,4,5,6,7,8,8-七氯-3a,4,7,7a-四氢-4,7-甲撑-H-茚(含量>8%)*	七氯;七律化茚	1,4,5,6,7,8,8-Heptachloro-3a,4,7,7a-tetrahydro-4, 7-Methano-1H-indene	Heptachlore; Drinox; Heptachlorodicyclo pentadiene	$C_{10}H_5Cl_7$	76-44-8	2761	I
302	五氯苯酚(含量>5%)*	五氯酚	Pentachlorophenol	PCP	C_6HCl_5O	87-86-5	3155	I
303	五氯酚钠		Sodium pentachlorophenol	Pentachlorophenols odium	C_6Cl_5ONa	131-52-2	2567	
304	八氯莰烯(含量>3%)*	毒杀芬;氯化莰	Octachlorocamphene	Campheechlor; Toxaphene	$C_{10}H_{10}Cl_8$	8001-35-2	2761	I
305	3-(α-乙酰甲基糠基)-4-羟基香豆素(含量>80%)*	克灭鼠;呋杀鼠灵;克杀鼠	3-(α-Acetonylfurfuryl)-4-hydroxycoumarin	Coumafuryl; Fumarin; Krumkil; Lurat; Ratafin; Tomarin	$C_{17}H_{14}O_5$	117-52-2	3027	
306	3-(1-丙酮基苄基)-4-羟基香豆素(含量>2%)*	杀鼠灵;华法灵;灭鼠灵	3-(1-Acetonylbenzyl)-4-hydroxy coumarin	Warfarin; Warfarat	$C_{19}H_{16}O_4$	81-81-2	3027	
307	4-羟基-3-(1,2,3,4-四氢-1-萘基)香豆素	杀鼠迷;立克命	4-Hydroxy-3-(1,2,3,4-tetrahydro-1-naphthyl)-cumarin	Coumatetralyl; Racumin	$C_{19}H_{16}O_3$	5836-29-3	3027	
308	3-[3-(4′-溴联苯-4-基)-1,2,3,4-四氢-1-萘基]-4-羟基香豆素	溴联苯杀鼠迷;大隆杀鼠剂;大隆;溴敌拿鼠;溴鼠隆	3-[3-(4′-Bromobiphenyl-4-yl)-1,2,3,4-tetrahydro-1-naphthaleny]-4-bydroxycoumarin	Brodifacoum; Talon; Klerat; Volid	$C_{31}H_{23}BrO_3$	56073-10-0	3027	

续表

序号	中文名称		英文名称		分子式	CAS号	UN号	受限范围
	化学名	别名	化学名(英文)	别名(英文)				
309	3-(3-对二苯基-1,2,3,4-四氢萘基-1-基)-4-羟基-2*H*-1-苯并吡喃-2-酮	敌拿鼠;鼠得克;联苯杀鼠奈	3-(3-*p*-Diphenyl-1,2,3,4-tetrahydronaphthalene-1-yl)-4-hydroxy-2*H*-1-benzopyran-2-one	Difenacoum;Ratak;Neosorexa	$C_{31}H_{24}O_3$	56073-07-5	3027	
310	3-吡啶甲基-*N*-(对硝基苯基)-氨基甲酸酯	灭鼠安	3-Pyridylmethyl-*N*-(*p*-nitrophenyl)carbamate	RH945	$C_{13}H_{11}N_3O_4$	51594-83-6	2757	
311	2-(2,2-二苯基乙酰基)-1,3-茚满二酮(含量>2%)*	敌鼠;野鼠净	2-(2,2-Diphenylacetyl)-1,3-indandione	Diphacinone;Diphacin	$C_{23}H_{16}O_3$	82-66-6	2588	
312	2-[2-(4-氯苯基)-2-苯基乙献基]茚满-1,3-二酮(含量>4%)*	氯鼠酮;氯敌鼠	2-[2-(4-Chlorophenyl)-2-phenyl-acetyl]indane-1,3-dione	Chlorophacinone;liphadione	$C_{23}H_{15}ClO_3$	3691-35-8	2761	
313	3,4-二氯苯偶氮硫代氨基甲酰胺	普罗米特;灭鼠丹;扑灭鼠	3,4-Dichlorobenzenediazothiocarbamid	Muritan;Promurit	$C_7H_6Cl_2N_4S$	5836-73-7	2757	
314	1-(3-吡啶基甲基)-3-(4-硝基苯基)脲	灭鼠优;抗鼠灵,抗鼠灭	1-(3-Pyridinylmethyl)-3-(4-nitrophenyl)urea	Pyrinuron; Pyriminl; Vacor	$C_{13}H_{12}N_4O_3$	53558-25-1	2588	
315	1-萘基硫脲	安妥;α-萘基硫脲	1-Naphthalenylthiourea	Antu; α-Naphthyl thiourea	$C_{11}H_{10}N_2S$	86-88-4	1651	
316	2,6-二噻-1,3,5,7-四氮三环-[3,3,1,1,3,7]癸烷-2,2,6,6-四氧化物	没鼠命;毒鼠强;四二四	2,6-Dithia-1,3,5,7-terazatrcyclo-[3,3,1,1,3,7]decane-2,2,6,6-tetraoxide	Tetramethylenedisulphotetramine;NSC172824	$C_4H_8N_4O_4S_2$	80-12-6	2588	Ⅱ

续表

序号	中文名称		英文名称		分子式	CAS 号	UN 号	受限范围
	化学名	别名	化学名(英文)	别名(英文)				
317	2-氯-4-二甲氨基-6-甲基嘧啶(含量＞2%)*	鼠立死;杀鼠嘧啶	2-Chloro-4-dimethylamino-6-methylpyrimidine	Crimidine;Castrix	$C_7H_{10}ClN_3$	535-89-7	2588	
318	5-(α-羟基-α-2-吡啶基苯基)-7-(α-2-吡啶基苄叉)-5-降冰片烯-2,3-二甲酰亚胺	鼠特灵;鼠克星;灭鼠宁	5-(α-Hydroxy-α-2-pyridylbenzyl)-7-(α-2-pyridyl-benzylidene)-5-norbornene-2, 3-dicarboximide	Norbormide; Reticate;Shoxin	$C_{33}H_{25}N_3O_3$	911-42-4	2588	
319	1-氯-3-氟-2-丙醇与1,3-二氟-2-丙醇的混合物	鼠甘伏;鼠甘氟;甘氟;甘伏;伏鼠醇	1-Chloro-3-fluoro-2-propanol mixt. withl, 3-difluor-2-propanol	Glifor	$C_3H_6ClFO \cdot C_3H_6F_2O$	8065-71-2	2588	Ⅱ
320	4-羟基-3-{1,2,3,4-四氢-3-[4-(4-(三氟甲基)苯基)-1-萘基]}-2H-)苯并吡喃-2-酮	杀它仗	2*H*-1-Benzopyran-2-one,4-hydroxy-3(1, 2, 3, 4-tetrahydro-3-(4-(4-(trifluoromethyl) phenyl) methoxy) phenyl)-1-naphthalenyl)	Stratgem; Storm; Flocoumafen	$C_{23}H_{25}F_3O_4$	90035-08-8	3027	
321	3-[3,4′-溴(1,1′联苯)-4-基]-3-羟基-1-苯丙基-4-羟基-2H-1-苯并吡喃-2-酮	溴敌隆;乐万通	3-[3, 4′-Bromo(1, 1′-biphenyl)-4-yl]-3-hydroxy-1-phenylpropyl-4-hydroxy-2*H*-1-benzopyran-2-one	Bromadiolone;Contrac;Maki	$C_{30}H_{23}BrO_4$	28772-56-7	3027	
322	海葱糖甙	红海葱甙	Scilliroside	Silmine	$C_{32}H_{44}O_{12}$	507-60-8	2810	
323	地高辛	地戈辛;毛地黄叶毒苷	Digoxin	Digoxin; Lanoxin; Rougoxin	$C_{41}H_{64}O_{14}$	20830-75-5		

续表

序号	中文名称		英文名称		分子式	CAS号	UN号	受限范围
	化学名	别名	化学名(英文)	别名(英文)				
324	花青甙	矢车菊甙	Cyanine		$C_{12}H_{10}ClN_3S$	581-64-6		
325	甲藻毒素(二盐酸盐)	石房蛤毒素(盐酸盐)	Saxidomus giganteuspoison	Saxitoxin	$C_{10}H_{17}H_7O_4$	35523-89-8		
326	放线菌素D		Actinomycin D	Dactinomycin D	$C_{62}H_{86}N_{12}O_{16}$	50-76-0	3249	
327	放线菌素		Actinomycin	Oncostatin	$C_{14}H_{58}N_8O_{11}$	1402-38-6		
328	甲基狄戈辛		Methyldigoxin	Betamethyb digoxin	$C_{42}H_{66}O_{14}$	30685-43-9		
329	赭曲毒素	棕曲霉毒素	Ochratoxin			37203-43-3		
330	赭曲毒素A	棕曲霉毒素A	Ochratoxin A		$C_{20}H_{18}ClNO_6$	303-47-9		
331	左旋溶肉瘤素	左旋苯丙氨酸氮芥;米尔法兰	Melphalap	Alkeran	$C_{13}H_{18}Cl_2N_2O_2$	148-82-3		
332	抗霉素A		Antimycin A	Antipiricullin; Virosin	$C_{28}H_{40}N_2O_9$	1397-94-0	3172	
333	木防已苦毒素	苦毒浆果[木防已属]	Picrotoxin	Cocculin	$C_{30}H_{34}O_{13}$	124-87-8	1584	
334	镰刀菌酮X		Fusarenon-X		$C_{17}H_{22}O_8$	23255-69-8		
335	丝裂霉素C	自力霉素	Mitomycin C	Ametycin	$C_{15}H_{18}N_4O_5$	50-07-7	3249	

十一、化学品安全标签编写规定
（GB 15258－2009）

（国家质量监督检验检疫总局、国家标准化管理委员会 2009 年 6 月 21 日发布，2010 年 5 月 1 日实施）

前　言

本标准的 4.1、4.2、4.3、5.1、5.2、5.4.1、5.4.2 为强制性的，其余为推荐性的。

本标准对应于联合国《全球化学品统一分类和标签制度》（GHS，第二修订版），与其一致性程度为非等效。

本标准代替 GB 15258—1999《化学品安全标签编写规定》。

本标准与 GB 15258—1999 相比，主要差异如下：

——4.2 中标签内容作了调整；

——5.3 中增加了“标签尺寸”；

——4.3 中增加了“简化标签”；

——调整了附录 A、附录 B、附录 C，根据 GHS 设计了安全标签样例、安全标签与运输标志粘贴样例，提供了不同类别危险化学品的防范说明。

本标准的附录 A、附录 B、附录 C 为资料性附录。

本标准自实施之日起实施过渡期为 1 年。

本标准由全国危险化学品管理标准化技术委员会（SAC/TC 251）提出并归口。

本标准负责起草单位：国家安全生产监督管理总局化学品登记中心。

本标准参加起草单位：中国石油化工股份有限公司青岛安全工程研究院、化学品安全控制国家重点实验室。

本标准主要起草人：纪国峰、李运才、郭秀云、李永兴、李雪华、陈军、彭湘潍、曹永友、张海峰。

本标准所代替标准的历次版本发布情况为：

——GB/T1 5258—1994、GB 15258—1999。

1　范围

本标准规定了化学品安全标签的术语和定义、标签内容、制作和使用要求。

本标准适用于化学品安全标签的编写、制作与使用。

产品安全标签另有标准规定的，例如农药、气瓶等，按其标准执行。

2 规范性引用文件

下列文件中的条款通过本标准的引用而成为本标准的条款。凡是注明日期的引用文件，其随后所有的修改单（不包括勘误的内容）或修订版均不适用于本标准，然而，鼓励根据本标准达成协议的各方研究是否可使用这些文件的最新版本。凡是不注明日期的引用文件，其最新版本适用于本标准。

GB 12268 危险货物品名表

GB 20576 化学品分类、警示标签和警示性说明安全规范 爆炸物

GB 20577 化学品分类、警示标签和警示性说明安全规范 易燃气体

GB 20578 化学品分类、警示标签和警示性说明安全规范 易燃气溶胶

GB 20579 化学品分类、警示标签和警示性说明安全规范 氧化性气体

GB 20580 化学品分类、警示标签和警示性说明安全规范 压力下气体

GB 20581 化学品分类、警示标签和警示性说明安全规范 易燃液体

GB 20582 化学品分类、警示标签和警示性说明安全规范 易燃固体

GB 20583 化学品分类、警示标签和警示性说明安全规范 自反应性物质

GB 20584 化学品分类、警示标签和警示性说明安全规范 自热物质

GB 20585 化学品分类、警示标签和警示性说明安全规范 自燃液体

GB 20586 化学品分类、警示标签和警示性说明安全规范 自燃固体

GB 20587 化学品分类、警示标签和警示性说明安全规范 遇水放出易燃气体的物质

GB 20588 化学品分类、警示标签和警示性说明安全规范 金属腐蚀物

GB 20589 化学品分类、警示标签和警示说明安全规范 氧化性液体

GB 20590 化学品分类、警示标签和警示性说明安全规范 氧化性固体

GB 20591 化学品分类、警示标签和警示性说明安全规范 有机过氧化物

GB 20592 化学品分类、警示标签和警示性说明安全规范 急性毒性

GB 20593 化学品分类、警示标签和警示性说明安全规范 皮肤腐蚀/刺激

GB 20594 化学品分类、警示标签和警示性说明安全规范 严重眼睛损伤/眼睛刺激性

GB 20595 化学品分类、警示标签和警示性说明安全规范 呼吸或皮肤过敏

GB 20596 化学品分类、警示标签和警示性说明安全规范 生殖细胞突变性

GB 20597 化学品分类、警示标签和警示性说明安全规范 致癌性

GB 20598 化学品分类、警示标签和警示性说明安全规范 生殖毒性

GB 20599 化学品分类、警示标签和警示性说明安全规范 特异性靶器官系统毒性 一次接触

GB 20601 化学品分类、警示标签和警示性说明安全规范 特异性靶器官系统毒性 反复接触

GB 20602 化学品分类、警示标签和警示性说明安全规范 对水环境的危害

联合国《关于危险货物运输的建议书 规章范本》

3 术语和定义

下列术语和定义适用于本标准。

3.1

标签 label

用于标示化学品所具有的危险性和安全注意事项的一组文字、象形图和编码组合，它可粘贴、挂拴或喷印在化学品的外包装或容器上。

3.2

标签要素 label element

安全标签上用于表示化学品危险性的一类信息，例如象形图、信号词等。

3.3

信号词 signal word

标签上用于表明化学品危险性相对严重程度和提醒接触者注意潜在危险的词语。

3.4

图形符号 symbol

意在简明地传达安全信息的图形要素。

3.5

象形图 pictagram

由图形符号及其他图形要素，如边框、背景图案和颜色组成，表述特定信息的图形组合。

3.6

危险性说明 hazard statement

对危险种类和类别的说明，描述某种化学品的固有危险，必要时包括危险程度。

3.7

防范说明 precautionary stalement

用文字或象形图描述的降低或防止与危险化学品接触，确保正确储存和搬运的有关措施。

3.8

物理危险 physical hazard

化学品所具有的爆炸性、燃烧性（易燃或可燃性、自燃性、遇湿易燃性）、自反应性、氧化性、高压气体危险性、金属腐蚀性等危险性。

3.9

健康危害 health hazard

根据已确定的科学方法进行研究，由得到的统计资料证实，接触某种化学品对人员健康造成的急性或慢性危害。

3.10

环境危害 environmental hazard

化学品进入环境后通过环境蓄积、生物累积、生物转化或化学反应等方式，对环境产生的危害。

4 标签

4.1 标签要素

包括化学品标识、象形图、信号词、危险性说明、防范说明、应急咨询电话、供应商标识、资料参阅提示语等。

4.2 内容

4.2.1 化学品标识

用中文和英文分别标明化学品的化学名称或通用名称。名称要求醒目清晰，位于标签的上方。名称应与化学品安全技术说明书中的名称一致。

对混合物应标出对其危险性分类有贡献的主要组分的化学名称或通用名、浓度或浓度范围。当需要标出的组分较多时，组分个数以不超过 5 个为宜。对于属于商业机密的成分可以不标明，但应列出其危险性。

4.2.2 象形图

采用 GB 20576～GB 20599、GB 20601～GB 20602 规定的象形图。

4.2.3 信号词

根据化学品的危险程度和类别，用“危险”“警告”两个词分别进行危害程度的警示。信号词位于化学品名称的下方，要求醒目、清晰。根据 GB 20576～GB 20599、GB 20601～GB 20602，选择不同类别危险化学品的信号词。

4.2.4 危险性说明

简要概述化学品的危险特性。居信号词下方。根据 GB 20576～GB 20599、GB 20601～GB 20602，选择不同类别危险化学品的危险性说明。

4.2.5 防范说明

表述化学品在处置、搬运、储存和使用作业中所必须注意的事项和发生意外时简单有效的救护措施等，要求内容简明扼要、重点突出。该部分应包括安全预防措施、意外情况（如泄漏、人员接触或火灾等）的处理、安全储存措施及废弃处置等内容。防范说明详见附录 C。

4.2.6 供应商标识

供应商名称、地址、邮编和电话等。

4.2.7 应急咨询电话

填写化学品生产商或生产商委托的 24h 化学事故应急咨询电话。

国外进口化学品安全标签上应至少有一家中国境内的 24h 化学事故应急咨询电话。

4.2.8 资料参阅提示语

提示化学品用户应参阅化学品安全技术说明书。

4.2.9 危险信息先后排序

当某种化学品具有两种及两种以上的危险性时，安全标签的象形图、信号词、危险性说明的先后顺序规定如下：

4.2.9.1 象形图先后顺序

物理危险象形图的先后顺序，根据 GB 12268 中的主次危险性确定，未列入 GB 12268 的化学品。以下危险性类别的危险性总是主危险：爆炸物、易燃气体、易燃气溶胶、氧化性气体、高压气体、自反应物质和混台物、发火物质、有机过氧化物。其他主危险性的确定按照联合国《关于危险货物运输的建议书规章范本》危险性先后顺序确定方法确定。

对于健康危害，按照以下先后顺序：如果使用了骷髅和交叉骨图形符号，则不应出现感叹号图形符号；如果使用了腐蚀图形符号，则不应出现感叹号来表示皮肤或眼睛刺激；如果使用了呼吸致敏物的健康危害图形符号，则不应出现感叹号来表示皮肤致敏物或者皮肤/眼睛刺激。

4.2.9.2 信号词先后顺序

存在多种危险性时。如果在安全标签上选用了信号词“危险”，则不应出现信号词“警告”。

4.2.9.3 危险性说明先后顺序

所有危险性说明都应当出现在安全标签上，按物理危险、健康危害、环境危害顺序排列。

4.3 简化标签

对于小于或等于 100 mL 的化学品小包装，为方便标签使用，安全标签要素可以简化，包括化学品标识、象形图、信号词、危险性说明、应急咨询电话、供应商名称及联系电话、资料参阅提示语即可。

4.4 安全标签样例

安全标签样例见附录 A。

5 制作

5.1 编写

标签正文应使用简捷、明了、易于理解、规范的汉字表述，也可以同时使用少数民族文字或外文，但意义必须与汉字相对应，字形应小于汉字。相同的含义应用相同的文字或图形表示。

当某种化学品有新的信息发现时，标签应及时修订。

5.2 颜色

标签内象形图的颜色根据 GB 20576～GB 20599、GB 20601～GB 20602 的规定执行。一般使用黑色图形符号加白色背景，方块边框为红色。正文应使用与底色反差明显的颜色，一般采用黑白色。若在国内使用，方块边框可以为黑色。

5.3 标签尺寸

对不同容量的容器或包装，标签最低尺寸如表 1 所示。

表 1 标签最低尺寸

容器或包装容积/L	标签尺寸/（mm×mm）
≤0.1	使用简化标签
>0.1～≤3	50×75
>3～≤50	75×100
>50～≤500	100×150
>500～≤1 000	150×200
>1 000	200×300

5.4 印刷

5.4.1 标签的边缘要加一个黑色边框，边框外应留大于或等于 3 mm 的空白，边框宽度大于或等于 1 mm。

5.4.2 象形图必须从较远的距离，以及在烟雾条件下或容器部分模糊不清的条件下也能看到。

5.4.3 标签的印刷应清晰，所使用的印刷材料和胶黏材料应具有耐用性和防水性。

6 使用

6.1 使用方法

6.1.1 安全标签应粘贴、挂拴或喷印在化学品包装或容器的明显位置。

6.1.2 当与运输标志组合使用时，运输标志可以放在安全标签的另一版面，将之与其他信息分开，也可放在包装上靠近安全标签的位置，后一种情况下，若安全标签中的象形图与运输标志重复，安全标签中的象形图应删掉。

6.1.3 对组合容器，要求内包装加贴（挂）安全标签，外包装上加贴运输象形图，如果不需要运输标志可以加贴安全标签。见附录 B。

6.2 位置

安全标签的粘贴、喷印位置规定如下：

a）桶、瓶形包装：位于桶、瓶侧身；

b）箱状包装：位于包装端面或侧面明显处；

c）袋、捆包装：位于包装明显处。

6.3 使用注意事项

6.3.1 安全标签的粘贴、挂拴或喷印应牢固，保证在运输、储存期间不脱落，不损坏。

6.3.2　安全标签应由生产企业在货物出厂前粘贴、挂拴或喷印。若要改换包装，则由改换包装单位重新粘贴、挂拴或喷印标签。

6.3.3　盛装危险化学品的容器或包装，在经过处理并确认其危险性完全消除之后，方可撕下安全标签，否则不能撕下相应的标签。

附录 A
(资料性附录)
化学品安全标签样例

A.1 安全标签样例

化学品名称 A组分：40%；B组分：60%

极易燃液体和蒸气，食入致死，对水生生物毒性非常大

【预防措施】

- 远离热源、火花、明火、热表面。使用不产生火花的工具作业。
- 保持容器密闭。
- 采取防止静电措施，容器和接收设备接地、连接。
- 使用防爆电器、通风、照明及其他设备。
- 戴防护手套、防护眼镜、防护面罩。
- 操作后彻底清洗身体接触部位。
- 作业场所不得进食、饮水或吸烟。
- 禁止排入环境。

【事故响应】

- 如皮肤（或头发）接触：立即脱掉所有被污染的衣服。用水冲洗皮肤、淋浴。
- 食入：催吐，立即就医。
- 收集泄漏物。
- 火灾时，使用干粉、泡沫、二氧化碳灭火。

【安全储存】

- 在阴凉、通风良好处储存。
- 上锁保管。

【废弃处置】

- 本品或其容器采用焚烧法处置。

请参阅化学品安全技术说明书

供应商：×××××××××××××× 电话：××××××

地址：×××××××××××××× 邮编：××××××

化学事故应急咨询电话：××××××

A.2　简化标签样例

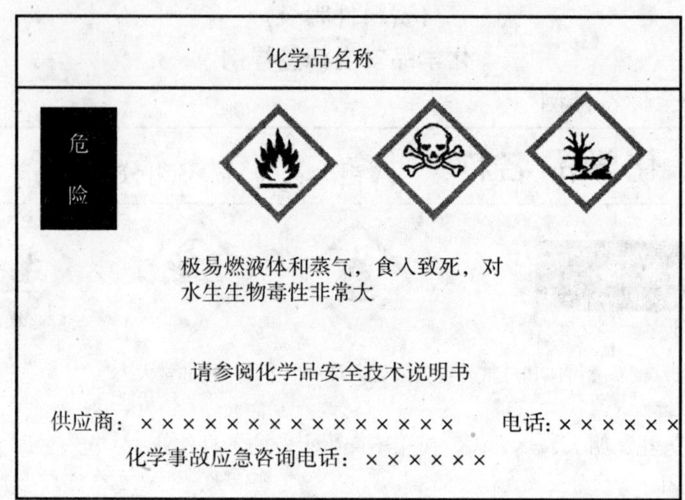

附录 B

（资料性附录）

化学品安全标签与运输标志粘贴样例

B.1　单一容器安全标签粘贴样例

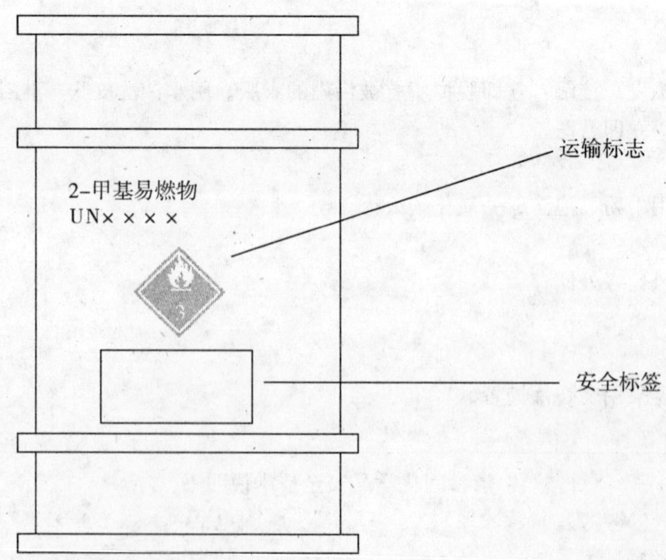

B.2　组合容器安全标签粘贴样例

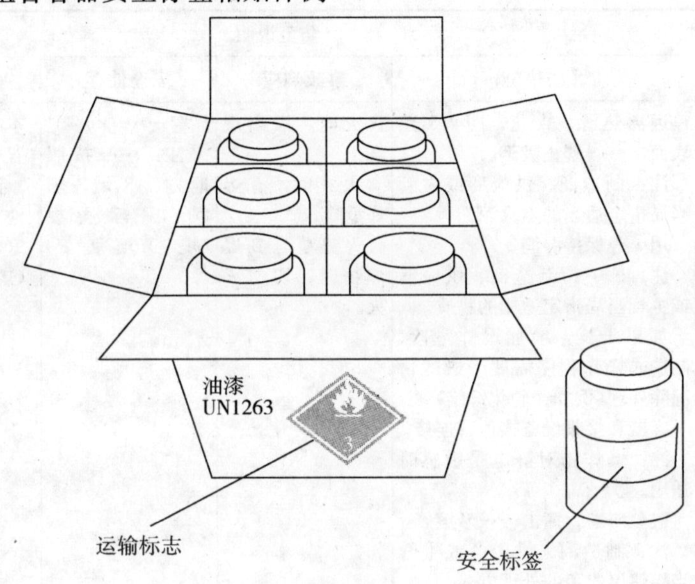

附录C
（资料性附录）
化学品安全标签防范说明

C.1　本防范说明可以根据化学品的实际情况进行组合、调整。表格中用语是防范说明的核心部分，“注”是解释说明的内容，根据情况选择是否出现在安全标签上。

<table>
<tr><th colspan="2" rowspan="2">危险类别</th><th colspan="4">防范说明</th></tr>
<tr><th>预防措施</th><th>事故响应</th><th>安全储存</th><th>废弃处置</th></tr>
<tr><td>爆炸物</td><td>不稳定爆炸物</td><td>得到专门指导后操作。
在阅读并了解所有安全预防措施之前，切勿操作。
按要求使用个体防护装备。</td><td>火灾时有爆炸危险。
火势蔓延到爆炸物时，切勿灭火。
撤离现场。</td><td>储存……
注：……按照地方、区域、国家、国际法规（规定）填写。</td><td>本品、容器的处置……
注：……按照地方、区域、国家，国际法规（规定）填写。</td></tr>
</table>

续表

危险类别		防范说明			
		预防措施	事故响应	安全储存	废弃处置
爆炸物	1.1项 1.2项 1.3项	远离热源、火花、明火、热表面。——禁止吸烟。 注：制造商、供应商或主管当局指定适当的点火源。 用……保持湿润。 注：……指制造商、供应商或主管当局指定适用的物质。 如果干燥，增加爆炸危险，制造或操作程序需要干燥的情况除外。（例如：硝化纤维） 容器和接收设备接地、连接。 注：爆炸物对静电是敏感时适用。 避免研磨、撞击……摩擦。 注：制造商、供应商或主管当局建议避免的处理方式。 戴防护面罩 注：制造商、供应商或主管当局指定的防护装备。	火灾时，撤离现场。 火灾时，有爆炸危险。 火势蔓延到爆炸物时，切勿灭火。	储存…… 注：……按照地方、区域、国家、国际法规（规定）填写。	本品、容器的处置…… 注：……按照地方、区域、国家、国际法规（规定）填写。
	1.4项	远离热源、火花、明火、热表面。——禁止吸烟。 注：制造商、供应商或主管当局指定适当的点火源。 容器和接收设备接地、连接 注：如果爆炸物对静电是敏感的。 避免研磨、撞击……摩擦。 注：……指制造商、供应商或主管当局建议避免的处理方式。 戴防护面罩 注：制造商、供应商或主管当局指定的防护装备。	火灾时，撤离现场。 火灾时，有爆炸危险。 注：爆炸物是1.4S的弹药及其组件除外。 火势蔓延到爆炸物时，切勿灭火。 采取通常的预防措施，在适当的距离处灭火。 注：爆炸物是1.4S弹药及其组件时适用。	储存…… 注：……按照地方、区域、国家、国际法规（规定）填写。	本品、容器的处置…… 注：……按照地方、区域、国家、国际法规（规定）填写。

续表

<table>
<tr><th colspan="2" rowspan="2">危险类别</th><th colspan="4">防范说明</th></tr>
<tr><th>预防措施</th><th>事故响应</th><th>安全储存</th><th>废弃处置</th></tr>
<tr><td>爆炸物</td><td>1.5项</td><td>远离热源、火花、明火、热表面。——禁止吸烟。
注：制造商、供应商或主管当局指定适当的点火源。
用……保湿
注：……指制造商、供应商或主管当局指定适用的物质。
如果干燥，增加爆炸危险。制造或操作程序需要干燥的情况除外（例如，硝化纤维）。
容器和接收设备接地、连接。
注：如果爆炸物对静电是敏感时适用。
避免研磨、撞击……摩擦
注：制造商、供应商或主管当局建议避免的处理方式。
戴面罩
注：制造商、供应商或主管当局指定的防护装备。</td><td>火灾时，撤离现场。
火灾时，有爆炸危险。
火势蔓延到爆炸物时，切勿灭火。</td><td>储存……
注：……按照地方、区域、国家、国际法规（规定）填写。</td><td>本品、容器的处置……
注：……按照地方、区域、国家、国际法规（规定）填写。</td></tr>
<tr><td rowspan="2">易燃气体</td><td>1</td><td>远离热源、火花、明火、热表面。——禁止吸烟。
注：制造商、供应商或主管当局指定适当的点火源。</td><td>泄漏气体着火：切勿灭火，除非能安全地切断泄漏源。
如果没有危险，消除一切点火源。</td><td>在通风良好处储存。</td><td></td></tr>
<tr><td>2</td><td>远离热源、火花、明火、热表面。——禁止吸烟。
注：制造商、供应商或主管当局指定适当的点火源。</td><td>泄漏气体着火：切勿灭火，除非能安全地切断泄漏源。
如果没有危险，消除一切点火源。</td><td>在通风良好处储存。</td><td></td></tr>
<tr><td>易燃气溶胶</td><td>1
2</td><td>远离热源、火花、明火，热表面。——禁止吸烟。
注：制造商、供应商或主管当局指定适当的点火源。
避免往明火或其他火源上喷射。
压力容器：禁止戳穿或烧毁，即使在使用后。</td><td></td><td>避免日照。不可暴露在超过50℃的温度下。</td><td></td></tr>
</table>

续表

危险类别		防范说明			
		预防措施	事故响应	安全储存	废弃处置
氧化性气体	1	远离衣物……可燃物保存。 注：……指制造商、供应商或主管当局指定的其他不相容的物质。 减压阀不得带有油脂。	火灾时，如能确保安全，堵漏。	在通风良好处储存	
压力下气体	压缩气体、液化气体、溶解气体			避免日照。在通风良好处储存。	
	冷冻液化气体	戴防寒手套、防护面罩，防护眼镜。	用温水使受冻部位复温。 不得搓擦冻伤处。 立即就医。	在通风良好处储存。	
易燃液体	1 2 3	远离热源、火花、明火、热表面。——禁止吸烟。 注：制造商、供应商或主管当局指定适当的点火源。 保持容器密闭。 容器和接收设备接地、连接。 注：如果再充装的是静电敏感物料时适用； 如果产品是易挥发的，以致产生危险的环境时适用。 使用防爆电器、通风、明……设备 注：……制造商、供应商或主管当局指定的其他设备。 只能使用不产生火花的工具。 采取肪止静电措施。 戴防护手套、防护眼镜、防护面罩。 注：制造商、供应商或主管当局指定的防护装备。	如皮肤（或头发）接触：立即脱掉所有被污染的衣服。用水冲洗皮肤、淋浴。 火灾时，使用……灭火 注：……制造商、供应商或主管当局指定的适当的灭火剂。如果用水增加危险时适用。	在阴凉、通风良好处储存。	本品、容器的处置…… 注：……按照地方、区域、国家、国际法规（规定）填写。
	4	远离火焰和热表面。——禁止吸烟。 戴防护手套、防护眼镜、防护面罩。 注：制造商、供应商或主管当局指定的防护装备。	火灾对，使用……灭火 注：……指制造商、供应商或主管当局确定的适当的灭火剂。 注：如果用水增加危险时适用。	在阴凉、通风良好处储存。	本品、容器的处置…… 注：……按照地方、区域、国家、国际法规（规定）填写。

续表

<table>
<tr><th colspan="2" rowspan="2">危险类别</th><th colspan="4">防范说明</th></tr>
<tr><th>预防措施</th><th>事故响应</th><th>安全储存</th><th>废弃处置</th></tr>
<tr><td>易燃固体</td><td>1
2</td><td>远离热源、火花、明火、热表面。——禁止吸烟。
注：制造商、供应商或主管当局指定适当的点火源。
容器和接收设备接地、连接
注：如果再充装的是静电敏感物料时适用。
使用防爆电器、通风、……、设备
注：制造商、供应商照明或主管当局指定的其他设备。
如能产生粉尘云时适用。
戴防护手套、防护眼镜、防护面罩。
注：制造商、供应商或主管当局指定的防护装备。</td><td>火灾时，使用……灭火
注：……制造商、供应商或主管当局指定的适当的灭火剂。如果用水增加危险时适用。</td><td></td><td></td></tr>
<tr><td rowspan="2">自反应性物质</td><td>A 型</td><td>远离热源、火花、明火、热表面。——禁止吸烟。
注：制造商、供应商或主管当局指定适当的点火源。
远离……衣物……可燃物保存。
注：……指制造商、供应商或主管当局指定的其他不相容的物质。
仅在原容器中保存。
戴防护手套、防护眼镜，防护面罩。
注：制造商、供应商或主管当局指定的防护装备。</td><td>火灾时，使用……灭火
注：……制造商、供应商或主管当局指定的适当的灭火剂。
注：如果用水增加危险时适用。
火灾时，撤离现场，因有爆炸危险，应远距离灭火。</td><td>在阴凉、通风良好处储存。
储存温度不超过……℃。
注：……制造商，供应商或主管当局指定的温度。
远离其他物质储存。</td><td>本品、容器的处置……
注：……按照地方、区域、国家、国际法规（规定）填写。</td></tr>
<tr><td>B 型</td><td>远离热源、火花、明火、热表面。——禁止吸烟。
注：制造商、供应商或主管当局指定适当的点火源。
远离衣物、……、可燃物保存。
注：……指制造商、供应商或主管当局指定的其他不相容的物质。
仅在原容器中保存。
戴防护手套、防护眼镜、防护面罩。
注：制造商、供应商或主管当局的指定的防护装备。</td><td>火灾时，使用……灭火
注：……指制造商、供应商或主管当局指定的适当的灭火剂。如果用水增加危险时适用。
火灾时：撤离现场，因有爆炸危险，应远距离灭火。</td><td>在阴凉、通风良好处储存。
储存温度不超过……℃。
注：……指制造商、供应商或主管当局指定的温度。
远离其他物质储存。</td><td>本品、容器的处置……
注：……按照地方、区域、国家、国际法规（规定）填写。</td></tr>
</table>

续表

<table>
<tr><th colspan="2" rowspan="2">危险类别</th><th colspan="4">防范说明</th></tr>
<tr><th>预防措施</th><th>事故响应</th><th>安全储存</th><th>废弃处置</th></tr>
<tr><td>自反应性物质</td><td>C型
D型
E型
F型</td><td>远离热源、火花、明火、热表面。——禁止吸烟。
注：制造商、供应商或主管当局指定适当的点火源。
远离衣物、……、可燃物保存。
注：……指制造商、供应商或主管当局指定的其他不相容的物质。
仅在原容器中保存。
戴防护手套、防护眼镜、防护面罩。
注：制造商、供应商或主管当局指定的防护装备。</td><td>火灾时，使用……灭火
注：……指制造商，供应商或主管当局指定的适当的灭火剂。如果用水增加危险时适用。</td><td>在阴凉、通风良好处储存。
储存温度不超过……℃。
注：……指制造商、供应商或主管当局指定的温度。
远离其他物质储存。</td><td>本品、容器的处置……
注：……按照地方、区域、国家、国际法规（规定）填写。</td></tr>
<tr><td>自燃液体</td><td>1</td><td>远离热源、火花、明火、热表面。——禁止吸烟。
注：制造商、供应商或主管当局指定适当的点火源。
不得与空气接触。
戴防护手套、防护眼镜、防护面罩。
注：制造商、供应商或主管当局指定的防护装备。</td><td>如果皮肤接触，将接触部位浸入冷水中、用湿绷带包扎。
火灾时，使用……灭火
注：……指制造商、供应商或主管当局指定的适当的灭火剂。
如果用水增加危险时适用。</td><td>在……下储存
注：……指制造商、供应商或主管当局指定适当的液体或惰性气体。</td><td></td></tr>
<tr><td>自燃固体</td><td>1</td><td>远离热源、火花、明火、热表面。——禁止吸烟。
注：制造商、供应商或主管当局指定适当的点火源。
不得与空气接触。
戴防护手套、防护眼镜、防护面罩。
注：制造商、供应商或主管当局指定的防护装备。</td><td>擦掉皮肤上的微粒，将接触部位浸入冷水中、用湿绷带包扎。
火灾时，使用……灭火
注：……指制造商、供应商或主管当局指定的适当的灭火剂。
如果用水增加危险时适用。</td><td>在……下储存
注：……指制造商、供应商或主管当局指定适当的液体或惰性气体。</td><td></td></tr>
</table>

续表

危险类别		防范说明			
		预防措施	事故响应	安全储存	废弃处置
自热物质	1 2	保持阴凉，避免日照。 戴防护手套和防护眼镜、防护面罩。 注：制造商、供应商或主管当局指定的防护装备。		垛、货架之间留有空隙。 储存散货量大于……千克、……磅时，温度不超过……℃。 注：……指制造商、供应商或主管当局规定的质量和温度。 远离其他物质储存。	
遇水放出易燃气体的物质	1 2	因与水发生剧烈反应和可能发生暴燃、应避免与水接触。 在惰性气体中操作。防潮。 戴防护手套、防护眼镜、防护面罩。 注：制造商、供应商或主管当局指定的防护装备。	擦掉皮肤上的微粒，将接触部位浸入冷水中、用湿绷带包扎。 火灾时，使用……灭火 注：……指制造商、供应商或主管当局指定的适当的灭火剂。 如果用水增加危险时适用。	在干燥处和密闭的容器中储存。	本品、容器的处置…… 注：……按照地方、区域、国家、国际法规（规定）填写。
	3	在惰性气体中操作。防潮。 戴防护手套、防护眼镜、防护面罩。 注：制造商、供应商或主管当局指定的防护装备。	火灾时，……灭火使用 注：……指制造商、供应商或主管当局指定的适当的灭火剂。 如果用水增加危险时适用。	在干燥处和密闭的容器中储存。	本品、容器的处置…… 注：……按照地方、区域、国家、国际法规（规定）填写。

续表

危险类别		防范说明			
		预防措施	事故响应	安全储存	废弃处置
氧化性液体	1	远离热源。 远离衣物和其他可燃物保存。 采取一切预防措施，避免与可燃物……混合。 注：……指制造商、供应商或主管当局指定的其他不相容物质。 戴防护手套、防护眼镜、防护面罩。 注：制造商、供应商或主管当局指定的防护装备。 穿防火、阻燃服。	如溅到衣服上：立即用大量清水冲洗污染的衣服和皮肤，然后脱去衣服。 如果发生大火和大量物质着火：撤离现场。因有爆炸危险，应远距离灭火。 火灾时，使用……灭火 注：……指制造商、供应商或主管当局指定的适当的灭火剂。 如果用水增加危险时适用。		本品、容器的处置…… 注：……按照地方、区域、国家、国际法规（规定）填写。
	2 3	远离热源。 远离衣物……可燃物保存。 注：……指制造商、供应商或主管当局指定的其他不相容的物质。 采取一切预防措施，避免与可燃物……混合。 注：……指制造商、供应商或主管当局指定的其他不相容物质。 戴防护手套、防护眼镜、防护面罩。 注：制造商、供应商或主管当局指定的防护装备。	火灾时，使用……灭火 注：……指制造商，供应商或主管当局指定的适当的灭火剂。 如果用水增加危险时适用。		本品、容器的处置…… 注：……按照地方、区域、国家、国际法规（规定）填写。
氧化性固体	1	远离热源。 远离衣物和其他可燃物。 采取一切预防措施，避免与可燃物……混合。 注：……指制造商、供应商或主管当局指定的其他不相容物质。 戴防护手套和防护眼镜、防护面罩 注：制造商、供应商或主管当局指定的防护装备。 穿防火、阻燃服。	如溅到衣服上：立即用大量清水冲洗污染的衣服和皮肤，然后脱去衣服。 如果发生大火和大量物质着火：撤离现场，因有爆炸危险，应远距离灭火。 火灾时，使用……灭火 注：……指制造商、供应商或主管当局指定的适当的灭火剂。 如果用水增加危险时适用。		本品、容器的处置…… 注：……按照地方、区域、国家、目际法规（规定）填写。

续表

危险类别		防范说明			
		预防措施	事故响应	安全储存	废弃处置
氧化性固体	2 3	远离热源。 远离衣物……可燃物保存。 注：……指制造商、供应商或主管当局指定的其他不相容物质。 采取一切预防措施，避免与可燃物……混合。 注：……指制造商、供应商或主管当局指定的其他不相容物质。 戴防护手套、防护眼镜，防护面罩。 注：制造商、供应商或主管当局指定的防护装备。	火灾时、使用……灭火 注：……指制造商、供应商或主管当局指定的适当的灭火剂。 如果用水增加危险时适用。		本品、容器的处置…… 注：……按照地方、区域、国家、国际法规（规定）填写。
有机过氧化物	A型	远离热源、火花、明火、热表面。——禁止吸烟。 注：制造商、供应商或主管当局指定适用的点火源。 远离衣物……可燃物保存。 注：……指制造商、供应商或主管当局指定的不相容物质。 仅在原容器中保存。 戴防护手套、防护眼镜、防护面罩。 注：制造商、供应商或主管当局指定的防护装备。		保持阴凉，储存温度不超过……℃。 注：……指制造商、供应商或主管当局指定的温度。 避免日照。 远离其他物质储存。	本品、容器的处置…… 注：……按照地方、区域、国家、国际法规（规定）填写。
	B型	远离热源、火花、明火、热表面。——禁止吸烟。 远离衣物……可燃物保存 注：……指制造商、供应商或主管当局确定的不相容物质。 仅在原容器中保存。 戴防护手套、防护眼镜、防护面罩。 注：制造商、供应商或主管当局指定的防护装备。		保持阴凉，储存温度不超过……℃。 注：……指制造商、供应商或主管当局指定的温度。 避免日照。 远离其他物质储存。	本品、容器的处置…… 注：……按照地方、区域、国家、国际法规（规定）填写。

续表

危险类别		防范说明			
		预防措施	事故响应	安全储存	废弃处置
有机过氧化物	C型 D型 E型 F型	远离热源、火花、明火、热表面。——禁止吸烟。 注：制造商、供应商或主管当局指定适用的点火源。 远离衣物……可燃物保存。 注：……指制造商、供应商或主管当局指定的不相容物质。 仅在原容器中保存。 戴防护手套、防护眼镜、防护面罩。 注：制造商、供应商或主管当局指定的防护装备。		保持阴凉、储存温度不超过……℃。 注：……指制造商、供应商或主管当局指定的温度。 避免日照。 远离其他物质储存。	本品、容器的处置…… 注：……按照地方、区域、国家、国际法规（规定）填写。
金属腐蚀物	1	仅在原容器中保存。	吸收泄漏物，防止材料损坏。	储存于抗腐蚀、……有抗腐蚀内衬的容器中。 注：……指制造商、供应商或主管当局确定的其他相容材料。	
急性毒性——经口	1 2	操作后彻底清洗…… 注：……指制造商、供应商或主管当局确定操作后要清洗的身体部位。 作业场所不得进食、饮水或吸烟。	食入：立即呼叫中毒控制中心或就医。 具体治疗（见本标签……） 注：……参见补充急救说明。如果需要立即服用解毒药。 漱口。	上锁保管。	本品、容器的处置…… 注：……按照地方、区域、国家、国际法规（规定）填写。
	3	操作后彻底清洗…… 注：……指制造商、供应商或主管当局确定操作后要清洗的身体部位。 作业场所不得进食，饮水或吸烟。	食入：立即呼叫中毒控制中心或就医。 具体治疗（见率标签……） 注：……参见补充急救说明。 如果需要立即服用解毒药。 漱口。	上锁保管。	本品、容器的处置…… 注：……按照地方、区域、国家、国际法规（规定）填写。
	4	操作后彻底清洗…… 注：……制造商、供应商或主管当局确定操作后要清洗的身体部位。 作业场所不得进食、饮水或吸烟。	食入：如果感觉不适，立即呼叫中毒控制中心或就医。 漱口。		本品、容器…… 注：按照地方、区域、国家、国际法规（规定）填写。
	5		如果感觉不适，呼叫中毒控制中心或就医。		

续表

危险类别		防范说明			
		预防措施	事故响应	安全储存	废弃处置
急性毒性——经皮	1 2	避免接触眼睛、皮肤或衣服。 操作后彻底清洗…… 注：……制造商、供应商或主管当局确定操作后要清洗的身体部位。 作业场所不得进食、饮水或吸烟。 戴防护手套、穿防护服 注：制造商、供应商或主管当局指定的防护装备。	皮肤接触：用大量肥皂水和水轻轻地清洗。 立即呼叫中毒控制中心或就医。 具体治疗（见本标签……） 注：……参见补充急救说明。 如建议立即采取措施，如使用专用清洁剂。立即脱去所有被污染的衣服。 被污染的衣服须经洗净后方可重新使用。	上锁保管。	本品、容器的处置…… 注：……按照地方、区域、国家、国际法规（规定）填写。
	3	戴防护手套、穿防护服 注：制造商、供应商或主管当局指定的防护装备。	皮肤接触：用大量肥皂水和水清洗。 如感觉不适，呼叫中毒控制中心或就医。 具体治疗（见本标签……） 注：……参见补充急救说明 如建议采取措施，如使用专用的清洁剂。 立即脱去所有被污染的衣服。 被污染的衣服须经洗净后方可重新使用。	上锁保管。	本品、容器的处置…… 注：……按照地方、区域、国家、国际法规（规定）填写。
	4	戴防护手套、穿防护服 注：制造商、供应商或主管当局指定的防护装备。	皮肤接触：用大量肥皂水和水清洗。 如感觉不适，呼叫中毒控制中心或就医。 具体治疗（见本标签……） 注：……参见补充急救说明。 如建议采取措施，如使用专用的清洁剂。 被污染的衣服须经洗净后方可重新使用。		本品、容器的处置…… 注：……按照地方、区域、国家、国际法规（规定）填写。

续表

危险类别		防范说明			
		预防措施	事故响应	安全储存	废弃处置
	5		如感觉不适，呼叫中毒控制中心或就医。		
急性毒性——吸入	1 2	避免吸入粉尘、烟气、气体、烟雾、蒸气、喷雾。 仅在室外或通风良好处操作。 戴呼吸防护器具。 注：制造商、供应商或主管当局指定的防护器具。	如吸入：将患者转移到空气新鲜处，休息，保持利于呼吸的体位。 立即呼叫中毒控制中心或就医。 紧急治疗（见本标签……） 注：……参见补充急救说明 如果需要立即服用解毒药。	在通风良好处储存。 保持容器密闭。 注：如果产品易于挥发，致使造成危险的环境时适用。 上锁保管。	本品、容器的处置…… 注：……按照地方、区域、国家、国际法规（规定）填写。
	3	避免吸入粉尘、烟气、气体、烟雾、蒸气、喷雾。 仅在室外或通风良好处操作。	如吸入：将患者转移到空气新鲜处，休息，保持利于呼吸的体位。 呼叫中毒控制中心或就医。 具体治疗（见本标签……） 注：……参见补充急救说明 如果需要立即采取措施时适用。	在通风良好处储存。 保持容器密闭。 注：如产品极易于挥发，致使造成危险的环境时适用。 上锁保管。	本品、容器的处置…… 注：……按照地方、区域、国家、国际法规（规定）填写。
	4	避免吸入粉尘、烟气、气体、烟雾、蒸气、喷雾。 仅在室外或通风良好处操作。	如吸入：将患者转移到空气新鲜处，休息，保持利于呼吸的体位。 如感觉不适，呼叫中毒控制中心或就医。		
	5		如感觉不适，呼叫中毒控制中心或就医。		

续表

危险类别		防范说明			
		预防措施	事故响应	安全储存	废弃处置
皮肤腐蚀、刺激	1A至1C	避免吸入粉尘或烟雾 注：如果在使用中可能产生可吸入性粉尘或烟雾微粒。 操作后彻底清洗…… 注：制造商、供应商或主管当局确定的操作后要清洗的身体部位。 戴防护手套、穿防护服、戴防护眼镜、防护面罩。 注：制造商、供应商或主管当局指定的防护装备。	食入：漱口。不要催吐。 皮肤（或头发）接触：立即脱掉所有被污染的衣服。用水冲洗皮肤、沐浴。 污染的衣服须洗净后方可重新使用。 如吸入：将患者转移到空气新鲜处，休息，保持利于呼吸的体位。 立即呼叫中毒控制中心或就医。 具体治疗（见本标签……） 注：……参见补充急救说明。 如果适用，制造商、供应商或主管当局可能指定清洁剂。 眼睛接触：用水细心地冲洗数分钟。如戴隐形眼镜并可方便地取出，则取出隐形眼镜。继续冲洗。	上锁保管。	本品、容器的处置…… 注：……按照地方、区域、国家、国际法规（规定）填写。
	2	操作后彻底清洗…… 注：制造商、供应商或主管当局确定的操作后要清洗的身体部位。 戴防护手套 注：制造商、供应商或主管当局指定的防护装备。	皮肤接触：用大量肥皂水和水清洗。 具体治疗（见本标签……） 注：……参见补充急救说明。 如果适用，制造商、供应商或主管当局可能指定清洁剂。 如发生皮肤刺激，就医。 脱去被污染的衣服，洗净后方可重新使用。		
	3		如发生皮肤刺激，就医。		

续表

危险类别		防范说明			
		预防措施	事故响应	安全储存	废弃处置
严重眼睛损伤、眼睛刺激性	1	戴防护眼镜、防护面罩 注：制造商、供应商或主管当局指定的防护装备。	接触眼睛：用水细心冲洗数分钟。如戴隐形眼镜并可方便地取出，取出隐形眼镜。继续冲洗。 立即呼叫中毒控制中心或就医。		
	2A	操作后彻底清洗…… 注：……指制造商、供应商或主管当局确定的操作后要清洗的身体部位。 戴防护眼镜、防护面罩。 注：制造商、供应商或主管当局指定的防护装备。	如接触眼睛：用水细心冲洗数分钟。如戴隐形眼镜并可方便地取出，取出隐形眼镜。继续冲洗。 如果眼睛刺激持续：就医。		
	2B	操作后彻底请洗…… 注：……指制造商、供应商或主管当局确定的操作后要清洗的身体部位。	如接触眼睛：用水细心冲洗数分钟。如戴隐形眼镜并可方便地取出，取出隐形眼镜，继续冲洗。 如果眼睛刺激持续：就医。		
呼吸或皮肤过敏——呼吸	1	避免吸入粉尘、烟气、气体、烟雾、蒸气、喷雾。 注：制造商、供应商或主管当局指定的适当的条件。 通风不良时，戴呼吸防护器具 注：制造商、供应商或主管当局指定的防护器具。	如吸入：如果呼吸困难，将患者转移到空气新鲜处，休息，保持利于呼吸的体位。 如有呼吸系统症状，呼叫中毒控制中心或就医。		本品、容器的处置…… 注：……按照地方、区域、国家、国际法规（规定）填写。
呼吸或皮肤过敏——皮肤	1	避免吸入粉尘、烟气、气体、烟雾、蒸气、喷雾。 注：制造商、供应商或主管当局指定的适当的条件。 污染的工作服不得带出工作场所。 戴防护手套 注：制造商、供应商或主管当局指定的防护装备。	如皮肤接触：用大量肥皂水和水清洗。 如出现皮肤刺激或皮疹：就医。 具体治疗（见本标签……） 注：……参见补充急救说明。 如果适当，制造商、供应商或主管当局可能指定清洁剂。 污染的衣服清洗后方可重新使用。		本品、容器的处置…… 注：……按照地方、区域、国家、国际法规（规定）填写。

续表

危险类别		防范说明			
		预防措施	事故响应	安全储存	废弃处置
生殖细胞致突变性	1 2	得到专门指导后操作。 在阅读并了解所有安全预防措施之前，切勿操作。 按要求使用个体防护装备。	如果接触或有担心，就医。	上锁保管。	本品、容器的处置…… 注：……按照地方、区域、国家、国际法规（规定）填写。
致癌性	1 2	得到专门指导后操作。 在阅读并了解所有安全预防措施之前，切勿操作。 按要求使用个体防护装备。	如果接触或有担心，就医。	上锁保管。	本品、容器的处置…… 注：……按照地方、区域、国家、国际法规（规定）填写。
生殖毒性	1 2	得到专门指导后操作。 在阅读并了解所有安全预防措施之前，切勿操作。 按要求使用个体防护装备。	如果接触或有担心，就医。	上锁保管	本品、容器的处置…… 注：……按照地方、区域、国家、国际法规（规定）填写。
	（附加的）	得到专门指导后操作。 避免吸入粉尘或烟雾。 注：如果在使用时可能产生可吸入性粉尘或烟雾微粒。 妊娠、哺乳期间避免接触。 操作后彻底清洗。 注：……指制造商、供应商或主管当局确定操作后要清洗的身体部位。 作业场所不得进食、饮水或吸烟。	如果接触或有担心，就医。		
特异性靶器官系统毒性一次接触	1	避免吸入粉尘、烟气、气体、烟雾、蒸气、喷雾。 注：制造商、供应商或主管当局指定的适当的条件。 操作后彻底清洗…… 注：制造商、供应商或主管当局确定操作后要清洗的身体部位。 作业场所不得进食、饮水或吸烟。	如果接触：立即呼叫中毒控制中心或就医。 具体治疗（见本标签……） 注：……参见补充急救说明。 如果立即采取措施时适用。	上锁保管。	本品、容器处置…… 注：……按照地方、区域、国家、国际法规（规定）填写。

续表

危险类别		防范说明			
		预防措施	事故响应	安全储存	废弃处置
特异性靶器官系统毒性一次接触	2	避免吸入粉尘、烟气、气体、烟雾、蒸气、喷雾。 注：制造商、供应商或主管当局指定适当的条件。 操作后彻底清洗…… 注：……指制造商、供应商或主管当局确定操作后要清洗的身体部位。 工作场所不得进食、饮水或吸烟。	如果接触或感觉不适：呼叫中毒控制中心或就医。	上锁保管。	本品、容器的处置…… 注：……按照地方、区域、国家、国际法规（规定）填写。
.	3	避免吸入粉尘、烟气、气体、烟雾、蒸气、喷雾。 注：制造商、供应商或主管当局指定适当的条件。 仅在户外或通风良好处使用。	如吸入：将患者转移至空气新鲜处，休息，保持利于呼吸的体位。如感觉不适，呼叫中毒控制中心或就医。	在通风良好处储存。 保持容器密闭。 注：如果产品是易挥发的，致使产生危险的环境时适用。 上锁保管。	本品、容器的处置…… 注：……按照地方、区域、国家、国际法规（规定）填写。
特异性靶器官系统毒性反复接触	1	避免吸入粉尘、烟气、气体、烟雾、蒸气、喷雾。 注：制造商、供应商或主管当局指定适当的条件。 操作后彻底清洗…… 注：……指制造商、供应商或主管当局确定操作后要清洗的身体部位。 操作现场不得进食、饮水或吸烟。	如感觉不适，就医。		本品、容器的处置…… 注：……按照地方、区域、国家、国际法规（规定）填写。
	2	避免吸入粉尘、烟气、气体、烟雾、蒸气，喷雾。 注：制造商、供应商或主管当局指定适当的条件。	如感觉不适，就医。		本品、容器的处置…… 注：……按照地方、区域、国家、国际法规（规定）填写。
吸入危险	1 2		如果食入：立即呼叫中毒控制中心或就医。 不要催吐。	上锁保管。	本品、容器的处置…… 注：……按照地方、区域、国家、国际法规（规定）填写。

续表

危险类别		防范说明			
		预防措施	事故响应	安全储存	废弃处置
危害水生环境——急性危险	1	禁止排入环境 注：如果不是指定用途时适用。	收集泄漏物。		本品、容器的处置…… 注：……按照地方、区域、国家、国际法规（规定）填写。
	2 3	禁止排入环境 注：如果不是指定用途时适用。			本品、容器的处置…… 注：……按照地方、区域、国家、国际法规（规定）填写。
危害水生环境——慢性危险	1 2	禁止排入环境 注：如果不是指定用途时适用。	收集泄漏物。		本品、容器的处置…… 注：……按照地方、区域、国家、国际法规（规定）填写。
	3 4	禁止排入环境 注：如果不是指定用途时适用。			本品、容器的处置…… 注：……按照地方、区域、国家、国际法规（规定）填写。

十二、工作场所安全使用化学品规定

（劳动部、化学工业部 1996 年 12 月 20 日颁布，劳部发［1996］423 号，1997 年 1 月 1 日实施）

第一章　总　　则

第一条　为保障工作场所安全使用化学品，保护劳动者的安全与健康，根据《劳动法》和有关法规，制定本规定。

第二条　本规定适用于生产、经营、运输、贮存和使用化学品的单位和人员。

第三条　本规定所称工作场所使用化学品，是指工作人员因工作而接触化学品的作业活动；本规定所称化学品，是指各类化学单质、化合物或混合物；本规定所称危险化学品，是指按国家标准 GB 13690 分类的常用危险化学品。

第四条　生产、经营、运输、贮存和使用危险化学品的单位应向周围单位和居民宣传有关危险化学品的防护知识及发生化学品事故的急救方法。

第五条　县级以上各级人民政府劳动行政部门对本行政区域内的工作场所安全使用化学品的情况进行监督检查。

第二章　生产单位的职责

第六条　生产单位应执行《化工企业安全管理制度》及国家有关法规和标准，并到化工行政部门进行危险化学品登记注册。

第七条　生产单位应对所生产的化学品进行危险性鉴别，并对其进行标识。

第八条　生产单位应对所生产的危险化学品挂贴“危险化学品安全标签”（以下简称安全标签），填写“危险化学品安全技术说明书”（以下简称安全技术说明书）。

第九条　生产单位应在危险化学品作业点，利用“安全周知卡”或“安全标志”等方式，标明其危险性。

第十条　生产单位生产危险化学品，在填写安全技术说明书时，若涉及商业秘密，经化学品登记部门批准后，可不填写有关内容，但必须列出该种危险化学品的主要危害特性。

第十一条　安全技术说明书每五年更换一次。在此期间若发现新的危害特性，在有关信息发布后的半年内，生产单位必须相应修改安全技术说明书，并提供给经营、运输、贮存和使用单位。

第三章　使用单位的职责

第十二条　使用单位使用的化学品应有标识，危险化学品应有安全标签，并向操作人员提供安全技术说明书。

第十三条　使用单位购进危险化学品时，必须核对包装（或容器）上的安全标签。安全标签若脱落或损坏，经检查确认后应补贴。

第十四条　使用单位购进的化学品需要转移或分装到其他容器时，应标明其内容。对于危险化学品，在转移或分装后的容器上应贴安全标签；盛装危险化学品的容器在未净化处理前，不得更换原安全标签。

第十五条　使用单位对工作场所使用的危险化学品产生的危害应定期进行检测和评估，对检测和评估结果应建立档案。作业人员接触的危险化学品浓度不得高于国家规定的标准；暂没有规定的，使用单位应在保证安全作业的情况下使用。

第十六条　使用单位应通过下列方法，消除、减少和控制工作场所危险化学品产生的危害：

（一）选用无毒或低毒的化学替代品；

（二）选用可将危害消除或减少到最低程度的技术；

（三）采用能消除或降低危害的工程控制措施（如隔离、密闭等）；

（四）采用能减少或消除危害的作业制度和作业时间；

（五）采取其他的劳动安全卫生措施。

第十七条　使用单位在危险化学品工作场所应设有急救设施，并提供应急处理的方法。

第十八条　使用单位应按国家有关规定清除化学废料和清洗盛装危险化学品的废旧容器。

第十九条　使用单位应对盛装、输送、贮存危险化学品的设备，采用颜色、标牌、标签等形式，标明其危险性。

第二十条　使用单位应将危险化学品的有关安全卫生资料向职工公开，教育职工识别安全标签、了解安全技术说明书、掌握必要的应急处理方法和自救措施，并经常对职工进行工作场所安全使用化学品的教育和培训。

第四章　经营、运输和贮存单位的责任

第二十一条　经营单位经营的化学品应有标识。经营的危险化学品必须具有安全标签和安全技术说明书。进口危险化学品时，应有符合本规定要求的中文安全技术说明书，并在包装上加贴中文安全标签。出口危险化学品时，应向外方提供安全技术说明书。对于我国禁用，而外方需要的危险化学品，应将禁用的事项及原因向外方说明。

第二十二条　运输单位必须执行《危险货物运输包装通用技术条例》和《危险货物包装标志》等国家标准和有关规定，有权要求托运方提供危险化学品安全技术说明书。

第二十三条　危险化学品的贮存必须符合《常用化学危险品贮存通则》国家标准和有关规定。

第五章　职工的义务和权利

第二十四条　职工应遵守劳动安全卫生规章制度和安全操作规程，并应及时报告认为可能造成危害和自己无法处理的情况。

第二十五条　职工应采取合理方法，消除或减少工作场所不安全因素。

第二十六条　职工对违章指挥或强令冒险作业，有权拒绝执行；对危害人身安全和健康的行为，有权检举和控告。

第二十七条　职工有权获得：

（一）工作场所使用化学品的特性、有害成分、安全标签以及安全技术说明书等资料；

（二）在其工作过程中危险化学品可能导致危害安全与健康的资料；

（三）安全技术的培训，包括预防、控制及防止危险方法的培训和紧急情况处理或应急措施的培训；

（四）符合国家规定的劳动防护用品；

（五）法律、法规赋予的其他权利。

第六章　罚　　则

第二十八条　生产危险化学品的单位没有到指定单位进行登记注册的，由县级以上人民政府劳动行政部门责令有关单位限期改正；逾期不改的，可处以一万元以下罚款。

第二十九条　生产单位生产的危险化学品未填写“安全技术说明书”和没有

“安全标签”的，由县级以上人民政府劳动行政部门责令有关单位限期改正；逾期不改的，可处以一万元以下罚款。

第三十条　经营单位经营没有安全技术说明书和安全标签危险化学品的，由县级以上人民政府劳动行政部门责令有关单位限期改正；逾期不改的，可处以一万元以下罚款。

第三十一条　对隐瞒危险化学品特性，而未执行本规定的，由县级以上人民政府劳动行政部门就地扣押封存产品，并处以一万元以下罚款；构成犯罪的，由司法机关依法追究有关人员的刑事责任。

第三十二条　危险化学品工作场所没有急救设施和应急处理方法的，由县级以上人民政府劳动行政部门责令有关单位限期改正，并可处以一千元以下罚款；逾期不改的，可处以一万元以下罚款。

第三十三条　危险化学品的贮存不符合《常用化学危险品贮存通则》国家标准的，由县级以上人民政府劳动行政部门责令有关单位限期改正，并可处以一千元以下罚款。

第七章　附　　则

第三十四条　本规定自一九九七年一月一日施行。

十三、常用化学危险品贮存通则
（GB 15603－1995）

（国家技术监督局 1995 年 7 月 19 日发布，1996 年 2 月 1 日实施）

1　主题内容与适用范围

本标准规定了常用化学危险品（以下简称化学危险品）贮存的基本要求。

本标准适用于常用化学危险品（以下简称化学危险品）出、入库，贮存及养护。

2　引用标准

GB 190 危险货物包装标志

GB 13690 常用危险化学品的分类及标志

GB J16 建筑设计防火规范

3　定义

3.1　隔离贮存　segregated storage

在同一房间或同一区域内，不同的物料之间分开一定的距离，非禁忌物料间用通道保持空间的贮存方式。

3.2　隔开贮存　cut-off storage

在同一建筑或同一区域内，用隔板或墙，将其与禁忌物料分离开的贮存方式。

3.3　分离贮存　detached storage

在不同的建筑物或远离所有建筑的外部区域内的贮存方式。

3.4　禁忌物料　incinpatible inaterals

化学性质相抵触或灭火方法不同的化学物料。

4　化学危险品贮存的基本要求

4.1　贮存化学危险品必须遵照国家法律、法规和其他有关的规定。

4.2　化学危险品必须贮存在经公安部门批准设置的专门的化学危险品仓库中，经销部门自管仓库贮存化学危险品及贮存数量必须经公安部门批准。未经批准不得随意设置化学危险品贮存仓库。

4.3　化学危险品露天堆放，应符合防火、防爆的安全要求，爆炸物品、一级易燃物品、遇湿燃烧物品、剧毒物品不得露天堆放。

4.4 贮存化学危险品的仓库必须配备有专业知识的技术人员，其库房及场所应设专人管理，管理人员必须配备可靠的个人安全防护用品。

4.5 化学危险品按 GB 13690 的规定分为八类：

a. 爆炸品；

b. 压缩气体和液化气体；

c. 易燃液体；

d. 易燃固体、自燃物品和遇湿易燃物品；

e. 氧化剂和有机过氧化物；

f. 毒害品；

g. 放射性物品；

h. 腐蚀品。

4.6 标志

贮存的化学危险品应有明显的标志，标志应符合 GB 190 的规定。同一区域贮存两种或两种以上不同级别的危险品时，应按最高等级危险物品的性能标志。

4.7 贮存方式化学危险品贮存方式分为三种：

a. 隔离贮存；

b. 隔开贮存；

c. 分离贮存。

4.8 根据危险品性能分区、分类、分库贮存。各类危险品不得与禁忌物料混合贮存，禁忌物料配置见附录 A（参考件）。

4.9 贮存化学危险品的建筑物、区域内严禁吸烟和使用明火。

5 贮存场所的要求

5.1 贮存化学危险品的建筑物不得有地下室或其他地下建筑，其耐火等级、层数、占地面积、安全疏散和防火间距，应符合国家有关规定。

5.2 贮存地点及建筑结构的设置，除了应符合国家的有关规定外，还应考虑对周围环境和居民的影响。

5.3 贮存场所的电气安装

5.3.1 化学危险品贮存建筑物、场所消防用电设备应能充分满足消防用电的需要；并符合 GB J16 第十章第一节的有关规定。

5.3.2 化学危险品贮存区域或建筑物内输配电线路、灯具、火灾事故照明和疏散指示标志，都应符合安全要求。

5.3.3 贮存易燃、易爆化学危险品的建筑，必须安装避雷设备。

5.4　贮存场所通风或温度调节

5.4.1　贮存化学危险品的建筑必须安装通风设备，并注意设备的防护措施。

5.4.2　贮存化学危险品的建筑通排风系统应设有导除静电的接地装置。

5.4.3　通风管应采用非燃烧材料制作。

5.4.4　通风管道不宜穿过防火墙等防火分隔物，如必须穿过时应用非燃烧材料分隔。

5.4.5　贮存化学危险品建筑采暖的热媒温度不应过高，热水采暖不应超过80℃，不得使用蒸汽采暖和机械采暖。

5.4.6　采暖管道和设备的保温材料，必须采用非燃烧材料。

6　贮存安排及贮存量限制

6.1　化学危险品贮存安排取决于化学危险品分类、分项、容器类型、贮存方式和消防的要求。

6.2　贮存量及贮存安排见表1。

表1

贮存要求＼贮存类别	露天贮存	隔离贮存	隔开贮存	分离贮存
平均单位面积贮存量，t/m^2	1.0～1.5	0.5	0.7	0.7
单一贮存区最大贮量，t	2000～2400	200～300	200～300	400～600
垛距限制，m	2	0.3～0.5	0.3～0.5	0.3～0.5
通道宽度，m	4～6	1～2	1～2	5
墙距宽度，m	2	0.3～0.5	0.3～0.5	0.3～0.5
与禁忌品距离，m	10	不得同库贮存	不得同库贮存	7～10

6.3　遇火、遇热、遇潮能引起燃烧、爆炸或发生化学反应，产生有毒气体的化学危险品不得在露天或在潮湿、积水的建筑物中贮存。

6.4　受日光照射能发生化学反应引起燃烧、爆炸、分解、化合或能产生有毒气体的化学危险品应贮存在一级建筑物中。其包装应采取避光措施。

6.5　爆炸物品不准和其他类物品同贮，必须单独隔离限量贮存，仓库不准建在城镇，还应与周围建筑、交通干道、输电线路保持一定安全距离。

6.6　压缩气体和液化气体必须与爆炸物品、氧化剂、易燃物品、自燃物品、腐蚀性物品隔离贮存。易燃气体不得与助燃气体、剧毒气体同贮；氧气不得与油脂混合贮存，盛装液化气体的容器属压力容器的，必须有压力表、安全阀、紧急切断装置，并定期检查，不得超装。

6.7 易燃液体、遇湿易燃物品、易燃固体不得与氧化剂混合贮存，具有还原性氧化剂应单独存放。

6.8 有毒物品应贮存在阴凉、通风、干燥的场所，不要露天存放，不要接近酸类物质。

6.9 腐蚀性物品，包装必须严密，不允许泄漏，严禁与液化气体和其他物品共存。

7 化学危险品的养护

7.1 化学危险品入库时，应严格检验物品质量、数量、包装情况、有无泄漏。

7.2 化学危险品入库后应采取适当的养护措施，在贮存期内，定期检查，发现其品质变化、包装破损、渗漏、稳定剂短缺等，应及时处理。

7.3 库房温度、湿度应严格控制、经常检查，发现变化及时调整。

8 化学危险品出入库管理

8.1 贮存化学危险品的仓库，必须建立严格的出入库管理制度。

8.2 化学危险品出入库前均应按合同进行检查验收、登记、验收内容包括：

a. 数量；

b. 包装；

c. 危险标志。经核对后方可入库、出库，当物品性质未弄清时不得入库。

8.3 进入化学危险品贮存区域的人员、机动车辆和作业车辆，必须采取防火措施。

8.4 装卸、搬运化学危险品时应按有关规定进行，做到轻装、轻卸。严禁摔、碰、撞、击、拖拉、倾倒和滚动。

8.5 装卸对人身有毒害及腐蚀性的物品时，操作人员应根据危险性，穿戴相应的防护用品。

8.6 不得用同一车辆运输互为禁忌的物料。

8.7 修补、换装、清扫、装卸易燃、易爆物料时，应使用不产生火花的铜制、合金制或其他工具。

9 消防措施

9.1 根据危险品特性和仓库条件，必须配置相应的消防设备、设施和灭火药剂。并配备经过培训的兼职和专职的消防人员。

9.2 贮存化学危险品建筑物内应根据仓库条件安装自动监测和火灾报警系统。

9.3 贮存化学危险品的建筑物内，如条件允许，应安装灭火喷淋系统（遇水燃烧化学危险品，不可用水扑救的火灾除外），其喷淋强度和供水时间如下：喷淋强度 15 L /（min · m²），持续时间 90 min。

10　废弃物处理

10.1　禁止在化学危险品贮存区域内堆积可燃废弃物品。

10.2　泄漏或渗漏危险品的包装容器应迅速移至安全区域。

10.3　按化学危险品特性，用化学的或物理的方法处理废弃物品，不得任意抛弃、污染环境。

11　人员培训

11.1　仓库工作人员应进行培训，经考核合格后持证上岗。

11.2　对化学危险品的装卸人员进行必要的教育，使其按照有关规定进行操作。

11.3　仓库的消防人员除了具有一般消防知识之外，还应进行在危险品库工作的专门培训，使其熟悉各区域贮存的化学危险品种类、特性、贮存地点、事故的处理程序及方法。

十四、爆炸危险场所安全规定

（劳动部 1995 年 1 月 22 日颁布，劳部发［1995］56 号，1995 年 1 月 22 日实施）

第一章　总　　则

第一条　为加强对爆炸危险场所的安全管理，防止伤亡事故的发生，依照《中华人民共和国劳动法》的有关规定，制定本规定。

第二条　本规定所称爆炸危险场所是指存在由于爆炸性混合物出现造成爆炸事故危险而必须对其生产、使用、储存和装卸采取预防措施的场所。

第三条　本规定适用于中华人民共和国境内的有爆炸危险场所的企业。

个体经济组织依照本规定执行。

第四条　县级以上各级人民政府劳动行政部门对爆炸危险场所进行监督检查。

第二章　危险等级划分

第五条　爆炸危险场所划分为特别危险场所、高度危险场所和一般危险场所三个等级。

第六条　特别危险场所是指物质的性质特别危险，储存的数量特别大，工艺条件特殊，一旦发生爆炸事故将会造成巨大的经济损失、严重的人员伤亡，危害极大的危险场所。

第七条　高度危险场所是指物质的危险性较大，储存的数量较大，工艺条件较为特殊，一旦发生爆炸事故将会造成较大的经济损失、较为严重的人员伤亡，具有一定危害的危险场所。

第八条　一般危险场所是指物质的危险性较小，储存的数量较少，工艺条件一般，即使发生爆炸事故，所造成的危害较小的场所。

第九条　在划分危险场所等级时，对周围环境条件较差或发生过重大事故的危险场所应提高一个危险等级。

第十条　爆炸危险场所等级的划分，由企业划定等级后，经上级主管部门审查，报劳动行政部门备案。

第三章　危险场所的技术安全

第十一条　有爆炸危险的生产过程，应选择物质危险性较小、工艺较缓和、较为成熟的工艺路线。

第十二条　生产装置应有完善的生产工艺控制手段，设置具有可靠的温度、压力、流量、液面等工艺参数的控制仪表，对工艺参数控制要求严格的应设双系列控制仪表，并尽可能提高其自动化程度；在工艺布置时应尽量避免或缩短操作人员处于危险场所内的操作时间；对特殊生产工艺应有特殊的工艺控制手段。

第十三条　生产厂房、设备、储罐、仓库、装卸设施应远离各种引爆源和生活、办公区；应布置在全年最小频率风的上风向；厂房的朝向应有利于爆炸危险气体的散发；厂房应有足够的泄压面积和必要的安全通道；对散发比空气重的有爆炸危险气体的场所地面应有不引爆措施；设备、设施的安全间距应符合国家有关规定；生产厂房内的爆炸危险物料必须限量，储罐、仓库的储存量严格按国家有关规定执行。

第十四条　生产过程必须有可靠的供电、供气（汽）、供水等公用工程系统。对特别危险场所应设置双电源供电或备用电源，对重要的控制仪表应设置不间断电源（UPS）。特别危险场所和高度危险场所应设置排除险情的装置。

第十五条　生产设备、储罐和管道的材质、压力等级、制造工艺、焊接质量、检验要求必须执行国家有关规程；其安装必须有良好的密闭性能。对压力管线要有防止高低压窜气、窜液措施。

第十六条　爆炸危险场所必须有良好的通风设施，以防止有爆炸危险气体的积聚。生产装置尽可能采用露天、半露天布置，布置在室内应有足够的通风量；通排风设施应根据气体比重确定位置；对局部易露部位应设置局部符合防爆要求的机械排风设施。

第十七条　危险场所必须按《中华人民共和国爆炸危险场所电气安全规程（试行）》划定危险场所区域等级图，并按危险区域等级和爆炸性混合物的级别、组别配置相应符合国家标准规定的防爆等级的电气设备。防爆电气设备的配置应符合整体防爆要求；防爆电气设备的施工、安装、维护和检修也必须符合规程要求。

第十八条　爆炸危险场所必须设置相应的可靠的避雷设施；有静电积聚危险的生产装置应采用控制流速、导除静电接地、静电消除器、添加防静电等有效的消除静电措施。

第十九条　爆炸危险场所的生产、储存、装卸过程必须根据生产工艺的要求设置相应的安全装置。

第二十条　桶装的有爆炸危险的物质应储存在库房内。库房应有足够的泄压面积和安全通道；库房内不得设置办公和生活用房；库房应有良好的通风设施；对储存温度要求较低的有爆炸危险物质的库房应有降温设施；对储存退温易爆物品的库房地面应比周围高出一定的高度；库房的门、窗应有遮雨设施。

第二十一条　装卸有爆炸危险的气体、液体时，连接管道的材质和压力等级等应符合工艺要求，其装卸过程必须采用控制流速等有效的消除静电措施。

第四章　危险场所的安全管理

第二十二条　企业应实行安全生产责任制，企业法定代表人应对本单位爆炸危险场所的安全管理工作负全面责任，以实现整体防爆安全。

第二十三条　新建、改建、扩建有爆炸危险的工程建设项目时，必须实行安全设施与主体工程同时设计、同时施工、同时竣工投产的“三同时”原则。

第二十四条　爆炸危险场所的设备应保持完好，并应定期进行校验、维护保养和检修，其完好率和泄露率都必须达到规定要求。

第二十五条　爆炸危险场所的管理人员和操作工人，必须经培训考核合格后才能上岗。危险性较大的操作岗位，企业应规定操作人员的文化程度和技术等级。

防爆电气的安装、维修工人必须经过培训、考核合格，持证上岗。

第二十六条　企业必须有安全操作规程。操作工人应按操作规程操作。

第二十七条　爆炸危险场所必须设置标有危险等级和注意事项的标志牌。生产工艺、检修时的各种引爆源，必须采取完善的安全措施予以消除和隔离。

第二十八条　爆炸危险场所使用的机动车辆应采取有效的防爆措施。作业人员使用的工具、防护用品应符合防爆要求。

第二十九条　企业必须加强对防爆电气设备、避雷、静电导除设施的管理，选用经国家指定的防爆检验单位检验合格的防爆电气产品，做好防爆电气设备的备品、备件工作，不准任意降低防爆等级，对在用的防爆电气设备必须定期进行检验。检验和检修防爆电气产品的单位必须经过资格认可。

第三十条　爆炸危险场所内的各种安全设施，必须经常检查，定期校验，保持完好的状态，做好记录。各种安全设施不得擅自解除或拆除。

第三十一条　爆炸危险场所内的各种机械通风设施必须处于良好运行状态，

并应定期检测。

第三十二条　仓库内的爆炸危险物品应分类存放，并应有明显的货物标志。堆垛之间应留有足够的垛距、墙距、顶距和安全通道。

第三十三条　仓库和储罐区应建立健全管理制度。库房内及露天堆垛附近不得从事试验、分装、焊接等作业。

第三十四条　爆炸危险物品在装卸前应对储运设备和容器进行安全检查。装卸应严格按操作规程操作，对不符合安全要求的不得装卸。

第三十五条　企业的主管部门应按本规定的要求加强对爆炸危险场所的安全管理，并组织、检查和指导企业爆炸危险场所的安全管理工作。

第五章　罚　　则

第三十六条　对爆炸危险场所存在重大事故隐患的，由劳动行政部门责令整改，并可处以罚款；情节严重的，提请县级以上人民政府决定责令停产整顿。

第三十七条　对劳动行政部门的处罚决定不服的，可申请复议。对复议决定不服，可以向人民法院起诉。逾期不起诉，也不执行处罚决定的，作出处罚决定的机关可以申请人民法院强制执行。

第六章　附　　则

第三十八条　各省、自治区、直辖市劳动行政部门可根据本规定制定实施细则，并报国务院劳动行政部门备案。

第三十九条　国家机关、事业组织和社会团体的爆炸危险场所参照本规定执行。

第四十条　本规定自颁布之日起施行。

十五、易燃易爆性商品储藏养护技术条件

（国家质量技术监督局 1999 年 11 月 29 日批准，2000 年 4 月 1 日实施）

前　言

本标准是为规范化学危险品中易燃易爆性物品的储藏管理，确保易燃易爆性物品在储藏过程中的安全而制定的。

本标准是根据国务院发布的《化学危险物品安全管理条例》、国家国内贸易局制定的《商品储藏养护技术规范》第七册，并结合四十余年储藏该类商品的实践经验和试验研究成果对易燃易爆性物品的合理安全贮存，做了具体的规定。

本标准的附录 A 和附录 B 都是标准的附录。

本标准由国家国内贸易局提出。

本标准起草单位：北京市商业储运公司。

本标准主要起草人：孟广浩、王秀芬、吴凤琴、王玉洪、张桂荣。

1　范围

本标准规定了易燃易爆性商品的储藏条件、养护技术和储藏期限等技术要求。

本标准适用于 GB 12268 中的爆炸品、压缩气体和液化气体、易燃液体、易燃固体、自燃物品、遇湿易燃物品、氧化剂和有机过氧化物（不含军工危险物）。

2　引用标准

下列标准所包含的条文，通过在本标准中引用而构成为本标准的条文。本标准出版时，所示版本均为有效。所有标准都会被修订，使用本标准的各方应探讨使用下列标准最新版本的可能性。

GB 190—1990　危险货物包装标志

GB 191—1990　包装货物图示标志

GB 12268—1990　危险货物品名表

GB 12463—1990　危险货物运输包装通用技术条件

GB J 16—1987　建筑设计防火规范

3　储藏条件

3.1　建筑条件

应符合 GB J 16—1987 中 4.2.1 条的要求，库房耐火等级不低于三级。

3.2　库房条件

储藏易燃易爆商品的库房，应冬暖夏凉、干燥、易于通风、密封和避光。

3.2.1　根据各类商品的不同性质、库房条件、灭火方法等进行严格的分区分类，分库存放。

3.2.1.1　爆炸品宜储藏于一级轻顶耐火建筑的库房内。

3.2.1.2　低、中闪点液体、一级易燃固体、自燃物品、压缩气体和液化气体类宜储藏于一级耐火建筑的库房内。

3.2.1.3　遇湿易燃物品、氧化剂和有机过氧化物可储藏于一、二级耐火建筑的库房内。

3.2.1.4　二级易燃固体、高闪点液体可储藏于耐火等级不低于三级的库房内。

3.3　安全条件

3.3.1　商品避免阳光直射、远离火源、热源、电源，无产生火花的条件。

3.3.2　除按附录 A（标准的附录）规定分类贮存外，以下品种应专库储藏。

3.3.2.1　爆炸品：黑色火药类、爆炸性化合物分别专库储藏。

3.3.2.2　压缩气体和液化气体：易燃气体、不燃气体和有毒气体分别专库储藏。

3.3.2.3　易燃液体均可同库储藏；但甲醇、乙醇、丙酮等应专库贮存。

3.3.2.4　易燃固体可同库储藏；但发乳剂 H（编者注：可能是“发孔剂”或“发泡剂”）与酸或酸性物品分别储藏；硝酸纤维素酯、安全火柴、红磷及硫化磷、铝粉等金属粉类应分别储藏。

3.3.2.5　自燃物品：黄磷，烃基金属化合物，浸动、植物油制品须分别专库储藏。

3.3.2.6　遇湿易燃物品专库储藏。

3.3.2.7　氧化剂和有机过氧化物：一、二级无机氧化剂与一、二级有机氧化剂必须分别储藏，但硝酸铵、氯酸盐类、高锰酸盐、亚硝酸盐、过氧化钠、过氧化氢等必须分别专库储藏。

3.4　环境卫生条件

3.4.1　库房周围无杂草和易燃物。

3.4.2　库房内经常打扫，地面无漏撒商品，保持地面与货垛清洁卫生。

3.5　温湿度条件

3.5.1　各类商品适宜储藏的温湿度见表 1。

表 1　　　　　　　　　　**温湿度条件**

类别	品名	温度,℃	相对湿度,%	备注
爆炸品	黑火药、化合物	≤32	≤80	
	水作稳定剂的	≥1	<80	
压缩气体和液化气体	易燃、不燃、有毒	≤30		
易燃液体	低闪点	≤29		
	中高闪点	≤37		
易燃固体	易燃固体	≤35		
	硝酸纤维素酯	≤25	≤80	
	安全火柴	≤35	≤80	
	红磷、硫化磷、铝粉	≤35	<80	
自燃物品	黄磷	>1		
	烃基金属化合物	≤30	≤80	
	含油制品	≤32	≤80	
遇湿易燃物品	遇湿易燃物品	≤32	≤75	
氧化剂和有机过氧化物	氧化剂和有机过氧化物	≤30	≤80	
	过氧化钠、镁、钙等	≤30	≤75	
	硝酸锌、钙、镁等	≤28	≤75	代装
	硝酸铵、亚硝酸钠	≤30	≤75	代装
	盐的水溶液	>1		
	结晶硝酸锰	<25		
	过氧化苯甲酰	2～25		含稳定剂
	过氧化丁酮等有机氧化剂	≤25		

4　入库验收

4.1　验收原则

4.1.1　入库商品必须符合产品标准，并附有生产许可证和产品检验合格证。进口产品还应有中文安全技术说明书或其他说明。

4.1.2　保管方应验收商品的内外标志、容器、包装、衬垫等，验后作出验收记录。

4.1.3　验收应在库房外安全地点或验收室进行。

4.1.4　每种商品拆箱验收 2～5 箱（免检商品除外），发现问题，扩大验收比例。验后将商品包装复原，并做标记。

4.2　验收项目

4.2.1　验收内外标志

a）品名；

b）规格；

c）等级；

d）数（重）量；

e）生产日期（批号）；

f）生产工厂；

g）危险品标志符合 GB 190 和 GB 191 的规定。

4.2.2　验收包装

各类商品的容器和包装均应符合 GB 12463 的规定，应封闭严密，完整无损，容器和外包装不沾有内装商品和其他物品，无受潮和水湿等现象。

各类商品的内外包装及衬垫见表 2。

表 2　　各类商品的内外包装及衬垫

类别	品名	内包装	外包装	衬垫	备注
爆炸品	黑火药	塑袋、铁皮里	木箱		三层包装
	爆竹、烟花	包好裹严	木箱	松软料	
	化合物	玻璃瓶	木箱	不燃材料	
	三硝基苯酚等	玻璃瓶	塑料套筒	不燃材料	稳定剂
压缩气体和液化气体	压缩气体和液化气体	钢瓶（带帽）	安全胶圈		
易燃液体	易燃液体	金属桶玻璃瓶（气密封）	木箱	松软材料	
易燃固体	易燃固体	衬纸、玻璃瓶	金属桶、木桶、木箱	松软材料	
	赛璐珞板材及制品	纸	木箱		
	安全火柴	盒(柴头无外露)	包、纸板箱		
自燃物品	黄磷	瓶、金属桶	木箱	不燃材料	稳定剂
	烃基金属氧化物	瓶	钢筒		
	含油制品		透笼木箱		不紧压
遇湿易燃物品	碱金属及氧化物	瓶、桶	木箱	不燃材料	稳定剂

续表

类别	品名	内包装	外包装	衬垫	备注
氧化剂和有机过氧化物	氧化剂	桶、瓶、袋	木箱	松软材料	
	过氧化钠（钾）、高锰酸锌、氯酸钾（钠）	瓶、桶	木箱	不燃材料	
	过氧化苯甲酰	瓶、桶	木箱	不燃材料	稳定剂

4.2.3　验收商品质量（感官）

4.2.3.1　固体无潮解，无熔（溶）化，无变色和风化。

4.2.3.2　液体颜色正常，无封口不严，无挥发和渗漏。

4.2.3.3　气体钢瓶螺旋口严密，无漏气现象。

4.3　验收结果处理

4.3.1　凡外标志不全，包装不符合 4.2 规定的不得签收入库或暂存观察室。如包装破漏需整好后再行入库。

4.3.2　验收完毕，合格的做好入库单及验收记录，并转存货方。

5　堆垛

5.1　堆垛方法

根据库房条件、商品性质和包装形态采取适当的堆码和垫底方法。

5.1.1　各种商品不允许直接落地存放。根据库房地势高低，一般应垫 15 cm 以上。遇湿易燃物品、易吸潮溶化和吸潮分解的商品应根据情况加大下垫高度。

5.1.2　各种商品应码行列式压缝货垛，做到牢固、整齐、美观，出入库方便，一般垛高不超过 3 m。

5.1.3　堆垛间距：

a）主通道大于等于 180 cm；

b）支通道大于等于 80 cm；

c）墙距大于等于 30 cm；

d）柱距大于等于 10 cm；

e）垛距大于等于 10 cm；

f）项距大于等于 50 cm。

6　养护技术

6.1　温湿度管理

6.1.1　库房内设温湿度表（重点库可设自记温湿度计），按规定时间观测和记录。

6.1.2　根据商品的不同性质，采取密封、通风和库内吸潮相结合的温湿度管理办法，严格控制并保持库房内的温湿度，使之符合表1的要求。

6.2 在库检查

6.2.1 安全检查

每天对库房内外进行安全检查，检查易燃物是否清理，货垛牢固程度和异常现象。

6.2.2 质量检查

根据商品性质，定期进行以感官为主的在库质量检查，每种商品抽查1～2件，主要检查商品自身变化，商品容器、封口、包装和衬垫等在储藏间的变化。

6.2.2.1 爆炸品：一般不宜拆包检查，主要检查外包装。爆炸性化合物可拆箱检查。

6.2.2.2 压缩气体和液化气体：用称量法检查其重量；检查钢瓶是否漏气可用气球将瓶嘴扎紧；也可用棉球蘸稀盐酸液（用于氨）、稀氨水（用于氯）涂在瓶口处。如果漏气会立即产生大量烟雾。

6.2.2.3 易燃液体：主要查封口是否严密，有无挥发或渗漏，有无变色、变质和沉淀现象。

6.2.2.4 易燃固体：查有无溶（熔）、升华和变色、变质现象。

6.2.2.5 自燃物品、遇湿易燃物品：查有无挥发、渗漏、吸潮溶化，含稳定剂的稳定剂要足量，否则立即添足补满。

6.2.2.6 氧化剂和有机过氧化物：主要是检查包装封口是否严密，有无吸潮溶化，变色变质；有机过氧化物，含稳定剂的稳定剂要足量，封口严密有效。

6.2.2.7 按重量计的商品应抽检重量，以控制商品保管损耗。

6.2.2.8 每次质量检查后，外包装上均应做出明显的标记，并做好记录。

6.2.3 检查结果问题处理

6.2.3.1 检查结果逐项记录，在商品外包装上做出标记。

6.2.3.2 检查中发现的问题，及时填写有问题商品通知单通知存货方。如问题严重或危及安全时立即汇报和通知存货方，采取应急措施。

6.2.3.3 有效期商品应在有效期前一个月通知存货方。

6.2.3.4 超过储藏期限或长期不出库的商品应填写在库商品催调单，转存货方。

7 安全操作

7.1 作业人员应穿工作服，戴手套、口罩等必要的防护用具，操作中轻搬轻放，防止摩擦和撞击。

7.2 各项操作不得使用能产生火花的工具，作业现场应远离热源与火源。

7.3 操作易燃液体需穿防静电工作服，禁止穿带钉鞋。大桶不得直接在水泥地面滚动。出入库汽车要戴好防护罩，排气管不得直接对准库房门。

7.4 桶装各种氧化剂不得在水泥地面滚动。

7.5 库房内不准分、改装，开箱、开桶、验收和质量检查等需在库房外进行。

8 储藏期限

根据各种商品的生产日期和有效期而定。

9 出库

按生产日期和批号顺序先进先出。

10 应急情况处理

10.1 灭火方法见附录B（标准的附录）。

10.2 各种物品在燃烧过程中会产生不同程度的毒性气体和毒害性烟雾。在灭火和抢救时，应站在上风头，佩戴防毒面具或自救式呼吸器。

10.3 如发现头晕、呕吐、呼吸困难、面色发青等中毒症状，立即离开现场，移到空气新鲜处或做人工呼吸，重者送医院诊治。

附录 A
（标准的附录）
化学危险物品混存性能互抵表

化学危险品分类		爆炸性物品				氧化剂				压缩气体和液化气体				自然物品		遇水燃烧物品		易燃液体		易燃固体		毒害性物品				腐蚀性物品				放射性物品
																										酸性		碱性		
化学危险品分类	小类	点火器材	起爆器材	爆炸及爆炸性药品	其他爆炸品	一级无机	一级有机	二级无机	二级有机	剧毒	易燃	助燃	不燃	一级	二级	一级	二级	一级	二级	一级	二级	剧毒无机	剧毒有机	有毒无机	有毒有机	无机	有机	无机	有机	
爆炸性物品	点火器材	○																												
	起爆器材	○	○																											
	爆炸及爆炸性药品	○	×	○																										
	其他爆炸品	○	×	×	○																									
氧化剂	一级无机	×	×	×	×	①																								
	一级有机	×	×	×	×	×	○																							
	二级无机	×	×	×	×	○	×	②																						
	二级有机	×	×	×	×	×	○	×	○																					
压缩气体和液化气体	剧毒（液氨和液氯有抵触）	×	×	×	×	×	×	×	×	○																				
	易燃	×	×	×	×	×	×	×	×	×	○																			
	助燃	×	×	×	×	×	×	分	×	○	×	○																		
	不燃	×	×	×	×	分	消	分	分	○	○	○	○																	

续表

化学危险品分类 / 小类		爆炸性物品				氧化剂				压缩气体和液化气体				自然物品		遇水燃烧物品		易燃液体		易燃固体		毒害性物品				腐蚀性物品				放射性物品
																										酸性		碱性		
小类 / 化学危险品分类		点火器材	起爆器材	爆炸及爆炸性药品	其他爆炸品	一级无机	一级有机	二级无机	二级有机	剧毒	易燃	助燃	不燃	一级	二级	一级	二级	一级	二级	一级	二级	剧毒无机	剧毒有机	有毒无机	有毒有机	无机	有机	无机	有机	
自然物品	一级	×	×	×	×	×	×	×	×	×	×	×	×	○																
	二级	×	×	×	×	×	×	×	×	×	×	×	×	×	○															
遇水燃烧物品	一级	×	×	×	×	×	×	×	×	×	×	×	×	×	×	○														
	二级	×	×	×	×	×	×	×	×	消	×	×	消	×	消	×	○													
易燃液体	一级	×	×	×	×	×	×	×	×	×	×	×	×	×	×	×	×	○												
	二级	×	×	×	×	×	×	×	×	×	×	×	×	×	×	×	×	○	○											
易燃固体	一级	×	×	×	×	×	×	×	×	×	×	×	×	×	×	×	×	消	消	○										
	二级	×	×	×	×	×	×	×	×	×	×	×	×	×	×	×	×	消	消	○	○									
毒害性物品	剧毒无机	×	×	×	×	分	×	分	分	分	分	分	分	×	分	消	消	消	消	分	分	○								
	剧毒有机	×	×	×	×	×	×	×	×	×	×	×	×	×	×	×	×	×	×	×	×	○	○							
	有毒无机	×	×	×	×	分	×	分	分	分	分	分	分	×	分	消	消	消	消	分	分	○	○	○						
	有毒有机	×	×	×	×	×	×	×	×	×	×	×	×	×	×	×	×	分	分	消	消	○	○	○	○					

续表

化学危险品分类			爆炸性物品				氧化剂				压缩气体和液化气体				自然物品		遇水燃烧物品		易燃液体		易燃固体		毒害性物品				腐蚀性物品				放射性物品
																											酸性		碱性		
化学危险品分类		小类	点火器材	起爆器材	爆炸及爆炸性药品	其他爆炸品	一级无机	一级有机	二级无机	二级有机	剧毒	易燃	助燃	不燃	一级	二级	一级	二级	一级	二级	一级	二级	剧毒无机	剧毒有机	有毒无机	有毒有机	无机	有机	无机	有机	
腐蚀性物品	酸性	无机	×	×	×	×	×	×	×	×	×	×	×	×	×	×	×	×	×	×	×	×	×	×	×	×	○				
		有机	×	×	×	×	×	×	×	×	×	×	×	×	×	×	×	×	消	消	×	×	×	×	×	×	×	○			
	碱性	无机	×	×	×	×	分	消	分	消	分	分	分	分	分	分	消	消	消	消	分	分	×	×	×	×	×	×	○		
		有机	×	×	×	×	×	×	×	×	×	×	×	×	×	×	×	×	消	消	消	消	×	×	×	×	×	×	○	○	
放射性物品			×	×	×	×	×	×	×	×	×	×	×	×	×	×	×	×	×	×	×	×	×	×	×	×	×	×	×	×	○

说明："○"符号表示可以混存；

"×"符号表示不可以混存；

"分"指应按化学危险品的分类进行分区分类贮存。如果物品不多或仓位不够时，因其性能并不互相抵触，也可以混存。

"消"指两种物品性能并不互相抵触，但消防施救方法不同，条件许可时最好分存。

①说明过氧化钠等氧化物不宜和无机氧化剂混存。

②说明具有还原性的亚硝酸钠等亚硝酸盐类，不宜和其他无机氧化剂混存。

凡混存物品，货垛与货垛之间，必须留有 1 m 以上的距离，并要求包装容器完整，不使两种物品发生接触。

附录 B
（标准的附录）
易燃易爆性物品灭火方法

类别	品名	灭火方法	备注
爆炸品	黑药	雾状水	
	化合物	雾状水、水	
压缩气体和液化气体	压缩气体和液化气体	大量水	冷却钢瓶
易燃液体	中、低、高闪点	泡沫、干粉	
	甲醇、乙醇、丙酮	抗溶泡沫	
易燃固体	易燃固体	水、泡沫	
	发乳剂*	水、干粉	禁用酸碱泡沫
	硫化磷	干粉	禁用水
自燃物品	自燃物品	水、泡沫	
	烃基金属化合物	干粉	禁用水
遇湿易燃物品	遇湿易燃物品	干粉	禁用水
	钠、钾	干粉	禁用水、二氧化碳、四氯化碳
氧化剂和有机过氧化物	氧化剂和有机过氧化物	雾状水	
	过氧化钠、钾、镁、钙等	干粉	禁用水

*（编者注：可能是“发孔剂”或“发泡剂”）

十六、毒害性商品储藏养护技术条件

（国家质量技术监督局 1999 年 11 月 29 日批准，2000 年 4 月 1 日实施）

前　言

本标准是为规范化学危险品中毒害品的储藏管理，保证毒害品在储藏过程中的安全而制定的。

本标准根据多年来毒害品在储藏养护中的经验总结和科研成果，以科学的试验数据为依据，并参照国家对危险货物贮存运输的法律、法规，参考了国际危险品的运输规则，对毒害品储藏养护技术做了具体的规定。

本标准的附录 A、附录 B 都是标准的附录。

本标准的附录 C 是提示的附录。

本标准由国家国内贸易局提出。

本标准起草单位：国家国内贸易局、北京市商业储运公司。

本标准主要起草人：张桂荣、柴保深、陈峰。

1　范围

本标准规定了毒害性商品的储藏条件、储藏技术、储藏期限等技术要求。

本标准适用于 GB 6944 和 GB 12268 规定的毒害品。

2　引用标准

下列标准所包含的条文，通过在本标准中引用而构成为本标准的条文。本标准出版时，所示版本均为有效。所有标准都会被修订。使用本标准的各方应探讨使用下列标准最新版本的可能性。

GB 190—1990　危险货物包装标志

GB 191—1990　包装储运图示标志

GB 6944—1986　危险货物分类和品名编号

GB 11651—1989　劳动保护用品选用规则

GB 12268—1990　危险货物品名表

GB 12463—1990　危险货物运输包装通用技术条件

GB 12475—1990　农药贮运、销售和使用的防毒规程

3 储藏条件

3.1 库房条件

3.1.1 库房结构完整、干燥、通风良好。机械通风排毒要有必要的安全防护措施。

3.1.2 库房耐火等级不低于二级。

3.2 安全条件

3.2.1 仓库应远离居民区和水源。

3.2.2 商品避免阳光直射、暴晒，远离热源、电源、火源，库内在固定方便的地方配备与毒害品性质适应的消防器材、报警装置和急救药箱。

3.2.3 不同种类毒品要分开存放，危险程度和灭火方法不同的要分开存放，性质相抵的禁止同库混存，附录A（标准的附录）给出了化学危险物品混存性能互抵表。

3.2.4 剧毒品应专库贮存或存放在彼此间隔的单间内，需安装防盗报警器，库门装双锁。

3.3 环境卫生条件

库区和库房内要经常保持整洁。对散落的毒品、易燃、可燃物品和库区的杂草及时清除。用过的工作服、手套等用品必须放在库外安全地点，妥善保管或及时处理。更换储藏毒品品种时，要将库房清扫干净。

3.4 温湿度条件

库区温度不超过35℃为宜，易挥发的毒品应控制在32℃下，相对湿度应在85％以下，对于易潮解的毒品应控制在80％以下。

4 入库验收

4.1 验收原则

4.1.1 入库商品必须附有生产许可证和产品检验合格证，进口商品必须附有中文安全技术说明书和质量鉴定书。

4.1.2 商品内在质量应符合产品标准，由存货方负责检验。

4.1.3 保管方对商品外观、内外标志、容器包装、衬垫等进行感官检验。

4.1.4 每种商品拆箱验收2～5箱（免检商品除外），发现问题扩大比例，验后将商品包装复原，并做标记。

4.1.5 验收在库外安全地点或验收室进行。

4.2 验收项目

4.2.1 包装

应符合GB 12463的规定。

4.2.1.1 内外包装应有如下标志：

a）品名；

b）规格；

c）等级；

d）数（重）量；

e）生产日期或批号；

f）生产厂名；

g）储运图示：应符合 GB 191 的规定；

h）毒性标志：应符合 GB 190 的规定。

4.2.1.2 包装完整无损，无水湿、污染，包装材料、容器衬垫等应符合 GB 12463 的要求。

4.2.2 质量

4.2.2.1 商品性状、颜色等应符合产品标准。

4.2.2.2 液体商品颜色无变化，无沉淀，无杂质。

4.2.2.3 固体商品无变色，无结块，无潮解，无溶化现象。

4.2.3 验收结果处理

4.2.3.1 验收不符合 4.2 规定的不得入库，暂存观察室，通知存货方，另行处理。

4.2.3.2 验收完毕，合格的签收入库，填写验收记录，转存货方。

4.2.3.3 包装破漏时，必须更换包装方可入库，整修包装需在专门场所进行。撒在地上的毒品要清扫干净，集中存放，统一处理。

5 堆垛

商品堆垛要符合安全、方便的原则，便于堆码、检查和消防扑救，苫垫物料要专用。

5.1 堆垛方法

5.1.1 商品不得就地堆码，货垛下应有隔潮设施，垛底一般不低于 15 cm。

5.1.2 一般可堆成大垛，挥发性液体毒品不宜堆大垛，可堆成行列式。要求货垛牢固、整齐、美观，垛高不超过 3 m。

5.2 堆垛间距

a）主通道大于等于 180 cm；

b）支通道大于等于 80 cm；

c）墙距大于等于 30 cm；

d）柱距大于等于 10 cm；

e）垛距大于等于 10 cm；

f）顶距大于等于 50 cm。

6 养护技术

6.1 温湿度管理

6.1.1 库房内设置温湿度表，按时观测、记录。

6.1.2 严格控制库内温湿度，保持在适宜范围之内。

6.1.3 易挥发液体毒品库要经常通风排毒，若采用机械通风要有必要的安全防护措施。

6.2 在库检查

6.2.1 安全检查

6.2.1.1 每天对库区进行检查，检查易燃物等是否清理，货垛是否牢固，有无异常。

6.2.1.2 遇特殊天气及时检查商品有无受损。

6.2.1.3 定期检查库内设施、消防器材、防护用具是否安全有效。

6.2.2 商品质量检查

6.2.2.1 根据商品性质，定期进行质量检查，每种商品抽查1～2件，发现问题扩大检查比例。

6.2.2.2 检查商品包装、封口、衬垫有无破损，商品外观和质量有无变化。

6.2.3 检查结果问题处理

6.2.3.1 检查结果逐项记录，在商品外包装上作出标记。

6.2.3.2 对发现的问题做好记录，通知存货方，同时采取措施进行防治。

6.2.3.3 对有问题商品和冷背残次商品应填写催调单，报存货方，督促解决。

7 安全操作

7.1 装卸人员应具有操作毒品的一般知识，操作时轻拿轻放，不得碰撞、倒置，防止包装破损，商品外溢。

7.2 作业人员要佩戴手套和相应的防毒口罩或面具，穿防护服。

7.3 作业中不得饮食，不得用手擦嘴、脸、眼睛。每天作业完毕，必须及时用肥皂（或专用洗涤剂）洗净面部、手部，用清水漱口，防护用具应及时清洗，集中存放。

8 储藏期限

根据各种毒害品的生产日期和有效期而定。

9 出库

9.1 严格按生产日期先后出库。

9.2 严格执行双锁、双人复核制。

10 应急情况处理

10.1　消防方法见附录 B（标准的附录）。

10.2　个人防护参照 GB 11651 和 GB 12475。

10.3　中毒急救参见附录 C（提示的附录）。

附录 A
（标准的附录）
化学危险物品混存性能互抵表

化学危险品分类	小类	爆炸性物品				氧化剂				压缩气体和液化气体				自然物品		遇水燃烧物品		易燃液体		易燃固体		毒害性物品				腐蚀性物品				放射性物品
		点火器材	起爆器材	爆炸及爆炸性药品	其他爆炸品	一级无机	一级有机	二级无机	二级有机	剧毒	易燃	助燃	不燃	一级	二级	一级	二级	一级	二级	一级	二级	剧毒无机	剧毒有机	有毒无机	有毒有机	酸性 无机	酸性 有机	碱性 无机	碱性 有机	
爆炸性物品	点火器材	○																												
	起爆器材	○	○																											
	爆炸及爆炸性药品	○	×	○																										
	其他爆炸品	○	×	×	○																									
氧化剂	一级无机	×	×	×	×	①																								
	一级有机	×	×	×	×	×	○																							
	二级无机	×	×	×	×	○	×	②																						
	二级有机	×	×	×	×	×	○	×	○																					
压缩气体和液化气体	剧毒（液氨和液氯有抵触）	×	×	×	×	×	×	×	×	○																				
	易燃	×	×	×	×	×	×	×	×	×	○																			
	助燃	×	×	×	×	×	×	分	×	○	×	○																		
	不燃	×	×	×	×	分	消	分	分	○	○	○	○																	

续表

化学危险品分类 \ 小类		爆炸性物品				氧化剂				压缩气体和液化气体				自然物品		遇水燃烧物品		易燃液体		易燃固体		毒害性物品				腐蚀性物品				放射性物品
																										酸性		碱性		
化学危险品分类	小类	点火器材	起爆器材	爆炸及爆炸性药品	其他爆炸品	一级无机	一级有机	二级无机	二级有机	剧毒	易燃	助燃	不燃	一级	二级	一级	二级	一级	二级	一级	二级	剧毒无机	剧毒有机	有毒无机	有毒有机	无机	有机	无机	有机	
自然物品	一级	×	×	×	×	×	×	×	×	×	×	×	×	○																
	二级	×	×	×	×	×	×	×	×	×	×	×	×	×	○															
遇水燃烧物品	一级	×	×	×	×	×	×	×	×	×	×	×	×	×	×	○														
	二级	×	×	×	×	×	×	×	×	消	×	×	消	×	消	×	○													
易燃液体	一级	×	×	×	×	×	×	×	×	×	×	×	×	×	×	×	×	○												
	二级	×	×	×	×	×	×	×	×	×	×	×	×	×	×	×	×	○	○											
易燃固体	一级	×	×	×	×	×	×	×	×	×	×	×	×	×	×	×	×	消	消	○										
	二级	×	×	×	×	×	×	×	×	×	×	×	×	×	×	×	×	消	消	○	○									
毒害性物品	剧毒无机	×	×	×	×	分	×	分	分	分	分	分	分	×	分	消	消	消	消	分	分	○								
	剧毒有机	×	×	×	×	×	×	×	×	×	×	×	×	×	×	×	×	×	×	×	×	○	○							
	有毒无机	×	×	×	×	分	×	分	分	分	分	分	分	×	分	消	消	消	消	分	分	○	○	○						
	有毒有机	×	×	×	×	×	×	×	×	×	×	×	×	×	×	×	×	分	分	消	消	○	○	○	○					

续表

化学危险品分类（小类）			爆炸性物品				氧化剂				压缩气体和液化气体				自然物品		遇水燃烧物品		易燃液体		易燃固体		毒害性物品				腐蚀性物品				放射性物品
																											酸性		碱性		
化学危险品分类		小类	点火器材	起爆器材	爆炸及爆炸性药品	其他爆炸品	一级无机	一级有机	二级无机	二级有机	剧毒	易燃	助燃	不燃	一级	二级	一级	二级	一级	二级	一级	二级	剧毒无机	剧毒有机	有毒无机	有毒有机	无机	有机	无机	有机	
腐蚀性物品	酸性	无机	×	×	×	×	×	×	×	×	×	×	×	×	×	×	×	×	×	×	×	×	×	×	×	×	○				
		有机	×	×	×	×	×	×	×	×	×	×	×	×	×	×	×	×	消	消	×	×	×	×	×	×	×	○			
	碱性	无机	×	×	×	×	分	消	分	消	分	分	分	分	分	分	消	消	消	消	分	分	×	×	×	×	×	×	○		
		有机	×	×	×	×	×	×	×	×	×	×	×	×	×	×	×	×	消	消	消	消	×	×	×	×	×	×	○	○	
放射性物品			×	×	×	×	×	×	×	×	×	×	×	×	×	×	×	×	×	×	×	×	×	×	×	×	×	×	×	×	○

说明："○"符号表示可以混存。

"×"符号表示不可以混存。

"分"指应按化学危险品的分类进行分区分类贮存。如果物品不多或仓位不够时，因其性能并不互相抵触，也可以混存。

"消"指两种物品性能并不互相抵触，但消防施救方法不同，条件许可时最好分存；

①说明过氧化钠等氧化物不宜和无机氧化剂混存。

②说明具有还原性的亚硝酸钠等亚硝酸盐类，不宜和其他无机氧化剂混存。

凡混存物品，货垛与货垛之间，必须留有 1 m 以上的距离，并要求包装容器完整，不使两种物品发生接触。

附录B
（标准的附录）
部分毒害品消防方法

	品名	灭火剂	禁用灭火剂	备注
无机剧毒品	砷酸、砷酸钠	水		
	砷酸盐、砷及其化合物、亚砷酸、亚砷酸盐	水、沙土		
	亚硒酸盐、亚硒酸酐、硒及其化合物	水、沙土		
	硒粉	沙土、干粉	水	
	氯化汞	水、沙土		
	氰化物、氰熔体、淬火盐	水、沙土	酸碱泡沫	
	氢氰酸溶液	二氧化碳、干粉、泡沫		
有机剧毒品	敌死通、氯化苦、氟磷酸异丙酯、1240乳剂、3911、1440	水、沙土		
	四乙基铅	干砂、泡沫		
	马钱子碱	水		
	硫酸二甲酯	干砂、泡沫、二氧化碳、雾状水		
	1605乳剂、1059乳剂	水、沙土	酸碱泡沫	
无机有毒品	氟化钠、氟化物、氟硅酸盐、氧化铅、氯化钡、氧化汞、汞及其化合物、碲及其化合物、碳酸铍、铍及其化合物	水、沙土		
有机有毒品	氰化二氯甲烷、其他含氰的化合物	二氧化碳、雾状水、沙土		
	苯的氯代物（多氯代物）	沙土、泡沫、二氧化碳、雾状水		
	氯酸酯类	泡沫、水、二氧化碳		
	烷烃（烯烃）的溴代物，其他醛、醇、酮、酯、苯等的溴化物	泡沫、沙土		
	各种有机物的钡盐、对硝基苯氯（溴）甲烷	沙土、泡沫、雾状水		
	砷的有机化合物、草酸、草酸盐类	沙土、水、泡沫、二氧化碳		
	草酸酯类、硫酸酯类、磷酸酯类	泡沫、水、二氧化碳		
	胺的化合物、苯胺的各种化合物、盐酸苯二胺（邻、间、对）	沙土、泡沫、雾状水		
	二氨基甲苯、乙萘胺、二硝基二苯胺、苯肼及其化合物、苯酚的有机化合物、硝基的苯酚钠盐、硝基苯酚、苯的氯化物	沙土、泡沫、雾状水、二氧化碳		
	糠醛、硝基萘	泡沫、二氧化碳、雾状水、沙土		
	滴滴涕原粉、毒杀酚原粉、666原粉	泡沫、沙土		
	氯丹、敌百虫、马拉松、烟雾剂、安妥、苯巴比妥钠盐、阿米妥尔及其钠盐、赛力散原粉、1-萘甲腈、炭疽牙胞苗、鸟来因、粗蒽、依米丁及其盐类、苦杏仁酸、戊巴比妥及其钠盐	水、沙土、泡沫		

附录C
(提示的附录)
中毒急救方法

C1　呼吸道中毒

有毒的蒸汽、烟雾、粉尘被人吸入呼吸道各部，发生中毒现象，多为喉痒、咳嗽、流涕、气闷、头晕、头疼等。发现上述情况后，中毒者应立即离开现场，到空气新鲜处静卧。对呼吸困难者，可使其吸氧或进行人工呼吸。在进行人工呼吸前，应解开上衣，但勿使其受凉，人工呼吸至恢复正常呼吸后方可停止，并立即予以治疗。无警觉性毒物的危险性更大，如溴甲烷，在操作前应测定空气中的气体浓度，以保证人身安全。

C2　消化道中毒

经消化道中毒时，中毒者可用手指刺激咽部，或注射1%阿扑吗啡0.5 mL以催吐或用当归三两、大黄一两、生甘草五钱，用水煮服以催泻，如系一〇五九、一六〇五等油溶性毒品中毒，禁用蓖麻油、液体石蜡等油质催泻剂。中毒者呕吐后应卧床休息，注意保持体温，可饮热茶水。

C3　皮肤中毒或被腐蚀品灼伤时，立即用大量清水冲洗，然后用肥皂水洗净，再涂一层氧化锌药膏或硼酸软膏以保护皮肤，重者应送医院治疗。

C4　毒物进入眼睛时，应立即用大量清水或低浓度医用氯化钠（食盐）水冲洗10～15 min，然后去医院治疗。

十七、仓库防火安全管理规则

（1990年3月22日公安部令第6号，1990年4月10日施行）

第一章 总 则

第一条 为了加强仓库消防安全管理，保护仓库免受火灾危害，根据《中华人民共和国消防条例》及其实施细则的有关规定，制定本规则。

第二条 仓库消防安全必须贯彻“预防为主，防消结合”的方针，实行谁主管谁负责的原则。仓库消防安全由本单位及其上级主管部门负责。

第三条 本规则由县级以上公安机关消防监督机构负责监督。

第四条 本规则适用于由国家、集体和个体经营的储存物品的各类仓库、堆栈、货场。

储存火药、炸药、火工品和军工物资的仓库，按照国家有关规定执行。

第二章 组织管理

第五条 新建、扩建和改建的仓库建筑设计，要符合国家建筑设计防火规范的有关规定，并经公安消防监督机构审核。仓库竣工时，其主管部门应当会同公安消防监督等有关部门进行验收，验收不合格的，不得交付使用。

第六条 仓库应当确定一名主要领导人为防火负责人，全面负责仓库的消防安全管理工作。

第七条 仓库防火负责人负有下列职责：

一、组织学习贯彻消防法规，完成上级部署的消防工作；

二、组织制定电源、火源、易燃易爆物品的安全管理和值班巡逻等制度，落实逐级防火责任制和岗位防火责任制；

三、组织对职工进行消防宣传、业务培训和考核，提高职工的安全素质；

四、组织开展防火检查，消除火险隐患；

五、领导专职、义务消防队组织和专职、兼职消防人员，制定灭火应急方案，组织扑救火灾；

六、定期总结消防安全工作，实施奖惩。

第八条　国家储备库、专业仓库应当配备专职消防干部；其他仓库可以根据需要配备专职或兼职消防人员。

第九条　国家储备库、专业仓库和火灾危险性大、距公安消防队较远的其他大型仓库，应当按照有关规定建立专职消防队。

第十条　各类仓库都应当建立义务消防组织，定期进行业务培训，开展自防自救工作。

第十一条　仓库防火负责人的确定和变动，应当向当地公安消防监督机构备案；专职消防干部、人员和专职消防队长的配备与更换，应当征求当地公安消防监督机构的意见。

第十二条　仓库保管员应当熟悉储存物品的分类、性质、保管业务知识和防火安全制度，掌握消防器材的操作使用和维护保养方法，做好本岗位的防火工作。

第十三条　对仓库新职工应当进行仓储业务和消防知识的培训，经考试合格，方可上岗作业。

第十四条　仓库严格执行夜间值班、巡逻制度，带班人员应当认真检查，督促落实。

第三章　储存管理

第十五条　依据国家《建筑设计防火规范》的规定，按照仓库储存物品的火灾危险程度分为甲、乙、丙、丁、戊五类。

第十六条　露天存放物品应当分类、分堆、分组和分垛，并留出必要的防火间距。堆场的总储量以及与建筑物等之间的防火距离，必须符合建筑设计防火规范的规定。

第十七条　甲、乙类桶装液体，不宜露天存放，必须露天存放时，在炎热季节必须采取降温措施。

第十八条　库存物品应当分类、分垛储存，每垛占地面积不宜大于一百平方米，垛与垛间距不小于一米，垛与墙间距不小于零点五米，垛与梁、柱的间距不小于零点三米，主要通道的宽度不小于二米。

第十九条　甲、乙类物品和一般物品以及容易相互发生化学反应或者灭火方法不同的物品，必须分间、分库储存，并在醒目处标明储存物品的名称、性质和灭火方法。

第二十条　易自燃或者遇水分解的物品，必须在温度较低、通风良好和空气干燥的场所储存，并安装专用仪器定时检测，严格控制湿度与温度。

第二十一条　物品入库前应当有专人负责检查，确定无火种等隐患后，方准入库。

第二十二条　甲、乙类物品的包装容器应当牢固、密封，发现破损、残缺、变形和物品变质、分解等情况时，应当及时进行安全处理，严防跑、冒、滴、漏。

第二十三条　使用过的油棉纱、油手套等沾油纤维物品以及可燃包装，应当存放在安全地点，定期处理。

第二十四条　库房内因物品防冻必须采暖时，应当采用水暖，其散热器、供暖管道与储存物品的距离不小于零点三米。

第二十五条　甲、乙类物品库房内不准设办公室、休息室。其他库房必需设办公室时，可以贴邻库房一角设置无孔洞的一、二级耐火等级的建筑，其门窗直通库外，具体实施应当征得当地公安消防监督机构的同意。

第二十六条　储存甲、乙、丙类物品的库房布局、储存类别不得擅自改变，如确需改变的，应当报经当地公安消防监督机构同意。

第四章　装卸管理

第二十七条　进入库区的所有机动车辆，必须安装防火罩。

第二十八条　蒸汽机车驶入库区时，应当关闭灰箱和送风器，并不得在库区清炉。仓库应当派专人负责监护。

第二十九条　汽车、拖拉机不准进入甲、乙、丙类物品库房。

第三十条　进入甲、乙类物品库房的电瓶车、铲车必须是防爆型的；进入丙类物品库房的电瓶车、铲车，必须装有防止火花溅出的安全装置。

第三十一条　各种机动车辆装卸物品后，不准在库区、库房、货场内停放和修理。

第三十二条　库区内不得搭建临时建筑和构筑物，因装卸作业确需搭建时，必须经单位防火负责人批准，装卸作业结束后立即拆除。

第三十三条　装卸甲、乙类物品时，操作人员不得穿戴易产生静电的工作服、帽和使用易产生火花的工具，严防震动、撞击、重压、摩擦和倒置。对易产生静电的装卸设备要采取消除静电的措施。

第三十四条　库房内固定的吊装设备需要维修时，应当采取防火安全措施，经防火负责人批准后，方可进行。

第三十五条　装卸作业结束后，应当对库区、库房进行检查，确认安全后，方可离人。

第五章　电器管理

第三十六条　仓库的电气装置必须符合国家现行的有关电气设计和施工安装验收标准规范的规定。

第三十七条　甲、乙类物品库房和丙类液体库房的电气装置，必须符合国家现行的有关爆炸危险场所的电气安全规定。

第三十八条　储存丙类固体物品的库房，不准使用碘钨灯和超过六十瓦以上的白炽灯等高温照明灯具。当使用日光灯等低温照明灯具和其他防燃型照明灯具时，应当对镇流器采取隔热、散热等防火保护措施，确保安全。

第三十九条　库房内不准设置移动式照明灯具。照明灯具下方不准堆放物品，其垂直下方与储存物品水平间距不得小于零点五米。

第四十条　库房内敷设的配电线路，需穿金属管或用非燃硬塑料管保护。

第四十一条　库区的每个库房应当在库房外单独安装开关箱，保管人员离库时，必须拉闸断电。禁止使用不合规格的保险装置。

第四十二条　库房内不准使用电炉、电烙铁、电熨斗等电热器具和电视机、电冰箱等家用电器。

第四十三条　仓库电器设备的周围和架空线路的下方严禁堆放物品，对提升、码垛等机械设备易产生火花的部位，要设置防护罩。

第四十四条　仓库必须按照国家有关防雷设计安装规范的规定，设置防雷装置，并定期检测，保证有效。

第四十五条　仓库的电器设备，必须由持合格证的电工进行安装，检查和维修保养。电工应当严格遵守各项电器操作规程。

第六章　火源管理

第四十六条　仓库应当设置醒目的防火标志。进入甲、乙类物品库区的人员，必须登记，并交出携带的火种。

第四十七条　库房内严禁使用明火。库房外动用明火作业时，必须办理动火证，经仓库或单位防火负责人批准，并采取严格的安全措施。动火证应当注明动火地点、时间、动火人、现场监护人、批准人和防火措施等内容。

第四十八条　库房内不准使用火炉取暖。在库区使用时，应当经防火负责人批准。

第四十九条　防火负责人在审批火炉的使用地点时，必须根据储存物品的分类，按照有关防火间距的规定审批，并制定防火安全管理制度，落实到人。

第五十条　库区以及周围五十米内，严禁燃放烟花爆竹。

第七章　消防设施和器材管理

第五十一条　仓库应当按照国家有关消防技术规范，设置、配备消防设施和器材。

第五十二条　消防器材应当设置在明显和便于取用的地点，周围不准堆放物品和杂物。

第五十三条　仓库的消防设施、器材，应当由专人管理，负责检查、维修、保养、更换和添置，保证完好有效，严禁圈占、埋压和挪用。

第五十四条　甲、乙、丙类物品国家储备库、专业性仓库以及其他大型物资仓库，应当按照国家有关技术规范的规定，安装相应的报警装置，附近有公安消防队的宜设置与其直通的报警电话。

第五十五条　对消防水池、消火栓、灭火器等消防设施、器材，应当经常进行检查，保持完整好用。地处寒区的仓库，寒冷季节要采取防冻措施。

第五十六条　库区的消防车道和仓库的安全出口、疏散楼梯等消防通道，严禁堆放物品。

第八章　奖　　惩

第五十七条　仓库消防工作成绩显著的单位和个人，由公安机关、上级主管部门或者本单位给予表彰、奖励。

第五十八条　对违反本规则的单位和人员，国家法规有规定的，应当按照国家法规予以处罚；国家法规没有规定的，可以按照地方有关法规、规章进行处罚；触犯刑律的，由司法机关追究刑事责任。

第九章　附　　则

第五十九条　储存丁、戊类物品的库房或露天堆栈、货场，执行本规则时，在确保安全并征得当地公安消防监督机构同意的情况下，可以适当放宽。

第六十条　铁路车站、交通港口码头等昼夜作业的中转性仓库，可以按照本规则的原则要求，由铁路、交通等部门自行制定管理办法。

第六十一条　各省、自治区、直辖市和国务院有关部、委根据本规则制定的具体管理办法，应当送公安部备案。

第六十二条　本规则自发布之日起施行。一九八〇年八月一日经国务院批准、同年八月十五日公安部公布施行的《仓库防火安全管理规则》即行废止。

十八、危险化学品名录（2002年版）

（2003年3月2日国家安全生产监督管理局公告，2003年第1号公布）

危险货物编号	名称	别名	UN号
第1类　爆炸品			
第1项　具有整体爆炸危险的物质和物品			
11018	迭氮（化）钡［干的或含水＜50%］		0224
11019	迭氮（化）铅［含水或水加乙醇≥20%］		0129
11020	重氮甲烷		
11021	二硝基重氮酚［含水或水加乙醇≥40%］	重氮二硝基苯酚	0074
11022	三硝基间苯二酚铅［含水或水加乙醇≥20%］	收敛酸铅	0130
11023	脒基亚硝氨基脒基叉肼［含水≥30%］		0113
11024	脒基亚硝氨基脒基四氮烯［含水或水加乙醇≥30%］	四氮烯；特屈拉辛	0114
11025	雷（酸）汞［含水或水加乙醇≥20%］		0135
11026	高氯酸［浓度＞72%］		
11027	硝基胍［干的或含水＜20%］	橄苦岩	0282
11028	硝基脲		0147
11029	硝基脲［干的或含水＜20%］		0220
11030	硝酸重氮苯		

续表

危险货物编号	名称	别名	UN 号
11031	硝化淀粉［干的或含水＜20%］		0146
11032	硝化纤维素［干的或含水（或乙醇）＜25%］		0340
11032	硝化纤维素［含增塑剂＜18%］		0341
11033	硝化丙三醇［含不挥发、不溶于水的钝感剂≥40%］	硝化甘油；甘油三硝酸酯	0143
11034	硝化丙三醇乙醇溶液［含硝化甘油 1%～10%］	硝化甘油乙醇溶液	0144
11035	2，4，6-三硝基甲苯［干的或含水＜30%］	梯恩梯（TNT）	0209
11036	2，4，6-三硝基甲苯与铝混合物	特里托纳尔	0390
11037	三硝基甲苯与三硝基苯混合物		0388
11037	三硝基甲苯与六硝基-1，2-二苯乙烯混合物	三硝基甲苯与六硝基芪混合物	0388
11038	三硝基甲苯与三硝基苯和六硝基-1，2-二苯乙烯混合物	三硝基甲苯与三硝基苯和六硝基芪混合物	0389
11039	三硝基甲苯与硝基萘混合物	梯萘炸药	
11040	2，4，6-三硝基苯甲硝胺	特屈儿	0208
11041	环三次甲基三硝胺［含水≥15%］	黑索金；旋风炸药	0072
11041	环三次甲基三硝胺［钝感的］		0483
11042	环三次甲基三硝胺与三硝基甲苯混合物［干的或含水＜15%］	黑索雷特	0118
11043	环三次甲基三硝胺与三硝基甲苯和铝粉混合物	黑索金与梯恩梯和铝粉混合炸药；黑索托纳尔	0393
11044	环三次甲基三硝胺与环四次甲基四硝胺混合物［含水≥15%或含钝感剂≥10%］	黑索金与奥克托金混合物	0391

续表

危险货物编号	名称	别名	UN号
11046	环四次甲基四硝胺［含水≥15%］	奥克托金（HMX）	0226
11046	环四次甲基四硝胺［钝感的］		0484
11047	环四次甲基四硝胺与三硝基甲苯混合物［干的或含水＜15%］	奥克托金与梯恩梯混合炸药；奥克雷特	0266
11049	季戊四醇四硝酸酯［含水≥25%或含钝感剂≥15%］	泰安；喷梯尔	0150
11049	季戊四醇四硝酸酯［含蜡≥7%］		0411
11050	季戊四醇四硝酸酯与三硝基甲苯混合物［干的或含＜15%］	泰安与梯恩梯混合炸药；彭托雷特	0151
11052	二硝基（苯）酚［干的或含水＜15%］		0076
11053	二硝基间苯二酚［干的或含水＜15%］		0078
11054	1，3，5-三硝基苯［干的或含水＜30%］	均三硝基苯	0214
11055	2，4，6-三硝基二甲苯		
11056	2，4，6-三硝基氯（化）苯	苦基氯	0155
11057	2，4，6-三硝基苯酚［干的或含水＜30%］	苦味酸	0154
11058	2，4，6-三硝基苯酚钠	苦味酸钠	
11059	2，4，6-三硝基苯酚铵［干的或含水＜10%］	苦味酸铵	0004
11060	三硝基间甲酚		0216
11061	2，4，6-三硝基间苯二酚	收敛酸	0219，0394
11062	三硝基苯甲醚	三硝基茴香醚	0213
11063	三硝基苯乙醚		0218
11064	2，4，6-三硝基苯甲酸［干的或含水＜30%］	三硝基安息香酸	0215
11065	三硝基苯磺酸		0386

续表

危险货物编号	名称	别名	UN号
11066	2，4，6-三硝基苯磺酸钠		
11067	2，4，6-三硝基苯胺	苦基胺	0153
11068	2，3，4，6-四硝基苯胺		0207
11069	三硝基芴酮		0387
11070	三硝基萘		0217
11071	四硝基萘		
11072	四硝基萘胺		
11073	六硝基二苯胺	六硝炸药；二苦基胺	0079
11074	六硝基二苯胺铵盐	曙黄	
11075	六硝基二苯硫［干的或含水＜10%］	二苦基硫	0401
11076	六硝基-1，2-二苯乙烯	六硝基芪	0392
11077	甘露糖醇六硝酸酯［含水或水加乙醇≥40%］	六硝基甘露醇	0133
11078	二乙二醇二硝酸酯［含不挥发、不溶于水的钝感剂≥25%］	二甘醇二硝酸酯	0075
11079	甲基丙烯酸三硝基乙酯		
11080	5-硝基苯并三唑	硝基连三氮杂茚	0385
11081	高氯酸铵		0402
11082	硝酸铵［含可燃物＞0.2%，包括以碳计算的任何有机物，但不包括任何其他添加剂］		0222
11083	硝酸铵肥料［比硝酸铵(含可燃物＞0.2%，包括以碳计算的任何有机物，但不包括任何其他添加剂）更易爆炸］		0223
11084	硝铵炸药	铵梯炸药	
第3项　具有燃烧危险和较小爆炸或较小抛射危险，或两者兼有但无整体爆炸危险的物质和物品			
13005	二亚硝基苯		0406
13006	二硝基邻甲（苯）酚钠［干的或含水＜15%］		0234

续表

危险货物编号	名称	别名	UN号
13007	硝基芳香族衍生物钾盐［爆炸性的］		0158
13010	二硝基（苯）酚碱金属盐［干的或含水＜15%］		0077
13011	4，6-二硝基-2-氨基苯酚钠［干的或含水＜20%］	苦氨酸钠	0235
13012	4，6-二硝基-2-氨基苯酚锆［干的或含水＜20%］	苦氨酸锆	0236
13013	硝化二乙醇胺火药		
13014	硝化纤维素［含乙醇≥25%］		0342
13015	硝化纤维素［含增塑剂≥18%］		0343

第4项　无重大危险的爆炸物质和物品

危险货物编号	名称	别名	UN号
14017	四唑并-1-乙酸	四氮杂茂-1-乙酸	0407
14018	5-巯基四唑并-1-乙酸		0448

第2类　压缩气体和液化气体

第1项　易燃气体

危险货物编号	名称	别名	UN号
21001	氢［压缩的］	氢气	1049
21002	氢［液化的］	液氢	1966
21003	氢气和甲烷混合物［压缩的］		2034
21004	氘	重氢	1957
21005	一氧化碳		1016
21006	硫化氢［液化的］		1053
21007	甲烷［压缩的］		1971
21007	天然气［含甲烷的；压缩的］	沼气	1971
21008	甲烷［液化的］	液化甲烷	1972
21008	天然气［含甲烷的；液化的］	液化天然气	1972
21009	乙烷［压缩的］		1035
21010	乙烷［液化的］	液化乙烷	1961

续表

危险货物编号	名称	别名	UN 号
21011	丙烷		1978
21012	正丁烷		1011
21012	异丁烷		1969
21013	2，2-二甲基丙烷		2044
21014	环丙烷［液化的］		1027
21015	环丁烷		2601
21016	乙烯［压缩的］		1962
21017	乙烯［液化的］	液化乙烯	1038
21018	丙烯		1077
21019	1-丁烯		1012
21019	2-丁烯		1012
21020	异丁烯		1055
21021	丙二烯［抑制了的］		2200
21022	1，3-丁二烯［抑制了的］	联乙烯	1010
21023	1，3-戊二烯［抑制了的］		
21023	1，4-戊二烯［抑制了的］		
21024	乙炔［溶于介质的］	电石气	1001
21025	1-丁炔［抑制了的］	乙基乙炔	2452
21026	氟甲烷	甲基氟	2454
21027	氟乙烷	乙基氟；R161	2453
21028	1，1-二氟乙烷	R152a	1030
21029	1，1，1-三氟乙烷	R143	2035
21030	氟乙烯［抑制了的］	乙烯基氟	1860
21031	1，1-二氟乙烯	偏二氟乙烯；R1132a	1959
21032	四氟乙烯［抑制了的］		1081
21033	二氟氯乙烷	R142	2517
21034	三氟氯乙烯［抑制了的］	氯三氟乙烯；R1113	1082
21035	三氟溴乙烯	溴三氟乙烯	2419
21036	氯乙烷	乙基氯	1037
21037	氯乙烯［抑制了的］	乙烯基氯	1086

续表

危险货物编号	名称	别名	UN 号
21038	溴乙烯［抑制了的］	乙烯基溴	1085
21039	环氧乙烷	氧化乙烯	1040
21040	（二）甲醚		1033
21041	甲乙醚	乙甲醚；甲氧基乙烷	1039
21042	乙烯基甲醚［抑制了的］	甲基乙烯醚	1087
21043	一甲胺［无水］	氨基甲烷；甲胺	1061
21044	二甲胺［无水］		1032
21045	三甲胺［无水］		1083
21046	乙胺	氨基乙烷	1036
21047	甲硫醇	巯基甲烷	1064
21048	亚硝酸甲酯［特许的］		2455
21049	乙硼烷	二硼烷	1911
21050	四氢化硅	硅烷；甲硅烷	2203
21051	甲基氯硅烷	氯甲基硅烷	2534
21052	石油气	原油气	1071
21053	石油气［液化的］	液化石油气	1075
21054	氯甲烷和二氯甲烷混合物		1912
21055	丙炔和丙二烯混合物［稳定的］	甲基乙炔和丙二烯混合物	1060
第 2 项　不燃气体			
22001	氧［压缩的］		1072
22002	氧［液化的］	液氧	1073
22003	空气［压缩的］		1002
22004	空气［液化的］		1003
22005	氮［压缩的］		1066
22006	氮［液化的］	液氮	1977
22007	氦［压缩的］		1046
22008	氦［液化的］	液氦	1963
22009	氖［压缩的］		1065
22010	氖［液化的］	液氖	1913

续表

危险货物编号	名称	别名	UN号
22011	氩［压缩的］		1006
22012	氩［液化的］	液氩	1951
22013	氪［压缩的］		1056
22014	氪［液化的］	液氪	1970
22015	氙［压缩的］		2036
22016	氙［液化的］	液氙	2591
22017	一氧化二氮［压缩的］	氧化亚氮；笑气	1070
22018	一氧化二氮［液化的］	氧化亚氮；笑气	2201
22019	二氧化碳［压缩的］	碳（酸）酐	1013
22020	二氧化碳［液化的］		2187
22021	六氟化硫		1080
22022	氯化氢［无水］		1050，2186
22023	三氯化硼		1741
22024	碘化氢［无水］		2197
22025	氨溶液［35％＜含氨≤50％］		2073
22025	含氨肥料［含游离氨＞35％］		1043
22026	稀有气体混合物，如氦氖混合气		1979
22027	稀有气体和氧气混合物		1980
22028	稀有气体和氮气混合物		1981
22029	二氧化碳和氧气混合物		1014
22030	二氧化碳和一氧化二氮混合物		1015
22031	二氧化碳和环氧乙烷混合物［含环氧乙烷≤6％］	二氧化碳和氧化乙烯混合物	1952
22032	三氟甲烷	R23；氟仿	1984
22033	四氟甲烷	R14	1982
22034	六氟乙烷	R116；全氟乙烷	2193
22035	八氟丙烷	全氟丙烷	2423
22036	八氟环丁烷	RC318	1976

续表

危险货物编号	名称	别名	UN号
22037	六氟丙烯	全氟丙烯	1858
22038	八氟-2-丁烯	全氟-2-丁烯	2422
22039	氯二氟甲烷	R22	1018
22040	氯三氟甲烷	R13	1022
22041	氯三氟乙烷	R133a	1983
22042	氯四氟乙烷	R124	1021
22043	氯五氟乙烷	R115	1020
22044	二氯一氟甲烷	R21	1029
22045	二氯二氟甲烷	R12	1028
22046	二氯四氟乙烷	R114	1958
22047	三氯一氟甲烷	R11	
22048	氯二氟溴甲烷	R12B1	1974
22049	溴三氟甲烷	R13B1	1009
22050	氯二氟甲烷和氯五氟乙烷共沸物	R502	1973
22051	氯三氟甲烷和三氟甲烷共沸物	R503	2599
22052	二氯二氟甲烷和二氟乙烷共沸物	R500	2602
第3项　有毒气体			
23001	氟［压缩的］		1045
23002	氯［液化的］	液氯	1017
23003	氨［液化的，含氨>50%］	液氨	1005
23004	溴化氢［无水］		1048
23005	磷化氢	磷化三氢；膦	2199
23006	砷化氢	砷化三氢；胂	2188
23007	硒化氢［无水］		2202
23008	锑化氢	锑化三氢；锑	2676
23009	一氧化氮		1660
23010	一氧化氮和四氧化二氮混合物		1975

续表

危险货物编号	名称	别名	UN 号
23011	三氧化二氮［特许的］	亚硝酐	2421
23012	四氧化二氮［液化的］	二氧化氮	1067
23013	二氧化硫［液化的］	亚硫酸酐	1079
23014	二氟化氧		2190
23015	三氟化氯		1749
23016	三氟化氮		2451
23017	三氟化磷		
23018	三氟化硼	氟化硼	1008
23019	四氟化硫		2418
23020	四氟化硅	氟化硅	1859
23021	五氟化氯		2548
23022	五氟化磷		2198
23023	六氟化硒		2194
23024	六氟化碲		2195
23025	六氟化钨		2196
23026	氯化溴	溴化氯	2901
23027	氯化氰	氰化氯；氯甲腈	1589
23028	氰［液化的］		1026
23029	一氧化碳和氢气混合物	水煤气	2600
23030	煤气		1023
23031	四氟（代）肼		
23032	六氟丙酮		2420
23033	羰基硫	硫化碳酰	2204
23034	硫酰氟	氟化磺酰	2191
23035	羰基氟	氟化碳酰	2417
23036	过氯酰氟	氟化过氯氧；氟化过氯酰	3083
23037	三氟乙酰氯	氯化三氟乙酰	3057
23038	碳酰氯	光气	1076
23039	亚硝酰氯	氯化亚硝酰	1069
23040	氯甲烷	甲基氯；R40	1063

续表

危险货物编号	名称	别名	UN 号
23041	溴甲烷	甲基溴	1062
23042	二氯硅烷		2189
23043	锗烷		2192
23044	三氯硝基甲烷和氯甲烷混合物	氯化苦和氯甲烷混合物	1582
23045	三氯硝基甲烷和溴甲烷混合物	氯化苦和溴甲烷混合物	1581
23046	四磷酸六乙酯和压缩气体混合物		1612
23047	焦磷酸四乙酯和压缩气体混合物		1705
23048	二硫代焦磷酸四乙酯和压缩气体混合物		1703
23049	二氧化碳和环氧乙烷混合物［含环氧乙烷＞6%］	二氧化碳和氧化乙烯混合物	1041
23050	二氯二氟甲烷和环氧乙烷混合物［含环氧乙烷≤12%］	二氯二氟甲烷和氧化乙烯混合物	3070
23052	八氟异丁烯	全氟异丁烯	
第 3 类　易燃液体			
第 1 项　低闪点液体			
31001	汽油［闪点＜-18℃］		1203，1257
31002	正戊烷	戊烷	1265
31002	2-甲基丁烷	异戊烷	1265
31003	环戊烷		1146
31004	环己烷	六氢化苯	1145
31005	己烷及其异构体，如：		1208
31005	正己烷	己烷	1208
31005	2-甲基戊烷	异己烷	1208
31005	2，2-二甲基丁烷	新己烷	
31005	2，3-二甲基丁烷	二异丙基	2457
31005	己烷异构体混合物		
31006	1-戊烯		1108

续表

危险货物编号	名称	别名	UN 号
31006	2-戊烯		
31007	异戊烯，如：		2371
31007	2-甲基-1-丁烯		2459
31007	3-甲基-1-丁烯	α-异戊烯	2561
31007	2-甲基-2-丁烯	β-异戊烯	2460
31008	环戊烯		2246
31009	1-己烯	丁基乙烯	2370
31009	2-己烯		
31010	己烯异构体，如：		
31010	异己烯		2288
31010	2，3-二甲基-1-丁烯		
31010	2，3-二甲基-2-丁烯	四甲基乙烯	
31010	2-甲基-1-戊烯		
31010	2-甲基-2-戊烯		
31010	3-甲基-1-戊烯		
31010	3-甲基-2-戊烯		
31010	4-甲基-1-戊烯		
31010	4-甲基-2-戊烯		
31010	2-乙基-1-丁烯		
31011	异庚烯		2287
31012	2-甲基-1，3-丁二烯［抑制了的］	异戊间二烯	1218
31013	2-氯-1，3-丁二烯［抑制了的］		1991
31014	己二烯，如：		2458
31014	1，3-己二烯		2458
31014	1，4-己二烯		2458
31014	1，5-己二烯		2458
31014	2，4-己二烯		2458
31015	甲基戊二烯		2461
31016	二环庚二烯	2，5-降冰片二烯	2251

续表

危险货物编号	名称	别名	UN 号
31017	2-丁炔	巴豆炔；二甲基乙炔	1144
31018	1-戊炔	丙基乙炔	
31019	1-氯丙烷	氯（正）丙烷；丙基氯	1278
31020	2-氯丙烷	氯异丙烷；异丙基氯	2356
31021	2-氯丙烯	异丙烯基氯	2456
31021	3-氯丙烯	烯丙基氯；α-氯丙烯	1100
31022	乙醛		1089
31023	异丁醛		2045
31024	丙烯醛［抑制了的］	烯丙醛	1092
31025	丙酮	二甲（基）酮	1090
31026	乙醚	二乙（基）醚	1155
31027	正丙醚	二（正）丙醚	2384
31027	异丙醚	二异丙（基）醚	1159
31028	甲基丙基醚	甲丙醚	2612
31028	乙基丙基醚	乙丙醚	2615
31029	乙烯基乙醚［抑制了的］	乙基乙烯醚	1302
31029		乙氧基乙烯	
31030	二乙烯基醚［抑制了的］	乙烯基醚	1167
31031	二甲氧基甲烷	甲撑二甲醚；二甲醇缩甲醛；甲缩醛	1234
31031	1，1-二甲氧基乙烷	二甲醇缩乙醛；乙醛缩二甲醇	2377
31031	二乙氧基甲烷	甲醛缩二乙醇；二乙醇缩甲醛	2373
31031	1，1-二乙氧基乙烷	乙叉二乙基醚；二乙醇缩乙醛；乙缩醛	1088
31032	1，2-环氧丙烷［抑制了的］	氧化丙烯；甲基环氧乙烷	1280
31033	甲硫醚	二甲硫	1164
31034	乙硫醇	硫氢乙烷；巯基乙烷	2363
31035	正丙硫醇	硫代正丙醇；1-巯基丙烷	2402
31036	2-丁基硫醇	仲丁硫醇	1228

续表

危险货物编号	名称	别名	UN号
31036	叔丁基硫醇	叔丁硫醇	1228
31037	甲酸甲酯		1243
31038	加酸乙酯		1190
31039	亚硝酸乙酯醇溶液		1194
31040	呋喃	氧杂茂	2389
31041	2-甲基呋喃		2301
31042	四氢呋喃	氧杂环戊烷	2056
31043	四氢吡喃	氧已环	
31044	甲胺水溶液	氨基甲烷水溶液	1235
31045	乙胺水溶液［浓度 50%～70%］	氨基乙烷水溶液	2270
31046	二乙胺		1154
31047	1-氨基丙烷	正丙胺	1277
31047	2-氨基丙烷	异丙胺	1221
31048	3-氨基丙烯	烯丙胺	2334
31049	四甲基硅烷	四甲基硅	2749
31050	二硫化碳		1131
31051	锆［悬浮于易燃液体中的］		1308
31052	环氧乙烷和氧化丙烯混合物［含环氧乙烷≤30%］	氧化乙烯和氧化丙烯混合物	2983
第 2 项　中闪点液体			
32001	汽油［-18℃≤闪点＜23℃］		1203，1257
32002	石油醚	石油精	1271
32003	石油原油	原油	1267，1255
32004	石脑油	溶剂油	1256，2553
32005	3-甲基戊烷		1208
32006	正庚烷		1206
32007	庚烷异构体，如：		1206
32007	2-甲基已烷		1206
32007	3-甲基已烷		1206

续表

危险货物编号	名称	别名	UN 号
32007	2，2-二甲基戊烷		1206
32007	2，3-二甲基戊烷		1206
32007	2，4-二甲基戊烷	二异丙基甲烷	1206
32007	3，3-二甲基戊烷	2，2-二乙基丙烷	1206
32007	3-乙基戊烷		1206
32007	2，2，3-三甲基丁烷		1206
32008	正辛烷		1262
32009	辛烷异构体，如：		1262
32009	异辛烷		1262
32009	2，2，3-三甲基戊烷		1262
32009	2，2，4-三甲基戊烷		1262
32009	2，3，4-三甲基戊烷		1262
32009	2，2-二甲基己烷		1262
32009	2，3-二甲基己烷		1262
32009	2，4-二甲基己烷		1262
32009	3，3-二甲基己烷		1262
32009	3，4-二甲基己烷		1262
32009	2-甲基庚烷		1262
32009	3-甲基庚烷		1262
32009	4-甲基庚烷		1262
32009	3-乙基己烷		1262
32009	2-甲基-3-乙基戊烷		1262
32010	2，2，4-三甲基己烷		
32010	2，2，5-三甲基己烷		
32011	环戊烷衍生物，如：		
32011	甲基环戊烷		2298
32011	乙基环戊烷		
32011	1，1-二甲基环戊烷		
32011	1，2-二甲基环戊烷		
32011	1，3-二甲基环戊烷		

续表

危险货物编号	名称	别名	UN号
32011	正丙基环戊烷		
32012	环己烷衍生物，如：		
32012	甲基环己烷	六氢（化）甲苯；环己基甲烷	2296，2263
32012	1，1-二甲基环己烷		
32012	1，2-二甲基环己烷		2263
32012	1，3-二甲基环己烷		2263
32012	1，4-二甲基环己烷		2263
32012	叔丁基环己烷	特丁基环己烷；环己基叔丁烷	2263
32013	环庚烷		2241
32014	3-甲基-1-丁烯	异丙基乙烯	2561
32015	1-庚烯	正庚烯；正戊基乙烯	2278
32015	2-庚烯		
32015	3-庚烯		
32016	1-辛烯		
32016	2-辛烯		
32017	辛烯异构体，如：		
32017	异辛烯		1216
32017	2，4，4-三甲基-1-戊烯		2050
32017	2，4，4-三甲基-2-戊烯		2050
32018	辛二烯		2309
32019	2，6-二甲基-3-庚烯		
32020	1-甲基-1-环戊烯		
32021	1，3-环戊二烯		
32022	环己烯	1，2，3，4-四氢化苯	2256
32023	环己烯衍生物，如：		
32023	4-甲基-1-环己烯		
32023	4-乙烯-1-环己烯		

续表

危险货物编号	名称	别名	UN号
32024	1，3-环已二烯	1，2-二氢苯	
32024	1，4-环已二烯	1，4-二氢苯	
32025	环庚烯		2242
32026	1，3，5-环庚三烯	环庚三烯	2603
32027	环辛烯		
32028	1，3，5，7-环辛四烯	环辛四烯	2358
32029	1-已炔		
32029	2-已炔		
32029	3-已炔		
32030	1-庚炔	正庚炔	
32031	1-辛炔		
32031	2-辛炔		
32031	3-辛炔		
32031	4-辛炔		
32032	异丙烯基乙炔		
32033	1-氯丁烷	正丁基氯；氯代正丁烷	1127
32033	氯代异丁烷	异丁基氯	
32033	2-氯丁烷	仲丁基氯；氯代仲丁烷	
32033	氯代叔丁烷	叔丁基氯；特丁基氯	
32034	氯代正戊烷	正戊基氯	1107
32034	1-氯-3-甲基丁烷	异戊基氯；氯代异戊烷	
32035	1，1-二氯乙烷	乙叉二氯	2362
32035	1，2-二氯乙烷	乙撑二氯；亚乙基二氯；1，2-二氯化乙烯	1184
32036	1，2-二氯丙烷	二氯化丙烯	1279
32037	氯化环戊烷		
32038	1-氯-2-丁烯		
32038	3-氯-1-丁烯		
32039	1-氯-2-甲基-2-丙烯	2-甲基-3-氯丙烯；甲基烯丙基氯；氯化异丁烯	2554
32040	1，1-二氯乙烯［抑制了的］	偏二氯乙烯	1303

续表

危险货物编号	名称	别名	UN号
32040	1，2-二氯乙烯	二氯化乙炔	1150
32041	2，3-二氯丙烯		2047
32042	2-溴丙烷	异丙基溴；溴代异丙烷	2344
32043	1-溴丁烷	正丁基溴；溴代正丁烷	1126
32043	1-溴-2-甲基丙烷	异丁基溴；溴代异丁烷	2342
32043	2-溴丁烷	仲丁基溴；溴代仲丁烷	2339
32043	2-溴-2-甲基丙烷	叔丁基溴；特丁基溴；溴代叔丁烷	
32044	1-溴-3-甲基丁烷	异戊基溴；溴代异戊烷	2341
32044	2-溴戊烷	仲戊基溴；溴代仲戊烷	2343
32045	3-溴-1-丙烯	烯丙其溴	1099
32046	3-溴丙炔		2345
32047	1-碘丙烷	正丙基碘；碘代正丙烷	2392
32047	2-碘丙烷	异丙基碘；碘代异丙烷	
32048	1-碘-2-甲基丙烷	异丁基碘；碘代异丁烷	2391
32048	2-碘丁烷	仲丁基碘；碘代仲丁烷	2390
32048	2-碘-2-甲基丙烷	叔丁基碘；碘代叔丁烷	
32049	3-碘-1-丙烯	烯丙基碘；碘化烯丙基	1723
32049	3-碘-2-丙烯	丙烯基碘；碘代丙烯	
32050	苯	纯苯	1114
32050	溶剂苯		
32051	粗苯	动力苯；混合苯	
32051	重质苯		
32052	甲基苯	甲苯	1294
32053	乙基苯	乙苯	1175
32054	氟代苯	氟苯	2387
32055	1，2-二氟苯	邻二氟苯	
32055	1，3-二氟苯	间二氟苯	
32055	1，4-二氟苯	对二氟苯	
32056	2-氟甲苯	邻氟甲苯；邻甲（基）氟苯；2-甲（基）氟苯	2388

续表

危险货物编号	名称	别名	UN号
32056	3-氟甲苯	间氟甲苯；间甲（基）氟苯；3-甲（基）氟苯	2388
32056	4-氟甲苯	对氟甲苯；对甲（基）氟苯；4-甲（基）氟苯	2388
32057	三氟甲苯		2338
32058	甲醇		1230
32059	黄染料母醇10%甲醇溶液	砧吨氢醇10%甲醇溶液	
32060	甲醇钠甲醇溶液	甲醇钠合甲醇	1289
32061	乙醇［无水］	无水酒精	1170
32061	乙醇溶液［－18℃≤闪点＜23℃］	酒精溶液	
32061	变性乙醇	变性酒精	
32062	硝化甘油乙醇溶液［含硝化甘油≤5%］		1204，3064
32063	乙醇钠乙醇溶液	乙醇钠合乙醇	
32064	1-丙醇	正丙醇	1274
32064	2-丙醇	异丙醇	1219
32065	2-丙烯-1-醇	烯丙醇；蒜醇	1098
32066	2-甲基-2-丙醇	三甲基甲醇；特丁醇；叔丁醇	1120
32067	丙醛		1275
32068	正丁醛		1129
32069	正戊醛		2058
32069	3-甲基丁醛	异戊醛	
32070	2-乙基丁醛	二乙基乙醛	1178
32071	2-丁烯醛［抑制了的］	巴豆醛；β-甲基丙烯醛	1143
32072	α-甲基丙烯醛	异丁烯醛	2396
32073	2-丁酮	乙基甲基酮；甲乙酮	1193
32074	3-甲基-2-丁酮	甲基异丙基（甲）酮	2397
32074	2-戊酮	甲（基）丙（基）酮	1249
32074	3-戊酮	二乙（基）酮	1156
32075	3-甲基-2-戊酮	甲基仲丁基（甲）酮	

续表

危险货物编号	名称	别名	UN号
32075	4-甲基-2-戊酮	甲基异丁基（甲）酮；异己酮	1245
32075	2-甲基-3-戊酮	乙基异丙基（甲）酮	
32076	2，4-二甲基-3-戊酮	二异丙基甲酮	
32077	4-羟基-4-甲基-2-戊酮	双丙酮醇	1148
32078	3-丁烯-2-酮	甲基乙烯基（甲）酮；丁烯酮	1251
32079	1-戊烯-3-酮	乙烯乙基甲酮	
32080	甲基异丙烯（甲）酮［抑制了的］		1246
32081	二甲基（乙）二酮	双乙酰；丁二酮	2346
32082	三氟丙酮		
32083	甲基正丁基醚	1-甲氧基丁烷；甲丁醚	2350
32084	甲基叔丁基醚		2398
32085	乙基正丁基醚	乙氧基丁烷；乙丁醚	1179
32086	乙基烯丙基醚	烯丙基乙基醚	2335
32087	正丁基乙烯（基）醚［抑制了的］	正丁氧基乙烯；乙烯（基）正丁醚	2352
32087	异丁基乙烯（基）醚［抑制了的］	乙烯（基）异丁醚；异丁氧基乙烯	1304
32088	二烯丙基醚	烯丙基醚	2360
32089	氯甲基甲醚	甲基氯甲醚	1239
32090	氯甲基乙醚		2354
32091	乙烯（2-氯乙基）醚	（2-氯乙基）乙烯醚	
32092	2-溴乙基乙醚		2340
32093	1，2-二甲氧基乙烷	乙二醇二甲醚；二甲基溶纤剂	2252
32094	2，2-二甲氧基丙烷		
32095	3，3-二乙氧基丙烯	丙烯醛二乙缩醛；二乙基缩醛丙烯醛	2374
32096	二氧戊环	乙二醇缩甲醛	1166

续表

危险货物编号	名称	别名	UN号
32097	1，2-环氧丁烷［抑制了的］	氧化丁烯	3022
32098	1，4-二氧杂环己烷	二恶烷；1，4-二氧己环	1165
32099	2，5-二甲基呋喃	2，5-二甲基氧（杂）茂	
32100	2-甲基四氢呋喃	四氢-2-甲基呋喃	2536
32101	氧茚	苯并呋喃；香豆酮；古马隆	
32102	2，3-二氢吡喃		2376
32103	四氢化吡咯	吡咯烷；四氢氮杂茂	1922
32104	吡啶	氮杂苯	1282
32105	1，2，5，6-四氢吡啶		2410
32106	哌啶	六氢吡啶；氮己环	2401
32107	N-甲基哌啶	N-甲基六氢吡啶	2399
32107	2-甲基哌啶	2-甲基六氢吡啶	
32107	3-甲基哌啶	3-甲基六氢吡啶	
32107	4-甲基哌啶	4-甲基六氢吡啶	
32108	N-乙基哌啶	N-乙基六氢吡啶	2386
32109	N-甲基吗啉		2535
32110	噻吩	硫杂茂；硫代呋喃	2414
32111	四氢噻吩	四甲撑硫；四氢硫杂茂	2412
32112	3-甲基噻吩	甲基硫茂	
32113	硫代乙酸	硫代醋酸	2436
32114	二硫化二甲基	二甲二硫；甲基化二硫	2381
32115	（二）乙硫醚	硫代乙醚；二乙硫	2375
32116	正丁硫醇	1-硫代丁醇	2347
32116	2-甲基-1-丙硫醇	异丁硫醇	
32117	1-戊硫醇	正戊硫醇	1111
32117	3-甲基-1-丁硫醇	异戊硫醇	
32117	2-甲基-2-丁硫醇	叔戊硫醇；特戊硫醇	
32117	2-甲基-1-丁硫醇		
32117	戊硫醇异构体混合物		

续表

危险货物编号	名称	别名	UN号
32118	2-丙烯-1-硫醇	烯丙基硫醇	
32119	乙酰氯	氯（化）乙酰	1717
32120	丙酰氯	氯（化）丙酰	1815
32121	正丁酰氯	氯（化）丁酰	2353
32121	异丁酰氯	氯（化）异丁酰	2395
32122	甲酸正丙酯		
32122	甲酸异丙酯		1281
32123	甲酸正丁酯		1128
32123	甲酸异丁酯		2393
32124	原甲酸（三）甲酯	三甲氧基甲烷	
32125	甲酸烯丙酯		2336
32126	乙酸甲酯	醋酸甲酯	1231
32127	乙酸乙酯	醋酸乙酯	1173
32128	乙酸正丙酯	醋酸正丙酯	1276
32128	乙酸异丙酯	醋酸异丙酯	1220
32129	乙酸三甲酯	1，1，1-三甲氧基乙烷	
32130	乙酸正丁酯	醋酸正丁酯	1123
32130	乙酸异丁酯	醋酸异丁酯	
32130	乙酸仲丁酯	醋酸仲丁酯	
32130	乙酸叔丁酯	醋酸叔丁酯	
32131	乙酸乙烯酯［抑制了的］	乙烯基乙酸酯；醋酸乙烯酯	1301
32132	乙酸异丙烯酯	醋酸异丙烯酯	2403
32133	乙酸烯丙酯	醋酸烯丙酯	2333
32134	三氟乙酸乙酯	三氟醋酸乙酯	
32135	丙酸甲酯		1248
32136	丙酸乙酯		1195
32137	丙酸异丙酯		2409
32138	丙酸异丁酯		2394
32138	丙酸仲丁酯		

续表

危险货物编号	名称	别名	UN 号
32139	丙酸烯丙酯		
32140	正丁酸甲酯		1237
32140	异丁酸甲酯		
32141	异丁酸乙酯		2385
32142	异丁酸异丙酯		2406
32143	正丁酸乙烯酯［抑制了的］	乙烯基丁酸酯	2838
32144	正戊酸甲酯		
32144	异戊酸甲酯		2400
32145	2，2-二甲基丙酸甲酯	三甲基乙酸甲酯	
32146	丙烯酸甲酯［抑制了的］		1919
32147	丙烯酸乙酯［抑制了的］		1917
32148	丁烯酸甲酯	巴豆酸甲酯	
32148	丁烯酸乙酯	巴豆酸乙酯	1862
32149	异丁烯酸甲酯［抑制了的］	甲基丙烯酸甲酯；牙托水；有机玻璃单体	1247
32149	异丁烯酸乙酯［抑制了的］	甲基丙烯酸乙酯	2277
32150	氯甲酸甲酯		1238
32151	氯甲酸乙酯		1182
32152	氯甲酸异丙酯		2407
32153	亚硝酸酯类化合物，如：		
32153	亚硝酸正丙酯		
32153	亚硝酸异丙酯		
32153	亚硝酸正丁酯		2351
32153	亚硝酸异丁酯		2351
32153	亚硝酸正戊酯		1113
32153	亚硝酸异戊酯		1113
32154	硝酸乙酯醇溶液		
32155	硝酸正丙酯		1865
32155	硝酸异丙酯		1222
32156	硼酸（三）甲酯	三甲氧基硼烷	2416

续表

危险货物编号	名称	别名	UN号
32156	硼酸（三）乙酯	三乙氧基硼烷	1176
31257	碳酸（二）甲酯		1161
32158	钛酸（四）乙酯	四乙氧基钛	
32158	钛酸（四）正丙酯		2413
32158	钛酸（四）异丙酯		
32159	乙腈	甲基氰	1648
32160	丙腈	乙基氰	2404
32161	正丁腈	丙基氰	2411
32161	异丁腈	异丙基氰	2284
32162	丙烯腈［抑制了的］	氰（基）乙烯	1093
32163	甲基丙烯腈［抑制了的］		3079
32164	异氰酸酯类［易燃的］，如：		
32164	异氰酸甲酯		2480
32164	异氰酸乙酯		2481
32164	异氰酸正丙酯		2482
32164	异氰酸异丙酯		2483
32164	异氰酸正丁酯		2485
32164	异氰酸异丁酯		2486
32164	异氰酸叔丁酯		2484
32164	甲氧基异氰酸甲酯	甲氧基甲基异氰酸酯	2605
32165	硫代异氰酸甲酯	异硫氰酸甲酯；甲基芥子油	2477
32166	二甲胺溶液		1160
32167	三甲胺溶液		1297
32168	三乙胺		1296
32169	混胺-02		
32170	二（正）丙胺		2383
32170	二异丙胺		1158
32171	N，N-二甲基丙胺		2266
32172	正丁胺	1-氨基丁烷	1125

续表

危险货物编号	名称	别名	UN号
32172	异丁胺	1-氨基-2-甲基丙烷	1214
32172	仲丁胺	2-氨基丁烷	
32172	叔丁胺	2-氨基-2-甲基丙烷；特丁胺	
32173	N-甲基（正）丁胺		2945
32174	二仲丁胺		
32175	正戊胺	1-氨基戊烷	1106
32175	异戊胺	1-氨基-3-甲基丁烷	
32175	仲戊胺	1-甲基丁胺	
32176	1，3-二甲基丁胺	2-氨基-4-甲基戊烷	2379
32177	N，N-二异丙基乙胺	N-乙基二异丙胺	
32178	N，N，N′，N′-四甲基乙二胺	1，2-双（二甲基氨基）乙烷	2372
32179	二烯丙（基）胺		2359
32180	丙烯亚胺［抑制了的］	甲基氮丙环	1921
32181	环戊胺	氨基环戊烷	
32182	六亚甲基亚胺		2493
32183	甲基肼	甲基联胺	1244
32184	1，1-二甲基肼	二甲基肼［不对称］	1163
32184	1，2-二甲基肼	二甲基肼［对称］	2382
32185	六甲基二硅烷胺	六甲基二硅亚胺	
32186	有机硅烷化合物，如：		
32186	甲基三氯硅烷	三氯甲基硅烷	1250
32186	二甲基二氯硅烷	二氯二甲基硅烷	1162
32186	三甲基氯硅烷	氯化三甲基硅烷	1298
32186	乙基三氯硅烷	三氯乙基硅烷	1196
32186	乙烯（基）三氯硅烷［抑制了的］	三氯乙烯硅烷	1305
32186	二甲基二乙氧基硅烷	二乙氧基二甲基硅烷	2380
32186	三甲基乙氧基硅烷	乙氧基三甲基硅烷	
32186	六甲基二硅烷		

续表

危险货物编号	名称	别名	UN号
32187	六甲基二硅醚	六甲基氧二硅烷	
32188	正硅酸甲酯	四甲氧基硅烷；硅酸四甲酯；原硅酸甲酯	2606
32189	二乙基硒		
32190	硝化纤维素溶液［含氮量≤12.6%，含硝化纤维素≤55%］	硝化棉溶液	2059
32191	杜仲胶溶液	古塔波胶溶液	1205
32192	焦油，如：		
32192	煤焦油		1136
32192	松焦油		
32193	含丙酮的制品，如：		
32193	去光水		
32193	二硫化钼润滑膜		
32193	电子束管石墨乳		
32193	电子数码管石墨乳		
32194	含苯或甲苯的制品，如：		
32194	分离焦油		
32194	塑料印油		
32194	偶氨紫苯溶液		
32194	塑料薄膜油墨		
32194	闪烁液		
32195	含乙醇或乙醚的制品，如：		
32195	天青醇溶液		
32195	引擎开导剂	发动机冷启动装置启动液	
32195	水准器泡	水平泡	
32195	正硅酸乙酯包埋液		
32195	记号笔墨水		
32195	尼古劳定溶液		
32195	尼龙丝网感光浆		
32195	阳离子表面活性洗涤剂		

续表

危险货物编号	名称	别名	UN 号
32195	防灰剂		
32195	红磷溶液		
32195	苄氯菊酯乙醇溶液	灭害灵浓液	
32195	鸡眼水		
32195	苯乙酸乙醇溶液		
32195	金属络合染料［皮革用］		
32195	贴胡胶		
32195	染皮鞋水		
32195	胶体石墨乙醇制剂		
32195	烟用香精		
32195	着色渗透剂［金属探伤用］		
32195	硫汞白癜风擦药		
32195	照相红碘水		
32195	打字蜡纸改正液		
32195	打字机洗字水		
32195	醇溶凹印油墨		
32196	含一级易燃溶剂的胶黏剂［−18℃≤闪点＜23℃］，如：		1133
32196	丙烯酸酯胶黏剂		1133
32196	氯丁酚醛胶黏剂	强力胶	1133
32196	聚氨基甲酸酯胶黏剂	地面敷料	1133
32196	202 胶黏剂	列克那胶；气缸床垫胶；列克纳	1133
32196	301 胶黏剂	BS-3 胶	1133
32196	303 胶黏剂		1133
32196	730 胶黏剂		1133
32196	1452＃胶黏剂	有机硅云母胶	1133
32196	JX-15 胶黏剂		1133
32196	JY-7 胶黏剂		1133
32196	SF-5 胶黏剂		1133
32196	传真纸黏合剂		1133

续表

危险货物编号	名称	别名	UN号
32196	聚氨酯黏合剂		1133
32196	嫌气性密封黏合剂		1133
32196	聚氨酯导电黏合剂	DAD-2胶	1133
32196	酚醛·丁腈黏合剂	JX-5胶	1133
32196	酚醛·缩醛有机硅黏合剂	JE-1胶	1133
32196	酚醛·缩醛黏合剂	201＃、204＃、205＃黏合剂	1133
32196	聚乙烯醇缩醛胶	6胶	1133
32196	聚硅氧橡皮基印模膏		1133
32196	多用黏结胶		1133
32196	FS203C胶		1133
32196	压敏胶		1133
32196	过氯乙烯胶		1133
32196	体患除凝胶		1133
32196	汽车门窗胶		1133
32196	橡胶金属胶	金属密着胶	1133
32196	液体密封胶		1133
32196	聚氨酯涂层胶		1133
32196	黑醇酸隔热胶	黑色防声隔热涂料	1133
32196	橡胶水		1133
32196	蜡纸胶水		1133
32196	氟橡胶胶浆		1133
32196	硝基胶液		1133
32196	缩醛胶液		1133
32196	缩醛烘干胶液		1133
32196	硅酸苯悬浮液		1133
32196	聚氨酯化学灌浆材料	FT-901堵固剂；氰凝	1133
32196	伏栏	甲基丙烯酸氯化铬［浸在异丙醇溶液中的］	1133
32197	含一级易燃溶剂的合成树脂［－18℃≤闪点＜23℃］，如：		1866

续表

危险货物编号	名称	别名	UN 号
32197	醇酸树脂		
32197	酚醛树脂		
32197	有机硅树脂		
32197	环氧树脂		
32198	含一级易燃溶剂的油漆、辅助材料及涂料［－18℃≤闪点＜23℃］，如：		1139，1263，1293
32198	乙烯防腐漆		1139，1263，1293
32198	丙烯酸清烘漆		1139，1263，1293
32198	丙烯酸清漆		1139，1263，1293
32198	丙烯酸漆稀释剂		1139，1263，1293
32198	脱漆剂		1139，1263，1293
32198	甲级清喷漆［静电用］		1139，1263，1293
32198	7110 甲聚氨酯固化剂		1139，1263，1293
32198	再生胶沥青涂料		1139，1263，1293
32198	有机硅建筑防水剂		1139，1263，1293
32198	有机硅漆稀释剂		1139，1263，1293
32198	过氯乙烯木器漆		1139，1263，1293
32198	过氯乙烯可剥漆		1139，1263，1293
32198	过氯乙烯底漆		1139，1263，1293
32198	过氯乙烯清漆		1139，1263，1293
32198	过氯乙烯磁漆		1139，1263，1293
32198	过氯乙烯防腐清漆		1139，1263，1293
32198	过氯乙烯防腐磁漆		1139，1263，1293
32198	过氯乙烯防腐漆		1139，1263，1293
32198	过氯乙烯防潮清漆		1139，1263，1293
32198	过氯乙烯锤纹漆		1139，1263，1293
32198	过氯乙烯锤纹漆稀释剂		1139，1263，1293
32198	过氯乙烯漆稀释剂		1139，1263，1293
32198	虫胶清漆	泡立水；虫胶液	1139，1263，1293
32198	纤维素漆		1139，1263，1293

续表

危险货物编号	名称	别名	UN 号
32198	沥青漆稀释剂		1139，1263，1293
32198	环氧漆固化剂		1139，1263，1293
32198	环氧漆稀释剂		1139，1263，1293
32198	氨基漆稀释剂		1139，1263，1293
32198	氨基静电漆稀释剂		1139，1263，1293
32198	FM 涂料	蜂蜜桶内壁涂料	1139，1263，1293
32198	酚醛皱纹漆稀释剂		1139，1263，1293
32198	银幕白漆		1139，1263，1293
32198	偏氯乙烯清漆		1139，1263，1293
32198	硝基木器清漆	硝基腊克	1139，1263，1293
32198	硝基底漆		1139，1263，1293
32198	硝基透明清漆		1139，1263，1293
32198	硝基清漆		1139，1263，1293
32198	硝基磁漆		1139，1263，1293
32198	硝基绝缘漆		1139，1263，1293
32198	硝基铅笔漆［包括底漆］		1139，1263，1293
32198	硝基涂布清漆		1139，1263，1293
32198	硝基铝箔清漆		1139，1263，1293
32198	硝基铝箔漆稀释剂		1139，1263，1293
32198	硝基裂纹漆		1139，1263，1293
32198	硝基锤纹漆		1139，1263，1293
32198	硝基静电清烘漆		1139，1263，1293
32198	硝基漆防潮剂		1139，1263，1293
32198	硝基漆稀释剂	香蕉水	1139，1263，1293
32198	硝基罐头漆		1139，1263，1293
32198	PM2035 溶液		1139，1263，1293
32198	聚苯乙烯塑料地板漆		1139，1263，1293
32198	聚氨酯漆稀释剂	聚酯氨基稀释剂	1139，1263，1293
32198	聚酯树脂清漆		1139，1263，1293
32198	聚酯漆包线漆稀释剂		1139，1263，1293

续表

危险货物编号	名称	别名	UN号
32198	聚酯漆稀释剂		1139，1263，1293
32198	缩醛漆稀释剂		1139，1263，1293
32198	醇酸漆稀释剂		1139，1263，1293
32198	磷化底漆		1139，1263，1293
32198	磷化液		1139，1263，1293
32199	含一级易燃溶剂的其他制品［－18℃≤闪点＜23℃］，如：		
32199	显影液		
32199	分散液		
32199	汽油氯仿混合液		
32199	荧光探伤液		
32199	卡尔费休试剂		
32199	皮革光滑剂		
32199	皮革顶层涂饰剂	鞋用光亮剂	
32199	皮革光亮剂		
32199	印刷油墨		1210
32199	快干助焊剂		
32199	氢化可的松涂膜剂		
32199	汽油稀型防锈油		
32199	半干型防锈油		
32199	洗油	亮光油；亮油；上光油	
32199	溶剂稀释型防锈油		
32199	薄层防锈油		
32199	皮肤防护膜		
32199	镜头水		
32199	电子束光刻胶		
32199	胶套		
32199	胶帽		
32199	封口胶		
32199	香料制品		3266

续表

危险货物编号	名称	别名	UN号
第3项　高闪点液体			
33501	煤油	火油	1223
33502	金属镧［浸在煤油中的］		
33502	金属钕［浸在煤油中的］		
33502	金属铈［浸在煤油中的］		
33502	米许合金［浸在煤油中的］		
33503	磺化煤油		
33504	环辛烷		
33505	壬烷及其异构体		
33505	2，2-二甲基庚烷		1920
33505	2，3-二甲基庚烷		
33505	2，4-二甲基庚烷		
33505	2，5-二甲基庚烷		
33505	3，3-二甲基庚烷		
33505	3，4-二甲基庚烷		
33505	3，5-二甲基庚烷		
33505	4，4-二甲基庚烷		
33506	正癸烷		2247
33507	五甲基庚烷		2286
33508	乙基环己烷		
33509	正丁基环戊烷		
33509	异丁基环戊烷		
33510	1-环己基正丁烷	正丁基环己烷	
33510	环己基异丁烷	异丁基环己烷	
33510	2-环己基丁烷	仲丁基环己烷	
33511	三聚丙烯	三丙烯	2057
33512	四聚丙烯	四丙烯	2850
33513	三聚异丁烯	三异丁烯	2324
33514	1-壬烯		
33514	2-壬烯		

续表

危险货物编号	名称	别名	UN 号
33514	3-壬烯		
33514	4-壬烯		
33515	1-癸烯		
33516	2，5-二甲基-1，5-己二烯		
33516	2，5-二甲基-2，4-己二烯		
33517	二聚环戊二烯	双茂	2048
33518	甲基环戊二烯		
33519	1，3-环辛二烯		2520
33519	1，5-环辛二烯		2520
33520	硝基甲烷		1261
33521	硝基乙烷		2842
33522	1-硝基丙烷		2608
33522	2-硝基丙烷		2608
33523	1，3-二硝基丙烷		
33524	1-硝基丁烷		
33524	2-硝基丁烷		
33525	1，3-二氯丙烷		
33525	1，4-二氯丁烷		
33525	1，5-二氯戊烷		1152
33526	氯（代）正己烷	己基氯	
33527	溴己烷	己基溴	
33528	1，2-二氯丙烯	2-氯丙烯基氯	2047
33528	1，3-二氯丙烯		
33529	1，3-二氯-2-丁烯		
33529	1，4-二氯-2-丁烯		
33530	1-溴丙烷	正丙基溴；溴代正丙烷	
33531	溴代正戊烷	正戊基溴	
33532	溴代环戊烷	环戊基溴	
33533	1-碘丁烷	正丁基碘；碘代正丁烷	

续表

危险货物编号	名称	别名	UN 号
33534	1-碘戊烷	正戊基碘；碘代正戊烷	
33535	1，2-二甲苯	邻二甲苯	1307
33535	1，3-二甲苯	间二甲苯	1307
33535	1，4-二甲苯	对二甲苯	1307
33535	二甲苯异构体混合物		1307
33536	1，2，3-三甲基苯	连三甲基苯	
33536	1，2，4-三甲基苯	假枯烯	
33536	1，3，5-三甲基苯	均三甲苯	2325
33537	1，2-二乙基苯	邻二乙基苯	2049
33537	1，3-二乙基苯	间二乙基苯	2049
33537	1，4-二乙基苯	对二乙基苯	2049
33538	丙（基）苯		2364
33538	异丙（基）苯	枯烯	1918
33539	1-甲基-3-丙基苯	3-丙基甲苯	
33539	1-甲基-4-丙基苯	4-丙基甲苯	
33539	甲基异丙基苯	伞花烃	2046
33540	正丁（基）苯		2709
33540	异丁（基）苯		
33540	仲丁（基）苯		
33540	叔丁（基）苯		
33541	苯乙烯［抑制了的］	乙烯苯	2055
33542	4-甲基苯乙烯［抑制了的］	对甲基苯乙烯	
33543	乙烯基甲苯异构体混合物［抑制了的］		2618
33544	2-苯基丙烯	异丙烯基苯	2303
33545	苯乙炔	乙炔苯	
33546	氯苯	一氯化苯	1134
33547	溴苯		2514
33547	二溴苯		2711
33548	2-氯甲苯	邻氯甲苯	2238

续表

危险货物编号	名称	别名	UN 号
33548	3-氯甲苯	间氯甲苯	2238
33548	4-氯甲苯	对氯甲苯	2238
33549	三氟氯化甲苯	三氟甲基氯苯	2234
33550	十氢化萘	萘烷	1147
33551	含乙醇饮料［按体积比乙醇≥24%，每一容器盛装＞5L 的］	含酒精饮料	3065
33552	正丁醇		1120
33552	2-甲基-1-丙醇	异丁醇	1112
33552	2-丁醇	仲丁醇	1120
33553	1-戊醇	正戊醇	1105
33553	3-甲基-1-丁醇	异戊醇	
33553	2-戊醇	仲戊醇	
33553	2-甲基-2-丁醇	叔戊醇	
33553	2-甲基-1-丁醇	活性戊醇；旋性戊醇	
33553	3-甲基-2-丁醇		
33553	杂戊醇	杂醇油	1201
33554	1-甲基戊醇	仲己醇；2-己醇	2282
33554	2-甲基-1-戊醇		
33554	2-甲基-2-戊醇		2560
33554	2-甲基-3-戊醇		
33554	3-甲基-3-戊醇		
33554	4-甲基-2-戊醇		
33554	1-乙基丁醇	3-已醇	
33554	2-乙基丁醇		2275
33555	环丙基甲醇		
33556	环戊醇	羟基环戊烷	2244
33557	甲基环己醇	六氢甲酚	2617
33558	2-丁烯-1-醇	巴豆醇；丁烯醇	
33558	2-甲基烯丙醇	异丁烯醇	2614
33559	丙炔醇		

续表

危险货物编号	名称	别名	UN号
33560	1-丁炔-3-醇		
33560	2-甲基-3-丁炔-2-醇		
33560	3-甲基-1-戊炔-3-醇	2-乙炔-2-丁醇	
33561	3-羟基-2-丁酮	乙酰甲基甲醇	2621
33562	5-羟基-2-戊酮	乙酰丙醇	
33563	环己（基）硫醇		3054
33564	2，2，2-三氟乙醇		
33565	二（正）丁醚	正丁醚；氧化二丁烷	1149
33566	二异戊醚		
33567	苯甲醚	茴香醚；甲氧基苯	2222
33568	二丙硫醚	正丙硫醚；二丙基硫；硫化二正丙基	
33569	乙二醇甲醚	2-甲氧基乙醇；甲基溶纤剂	1188
33569	乙二醇乙醚	2-乙氧基乙醇；乙基溶纤剂	1171
33569	乙二醇二乙醚	1，2-二乙氧基乙烷；二乙基溶纤剂	1153
33569	乙二醇异丙醚	2-异丙氧基乙醇	
33569	丙二醇乙醚	1-乙氧基-2-丙醇	
33570	乙酸乙二醇甲醚	2-甲氧基乙酸乙酯；乙酸甲基溶纤剂；乙二醇甲醚乙酸酯	1189
33570	乙酸乙二醇乙醚	2-乙氧基乙酸乙酯；乙酸乙基溶纤剂；乙二醇乙醚乙酸酯	1172
33571	甲氧基乙酸甲酯		
33571	3-甲氧基乙酸丁酯	3-甲氧基丁基乙酸酯	2708
33572	烯丙基缩水甘油醚		2219
33573	正己醛		1207
33573	2-甲基戊醛		2367
33574	正庚醛		3056
33574	2，3-二甲基戊醛		

续表

危险货物编号	名称	别名	UN 号
33575	辛醛，如：		
33575	乙基己醛		1191
33576	三聚乙醛	仲（乙）醛；三聚醋醛	1264
33577	二聚丙烯醛［抑制了的］		2607
33578	2，3-环氧-1-丙醛	缩水甘油醛	2622
33579	二甲基氯乙缩醛		
33580	1，2，3，6-四氢化苯甲醛		2498
33581	糠醛	呋喃甲醛	1199
33582	2-己酮	甲基丁基（甲）酮	
33582	3-己酮	乙基丙基（甲）酮	
33582	甲基叔丁基（甲）酮	3，3-二甲基-2-丁酮；1，1，1-三甲基丙酮；甲基特丁基酮	
33583	2-庚酮	甲基戊基（甲）酮	1110
33583	3-庚酮	乙基正丁基（甲）酮	
33583	4-庚酮	乳酮；二丙基（甲）酮	2710
33583	5-甲基-2-己酮		2302
33584	3-辛酮	乙基戊基（甲）酮	2271
33585	二异丁基（甲）酮	2，6-二甲基-4-庚酮	1157
33586	甲基环己酮		2297
33587	2，4-戊二酮	乙酰丙酮	2310
33588	4-甲基-3-戊烯-2-酮	异丙叉丙酮；莱基化氧；异亚丙基丙酮	1229
33588	5-己烯-2-酮	烯丙基丙酮	
33589	乙酰（基）乙烯酮［抑制了的］	双烯酮；二乙烯酮	2521
33590	环戊酮		2245
33590	环己酮		1915
33590	环庚酮	软木酮	
33591	4-甲氧基-4-甲基 2-戊酮		2293

续表

危险货物编号	名称	别名	UN号
33592	异丁酸		2529
33593	异丁（酸）酐		2530
33594	丁酮缩醛酯	乙酰乙醛二甲缩醛酯	
33595	甲酸酯类化合物，如：		
33595	甲酸正戊酯		1109
33595	甲酸异戊酯		1109
33595	甲酸正己酯		
33595	原甲酸（三）乙酯	三乙氧基甲烷	2524
33595	甲酸环己酯		
33596	乙酸酯类化合物，如：		
33596	乙酸正戊酯	醋酸正戊酯	1104
33596	乙酸异戊酯	醋酸异戊酯	
33596	乙酸正己酯	醋酸正己酯	
33596	乙酸仲己酯	2-乙酸-4-甲基戊酯	1233
33596	乙酸环己酯	醋酸环己酯	2243
33596	乙酸乙基丁酯	醋酸乙基丁酯；乙基丁基乙酸酯	1177
33596	乙酸氯乙酯	醋酸氯乙酯	
33597	丙酸酯类化合物，如：		
33597	丙酸正丁酯		1914
33597	丙酸正戊酯		
33597	丙酸异戊酯		
33597	原丙酸（三）乙酯	1，1，1-三乙氧基丙烷	
33598	丁酸酯类化合物，如：		
33598	正丁酸乙酯		1180
33598	正丁酸正丙酯		
33598	正丁酸异丙酯		2405
33598	正丁酸正丁酯		
33598	丁酸戊酯		2620
33598	异丁酸正丙酯		

续表

危险货物编号	名称	别名	UN号
33598	异丁酸异丁酯		2528
33598	2-羟基异丁酸乙酯	2-羟基-2-甲基丙酸乙酯	
33598	丁酸丙烯酯		
33599	戊酸酯类化合物，如：		
33599	正戊酸乙酯		
33599	异戊酸乙酯		
33599	正戊酸正丙酯		
33599	异戊酸异丙酯		
33600	正己酸甲酯		
33600	正己酸乙酯		
33601	丙烯酸酯类化合物，如：		
33601	丙烯酸正丁酯［抑制了的］		2348
33601	丙烯酸异丁酯［抑制了的］		2527
33601	甲基丙烯酸正丁酯［抑制了的］		2227
33601	甲基丙烯酸异丁酯［抑制了的］		
33601	丙烯酸-2-硝基丁酯		2283
33602	2-羟基丙酸甲酯	乳酸甲酯	
33602	2-羟基丙酸乙酯	乳酸乙酯	1192
33603	氯乙酸异丙酯	氯醋酸异丙酯	2947
33604	2-氯丙酸甲酯		2933
33604	2-氯丙酸乙酯		2935
33604	3-氯丙酸乙酯		
33604	2-氯丙酸异丙酯		2934
33605	重氮乙酸乙酯	重氮醋酸乙酯	
33606	硝酸正丁酯		
33606	硝酸正戊酯		1112
33606	硝酸异戊酯		
33607	硼酸（三）异丙酯		2616

续表

危险货物编号	名称	别名	UN号
33608	碳酸（二）乙酯		2366
33608	碳酸（二）丙酯		
33608	碳酸乙丁酯		
33609	正硅酸乙酯	硅酸四乙酯；四乙氧基硅烷	1292
33610	亚磷酸三甲酯		2329
33610	亚磷酸三乙酯		2323
33610	亚磷酸二丁酯		
33611	1，2-环氧-3-乙氧基丙烷		2752
33612	2，5-二甲基-1，4-二恶烷		2707
33612	4，4-二甲基-1，3-二恶烷		
33613	吡咯	一氮二烯五环；氮（杂）茂	
33614	2-甲基吡啶	α-皮考林	2313
33614	3-甲基吡啶	β-皮考林	
33614	4-甲基吡啶	γ-皮考林	
33615	2，4-二甲基吡啶	2，4-二甲基氮杂苯	
33615	2，5-二甲基吡啶	2，5-二甲基氮杂苯	
33615	2，6-二甲基吡啶	2，6-二甲基氮杂苯	
33615	3，4-二甲基吡啶	3，4-二甲基氮杂苯	
33615	3，5-二甲基吡啶	3，5-二甲基氮杂苯	
33616	1，4-二甲基哌嗪		
33617	吗啉		2054
33617	2，6-二甲基吗啉		
33617	N-乙基吗啉	N-乙基四氢-1，4-恶嗪	
33618	三正丙胺		2260
33619	二异丁胺		2361
33620	正己胺	1-氨基己烷	
33621	叔辛胺		

续表

危险货物编号	名称	别名	UN号
33622	三烯丙（基）胺	三（2-丙烯基）胺	2610
33623	N，N-二甲基-2，3-丙二胺	3-二甲胺基-1-丙烷	
33624	N，N-二甲基乙醇胺	N，N-二甲基-2-羟基乙胺	2051
33625	N，N-二甲基丙醇胺	3-（二甲胺基）-1-丙醇	
33625	N，N-二甲基异丙醇胺	1-（二甲胺基）-2-丙醇	
33626	N，N-二乙基乙醇胺	2-（二乙胺基）乙醇	2686
33627	N，N-二甲基甲酰胺	甲酰二甲胺	2265
33628	乙醛肟	亚乙基羟胺；亚乙基胲	2332
33629	丁醛肟		2840
33630	N，N-二甲基氨基乙腈	2-（二甲胺基）乙腈	2378
33631	无水肼（含肼＞64%）	无水联氨	2029
33632	二乙（基）肼［不对称］		
33633	糠胺	2-呋喃甲胺；麸胺	2526
33634	四氢糠胺		2943
33635	乙基三乙氧基硅烷	三乙氧基乙基硅烷	
33635	乙烯三乙氧基硅烷	三乙氧基乙烯硅烷	
33636	樟脑油	樟木油	1130
33637	乳香油		
33638	松油		1272
33638	松节油		1299
33638	松节油混合萜	松脂萜；芸香烯	
33638	松油精	松香油	1286
33639	双戊烯	二聚戊烯；苎烯；1，8-萜二烯	2052
33640	氧化环已烯		
33641	萜品油烯	⊿1-2，4-8萜二烯；异松油烯	2541
33642	α-蒎烯	α-松油萜	2368

续表

危险货物编号	名称	别名	UN号
33642	β-蒎烯		
33643	松香水		
33644	桉叶油		
33644	桉叶油醇		
33644	迷迭香油		
33645	含二级易燃溶剂的合成树脂，如：		1866
33645	丁醇改性酚醛树脂		1866
33645	三聚氰胺甲醛树脂		1866
33645	三聚氰胺树脂		
33645	干性醇酸树脂（以二甲苯、乙酸丁酯、200＃溶剂油等为溶剂的）		
33645	无油醇酸树脂		
33645	不干性醇酸树脂（以二甲苯、200＃溶剂油等为溶剂的）		
33645	不饱和聚酯树脂		
33645	甲醇改性三羟甲基三聚氰胺甲醛树脂		
33645	苯代三聚氰胺甲醛树脂	苯鸟粪胺树脂	
33645	硅钢片树脂		
33645	氨基树脂		
33645	聚氨基甲酸酯树脂		
33645	聚氨酯树脂		
33645	潮气固化型聚氨基甲酸酯		
33646	含二级易燃溶剂的油漆、辅助材料及涂料，如：		
33646	乙烯防腐底漆		
33646	凡立水		
33646	木材防腐漆		
33646	互感器环氧酯磁漆		

续表

危险货物编号	名称	别名	UN 号
33646	丙烯酸底漆		
33646	丙烯酸磁漆		
33646	丙烯酸氨基清烘漆		
33646	丙烯酸烘漆		
33646	有机硅耐高温漆		
33646	过氯乙烯耐氨磁漆		
33646	过氯乙烯氯化橡胶磁漆		
33646	红丹油性防锈漆		
33646	远红外线辐射涂料		
33646	沥青半导体漆		
33646	沥青防污漆		
33646	沥青底漆		
33646	沥青绝缘漆		
33646	沥青清烘漆		
33646	沥青清漆		
33646	沥青耐酸漆		
33646	沥青锅炉漆		
33646	沥青磁漆		
33646	沥青醇酸氨基烘漆		
33646	环氧防腐漆		
33646	环氧绝缘烘漆		
33646	环氧绝缘漆		
33646	环氧烘漆		
33646	环氧清漆		
33646	环氧磁漆		
33646	环氧醇酸清烘漆		
33646	环氧酚醛防腐烘漆		
33646	环氧腻子		
33646	环氧富锌底漆		
33646	环氧聚氯酯耐水漆		

续表

危险货物编号	名称	别名	UN号
33646	环烷酸铜防虫漆		
33646	松香防污漆		
33646	苯乙烯焦油涂料		
33646	鱼油沥青涂料		
33646	油封清漆		
33646	油基硅钢片漆		
33646	玻璃管绝缘漆		
33646	贴花快燥清漆		
33646	钙酯清漆		
33646	氨基透明烘漆		
33646	氨基清烘漆		
33646	氨基静电清烘漆		
33646	氨基醇酸绝缘漆		
33646	酚醛绝缘漆		
33646	酚醛烘漆		
33646	酚醛清漆		
33646	酚醛漆包线漆		
33646	酚醛透明漆		
33646	酚醛硅钢片漆		
33646	铝红酚醛防锈漆		
33646	铝粉乙烯底漆		
33646	铝粉有机硅耐热漆		
33646	铝粉环氧沥青耐油底漆		
33646	铝粉酚醛磁漆		
33646	铝粉氯化橡胶底漆		
33646	铝粉缩醛磁漆		
33646	铝粉醇酸磁漆		
33646	银灰三防锤纹漆		
33646	银灰氨基锤纹漆		
33646	银灰酚醛磁漆		

续表

危险货物编号	名称	别名	UN号
33646	银粉浆	铝银浆；银浆；铝粉浆	
33646	偏氯乙烯磁漆		
33646	偏氯乙烯底漆		
33646	硝基腻子		
33646	嵌缝油膏		
33646	黑色氯丁橡胶可剥漆		
33646	酯胶清烘漆		
33646	酯胶清漆		
33646	硼钡酚醛防锈漆		
33646	煤焦沥青清漆	黑水罗松	
33646	塑料增光剂	PVC光亮剂	
33646	聚合清油		
33646	聚酯树脂绝缘漆		
33646	聚酯树脂漆包线漆		
33646	聚酰亚胺漆包线漆		
33646	醇酸绝缘漆		
33646	醇酸烘漆		
33646	醇酸清漆		
33646	醇酸漆包线漆		
33647	含二级易燃溶剂的其他制品，如：		
33647	煤炭浮选剂		
33647	环庚亚胺二甲苯溶剂		
33647	苯甲酰胺乳剂		
33647	金属钝化剂		
33647	纽扣磨光剂		
33647	环烷酸稀土催干剂	涂料催干剂	
33647	擦铜水		
33647	淡金水		
33647	防冻水		

续表

危险货物编号	名称	别名	UN号
33647	癣药水		
33647	刹车油		1118
33647	发光油		
33647	地板油		
33647	修相油		
33647	油画上光油		
33647	油画色调合油	调色油	
33647	鱼鳞光		
33647	闪烁体材料		
33647	氧化锌静电复印油墨		
33647	塑料油墨，如：		
33647	如：塑料凸板油墨		
33647	如：塑料喷涂油墨		
33647	影印油墨		
33647	软管滚涂油墨		
33647	软管白墨	白可丁	
33647	驻退液	斯切奥尔-M液	
33647	皂素母液		
33647	但马酸二甲苯溶液		
33647	环化橡胶二甲苯溶液		
33647	硬脂酰氯化铬	防水剂CR	
33647	清除液（照相用）		
33647	涂底液（照相用）		
33647	医用羊肠线		
33647	药用酊剂类，如：		1293
33647	碘酒		
第4类　易燃固体、自燃物品和遇湿易燃物品			
第1项　易燃固体			
41001	红磷	赤磷	1338
41002	三硫化（二）磷		1343

续表

危险货物编号	名称	别名	UN号
41003	三硫化（四）磷		1341
41004	七硫化（四）磷		1339
41005	亚磷酸二氢铅	二盐基亚磷酸铅；二盐	2989
41006	氢化钛		1871
41007	氢化锆		1437
41008	铁铈齐		1323
41009	4-亚硝基（苯）酚	对亚硝基（苯）酚	
41010	2，4-二硝基（苯）酚［含水≥15%］		1320
41010	2，5-二硝基（苯）酚［含水≥15%］		
41010	2，6-二硝基（苯）酚［含水≥15%］		
41011	2，4-二硝基间苯二酚［含水≥15%］		1322
41012	二硝基邻甲酚钠［含水≥15%］		1348
41013	2，4-二硝基苯甲醚	2，4-二硝基茴香醚	
41014	2，4-二硝基苯肼		
41015	2，4-二硝基氯化苄	2，4-二硝基苯（代）氯甲烷	
41016	1，5-二硝基萘		
41016	1，8-二硝基萘		
41017	三硝基苯［含水≥30%］		1354
41018	2，4，6-三硝基甲苯［含水≥30%］		1356
41019	三硝基苯甲酸［含水≥30%］		1355
41020	六硝基二苯硫［含水≥10%］	二苦基硫	2852
41021	N，N′-二亚硝基五亚甲基四胺［含钝感剂］	发泡剂H	2972
41022	N，N′-二亚硝基-N，N′-二甲基对苯二酰胺		2973

续表

危险货物编号	名称	别名	UN号
41023	硝基胍［含水≥20%］		1336
41024	硝酸脲［含水≥20%］		1357
41025	2，4，6-三硝基苯酚［含水≥30%］	苦味酸	1344
41026	2，4，6-三硝基苯酚铵［含水≥10%］	苦味酸铵	1310
41027	2，4，6-三硝基苯酚银［含水≥30%］	苦味酸银	1347
41028	苦味酸芴及其盐		
41029	4，6-二硝基-2-氨基苯酚钠［含水≥20%］	苦氨酸钠	1349
41030	4，6-二硝基-2-氨基苯酚锆［含水≥20%］	苦氨酸锆	1517
41031	硝化纤维素［含水≥25%］	硝化棉	2555
41031	硝化纤维素［含氮≤12.6%，含醇≥25%］	硝化棉	2556
41031	硝化纤维素［含氮≤12.6%，含增塑物质≥18%］	硝化棉	2557
41032	硝化淀粉［含水≥20%］		1337
41033	硝化沥青		
41034	异山梨醇二硝酸酯混合物［含乳糖、淀粉或磷酸盐≥60%］	混合异山梨醇二硝酸酯	2907
41035	迭氮钡［含水≥50%］		1571
41036	苯磺酰肼	发泡剂BSH	2970
41037	1，3-二磺酰肼苯		2971
41038	二-（苯磺酰肼）醚	二苯醚二磺酰肼；发泡剂OB	2951
41039	偶氮二甲酰胺	发泡剂AC	
41040	2，2′-偶氮二异丁腈	发泡剂N	2952
41041	2，2′-偶氮-二-（2-甲基丁腈）		3030
41042	2，2′-偶氮-二-（2，4-二甲基戊腈）	偶氮二异庚腈	2953

续表

危险货物编号	名称	别名	UN号
41043	1，1′-偶氮-二-（六氢苄腈）		2954
41044	2，2′-偶氮-二-（2，4-二甲基-4-甲氧基戊腈）		2955
41045	3-氯-4-二乙氨基苯重氮氯化锌盐	晒图盐BG	3033
41046	4-二丙基氨基苯重氮氯化锌盐		3034
41047	3-（2-羟基乙氧基）-4-吡咯烷基-1-苯重氮氯化锌盐		3035
41048	2，5-二乙氧基-4-吗啉代苯重氮氯化锌盐		3036
41049	4-［苄基（甲基）氨基］-3-乙氧基苯重氮氯化锌盐		3038
41050	4-［苄基（乙基）氨基］-3-乙氧基苯重氮氯化锌盐		3037
41051	4-二甲基氨基-6-（2-二甲基氨基乙氧基）甲苯-2-重氮氯化锌盐		3039
41052	感光剂蓝BB色盐		
41053	重氮氨基苯	三氮二苯；苯氨基重氮苯	
41054	2-重氮-1-萘酚-4-磺酸钠		3040
41054	2-重氮-1-萘酚-5-磺酸钠		3041
41055	2-重氮-1-萘酚-4-磺酰氯		3042
41055	2-重氮-1-萘酚-5-磺酰氯		3043
41056	癸硼烷	十硼烷；十硼氢	1868
41057	聚苯乙烯珠体［可发性的］		2211
41058	火柴［任何地方可擦燃］		1331
41059	铝镍合金氢化催化剂		
41501	硫黄		1350，2448

续表

危险货物编号	名称	别名	UN号
41502	镁［片状、带状或条状］		1869
41502	镁合金［片状、带状或条状，含镁>50%］		
41503	铝粉［有涂层的］	铝银粉	1309
41504	金属钛粉［含水≥25%］	钛粉；海绵钛粉	1352
41505	金属钛粒	钛粒；海绵钛粒	2878
41506	金属锰粉［含水≥25%］	锰粉	
41507	金属锆粉［含水≥25%］	锆粉	1358
41508	金属锆片		2858
41508	金属锆条		2858
41508	金属锆丝		
41509	金属铪粉［含水≥25%］	铪粉	1326
41510	硅粉［非晶形的］		1346
41511	萘	粗萘；精萘	1334
41511		萘饼	2304
41512	1-甲基萘	α-甲基萘	
41512	2-甲基萘	β-甲基萘	
41513	1-硝基萘		2538
41513	2-硝基萘		
41514	1，8-萘二加酸酐	萘酐	
41515	苊	萘乙环	
41516	硝基苊		
41517	1，2，4，5-四甲苯	均四甲苯	
41518	2-硝基联苯	邻硝基联苯	
41518	4-硝基联苯	对硝基联苯	
41519	二硝基联苯		
41520	5-叔丁基-2，4，6-三硝基间二甲苯		2956
41521	4，6-二硝基-2-氨基苯酚	二硝基氨基苯酚；苦氨酸	
41522	2，4-二硝基萘酚钠	马汀氏黄；色淀黄	

续表

危险货物编号	名称	别名	UN号
41523	3，5-二硝基苯甲酰氯	3，5-二硝基氯化苯甲酰	
41524	2，7-二硝基芴		
41525	1，5-二羟基-4，8-二硝基蒽醌		
41526	2，4-二亚硝基间苯二酚	1，3-二羟基-2，4-二亚硝基苯	
41527	十八烷基乙酰胺	十八烷醋酸酰胺	
41528	六亚甲基四胺	六甲撑四胺；乌洛托品	1328
41529	氨基胍重碳酸盐		
41530	2，2-二硝基丙烷		
41531	2，2，3′，3′-四甲基丁烷	六甲基乙烷；双叔丁基	
41532	三聚甲醛	三聚蚁醛；对称三恶烷	
41533	多聚甲醛	聚蚁醛；聚合甲醛	2213
41534	聚乙醛	四聚乙醛	1332
41535	2-莰醇	冰片；龙脑	1312
41536	2-莰酮	樟脑	2717
41537	莰烯	樟脑萜；莰芬	
41538	咔唑	亚氨基二亚苯；9-氮（杂）芴	
41539	环烷酸钴［粉状的］	萘酸钴	2001
41540	环烷酸锌	萘酸锌	
41541	树脂酸钙		1313，1314
41542	树脂酸铝		2715
41543	树脂酸锰		1330
41544	树脂酸钴		1318
41545	树脂酸锌		2714
41546	干喷漆及其制品，如：		
41546	硝化纤维漆布		
41546	硝化纤维漆纸		
41546	硝化纤维漆片		

续表

危险货物编号	名称	别名	UN号
41547	硝化纤维塑料［板、片、棒、管、卷等状；不包括碎屑］	赛璐珞	2000
41548	铝铁熔剂		
41549	火补胶		
41550	生松香	焦油松香；松脂	
第2项　自燃物品			
42001	黄磷	白磷	2447，1381
42002	金属钙粉	钙粉	1855
42002	钙合金粉		1855
42003	钡合金		1854
42004	镍催化剂		1378，2881
42005	金属锆粉［干燥的］	锆粉	2008
42006	金属铪粉［干燥的］		2545
42007	金属钛粉［干燥的］	钛粉	2546
42008	三氯化钛	氯化亚钛	2441
42009	硫化钠［无水或含结晶水＜30%］		1385
42010	硫化钾［无水或含结晶水＜30%］		1382
42011	硫氢化钠［含结晶水＜25%］	氢硫化钠	2318
42012	连二亚硫酸钠	保险粉；低亚硫酸钠	1384
42013	连二亚硫酸钾	低亚硫酸钾	1929
42014	连二亚硫酸钙		1923
42015	硼氢化铝	氢硼化铝	2870
42016	二氨基镁		2004
42017	二苯基镁		2005
42018	烷基镁，如：		3053
42018	二甲基镁		3053
42018	二乙基镁		3053

续表

危险货物编号	名称	别名	UN号
42019	苯基溴化镁［浸在乙醚中的］		
42020	甲醇钠	甲氧基钠	1431
42021	烷基锂		2445
42022	烷基铝，如：		3051
42022	三甲基铝		3051
42022	三乙基铝		3051
42022	三丙基铝		3051
42022	三丁基铝		3051
42022	三异丁基铝		3051
42023	烷基铝氢化物		3076
42024	烷基铝卤化物，如：		3052
42024	氯化二乙基铝		3052
42024	二氯化乙基铝	乙基二氧化铝	3052
42024	三氯化三甲基（二）铝		3052
42024	三氯化三乙基（二）铝		3052
42024	三溴化三甲基（二）铝		3052
42025	二甲基锌		1370
42026	二乙基锌		1366
42027	三乙基锑		
42028	三甲基硼	甲基硼	
42029	三乙基硼		
42030	三丁基硼		
42031	戊硼烷	五硼烷	1380
42032	9-磷杂双环壬烷	环辛二烯磷	2940
42033	4-亚硝基-N，N-二甲基苯胺	对亚硝基二甲（基）苯胺；N，N-二甲基-4-亚硝基苯胺	1369
42034	4-亚硝基-N，N-二乙基苯胺	对亚硝基二乙（基）苯胺；N，N-二乙基-4-亚硝基苯胺	

续表

危险货物编号	名称	别名	UN 号
42035	硝化纤维片基	硝化纤维胶片；废硝化纤维电影胶片；废硝化纤维底片	1324
42036	铝导线焊接药包		
42501	金属锆［干的，碎屑］		2009，1932
42503	代森锰及其制品［含代森锰＞60%］		2210
42504	硝化纤维塑料碎屑	赛璐珞碎屑	2002
42508	云母带	柔软云母板	
42521	活性炭		1362
第 3 项　遇湿易燃物品			
43001	金属锂	锂	1415
43002	金属钠	钠	1428
43003	金属钾	钾	2257
43003	钾合金		1420
43004	钾钠合金	钠钾合金	1422
43005	金属钙	钙	1401
43005	钙合金，如：		
43005	铜钙合金		1401
43006	金属铷	铷	1423
43007	金属铯	铯	1407
43008	金属锶	锶	
43009	金属钡	钡	1400
43009	钡合金		1399
43010	碱金属汞齐，如：		1389
43010	钾汞齐		1389
43011	碱土金属汞齐		1392
43012	镁粉		
43012	镁合金粉，如：		
43012	铈镁合金粉		
43012	镁铝粉		1418

续表

危险货物编号	名称	别名	UN 号
43013	铝粉［未涂层的］	铝银粉	1396
43014	锌粉		1436
43014	锌尘		
43015	铈［粉、屑］		3078
43016	氢化锂		1414，2805
43017	氢化钠		1427
43018	氢化钾		
43019	氢化镁	二氢化镁	2010
43020	氢化钙		1404
43021	氢化铝		2463
43022	氢化铝锂	四氢化铝锂	1410，1411
43023	氢化铝钠	四氢化铝钠	2835
43024	氮化锂		2806
43025	碳化钙	电石	1402
43026	碳化铝		1394
43027	硅锂		1417
43028	硅铁锂		2830
43029	硅铁铝［粉末状的］		1395
43030	硅化镁		2624
43031	硅化钙		1405
43032	磷化钠		1432
43033	磷化钾		2012
43034	磷化钙	二磷化三钙	1360
43035	磷化镁	二磷化三镁	2011
43036	磷化铝		1397
43036	磷化铝熏蒸剂		
43037	磷化铝镁		1419
43038	磷化锌		1714
43039	磷化锶		2013
43040	磷化锡		1433

续表

危险货物编号	名称	别名	UN 号
43041	五硫化（二）磷		1340
43042	氨基（化）锂		1412
43042	氨基（化）钙		
43043	硼氢化锂	氢硼化锂	1413
43044	硼氢化钠	氢硼化钠	1426
43045	硼氢化钾	氢硼化钾	1870
43046	连二亚硫酸钠 1）	保险粉；低亚硫酸钠	1384
43047	三氟化硼甲醚络合物		2965
43048	甲基溴化镁［浸在乙醚中］		1928
43049	三氯硅烷	硅仿；硅氯仿	1295
43050	甲基二氯硅烷	二氯甲基硅烷	1242
43050	乙基二氯硅烷		1183
43501	镁粒［有涂层的，粒度≥149 微米］		2950
43502	锌灰		1435
43503	硅钙		1406
43503	硅锰钙		2844
43504	硅铝		1398
43505	硅铁［30%≤含硅<90%］		1408
43506	氢化钡		
43507	氰氨化钙［含碳化钙>0.1%］	石灰氮	1403
43508	连二亚硫酸锌	低亚硫酸锌	1931
43509	代森锰及其制品［抑制了的］		2968
第 5 类　氧化剂和有机过氧化物			
第 1 项　氧化剂			
51001	过氧化氢［含量>60%，特许的］	双氧水	2015
51001	过氧化氢［20%≤含量≤60%］	双氧水	2014

续表

危险货物编号	名称	别名	UN 号
51002	过氧化钠	双氧化钠；二氧化钠	1504
51003	过氧化钾		1491
51004	过氧化锂		1472
51005	过氧化镁	二氧化镁	1476
51006	过氧化钙	二氧化钙	1457
51007	过氧化锶	二氧化锶	1509
51008	过氧化钡	二氧化钡	1449
51009	过氧化锌	二氧化锌	1516
51011	超氧化物及其混合物，如：		
51011	超氧化钠	三氧化二钠	2547
51011	超氧化钾		2466
51012	三氟化溴		1746
51013	五氟化溴		1745
51014	五氟化碘		2495
51015	高氯酸［含酸 50%～72%］	过氯酸	1873
51016	高氯酸钙	过氯酸钙	1455
51017	高氯酸铵	过氯酸铵	1442
51018	高氯酸钠	过氯酸钠	1502
51019	高氯酸钾	过氯酸钾	1489
51020	高氯酸锂	过氯酸锂	
51021	高氯酸镁	过氯酸镁	1475
51022	高氯酸钡	过氯酸钡	1447
51023	高氯酸锶	过氯酸锶	1508
51024	高氯酸铅	过氯酸铅	1470
51025	高氯酸亚铁		
51026	高氯酸银	过氯酸银	
51028	氯酸溶液［浓度≤10%］		2626
51029	氯酸铵		
51030	氯酸钠		1495
51030	氯酸钠溶液		2428

续表

危险货物编号	名称	别名	UN 号
51031	氯酸钾		1485
51031	氯酸钾溶液		2427
51032	氯酸镁		2723
51033	氯酸铯		
51034	氯酸锶		1506
51035	氯酸钡		1445
51036	氯酸钙		1452
51036	氯酸钙溶液		2429
51037	氯酸铜		2721
51038	氯酸锌		1513
51039	氯酸铊		2573
51040	氯酸银		
51043	次氯酸钙［含有效氯＞39％］		1748
51043	漂粉精［含有效氯＞39％］	高级晒粉	
51043	次氯酸钙混合物［含有效氯＞39％］		
51044	次氯酸锂		1471
51045	次氯酸钡［含有效氯＞22％］		2741
51046	亚氯酸钠		1496
51046	亚氯酸钙		1453
51047	高锰酸钠	过锰酸钠	1503
51048	高锰酸钾	过锰酸钾；灰锰氧	1490
51049	高锰酸钙	过锰酸钙	1456
51050	高锰酸钡	过锰酸钡	1448
51051	高锰酸锌		1515
51052	高锰酸银	过锰酸银	
51054	硝酸锂		2722
51055	硝酸钠		1498
51056	硝酸钾		1486

续表

危险货物编号	名称	别名	UN号
51057	硝酸钙		1454
51058	硝酸铯		1451
51059	硝酸锶		1507
51060	硝酸钡		1446
51061	硝酸铍		2464
51062	硝酸锌		1514
51063	硝酸银		1493
51064	硝酸锆		2728
51065	硝酸铅		1469
51068	硝酸胍	硝酸亚氨脲	1467
51069	硝酸铵［含可燃物≤0.2%］		1942
51070	硝酸铵肥料［含可燃物≤0.4%］		2067～2072
51071	亚硝酸铵		
51072	亚硝酸锌铵		1512
51073	亚硝酸钾		1488
51075	高氯酸醋酐溶液	过氯酸醋酐溶液	
51076	过氧化氢尿素		1511
51077	二氯异氰尿酸		2465
51078	三氯异氰尿酸		2468
51079	四硝基甲烷		1510
51501	过氧化氢［含量8%～20%］	双氧水	2984
51502	过氧化铅	二氧化铅	1872
51503	过（二）碳酸钠		2467
51504	过硫酸铵	高硫酸铵；过二硫酸铵	1444
51504	过硫酸钠	高硫酸钠；过二硫酸钠	1505
51504	过硫酸钾	高硫酸钾；过二硫酸钾	1492
51505	高硼酸钠	过硼酸钠	
51506	锰酸钾		

续表

危险货物编号	名称	别名	UN号
51507	高铼酸铵	过铼酸铵	
51508	高铼酸钾	过铼酸钾	
51509	次氯酸钙混合物或水合物［含有效氯10%～39%］		2208
51509	次氯酸钙［含有效氯10%～39%］		
51509	次氯酸钙混合或水合物［含水量5.5%～10%］，如：		2880
51509	漂白粉		
51510	溴酸钠		1494
51510	溴酸钾		1484
51510	溴酸镁		1473
51510	溴酸锶		
51510	溴酸钡		2719
51510	溴酸锌		2469
51510	溴酸银		
51510	溴酸镉		
51510	溴酸铅		
51512	高碘酸	过碘酸；仲高碘酸	
51513	高碘酸铵	过碘酸铵	
51513	高碘酸钡	过碘酸钡	
51513	高碘酸钠		
51513	仲高碘酸钠	仲过碘酸钠；一缩原高碘酸钠	
51513	偏高碘酸钠		
51513	高碘酸钾		
51513	仲高碘酸钾	仲过碘酸钾	
51513	偏高碘酸钾	偏过碘酸钾	
51515	碘酸		
51516	五氧化二碘	碘酐	
51517	碘酸铵		

续表

危险货物编号	名称	别名	UN号
51517	碘酸钠		
51517	碘酸钾		
51517	碘酸钾合一碘酸	碘酸氢钾；重碘酸钾	
51517	碘酸钾合二碘酸		
51517	碘酸锂		
51517	碘酸钙		
51517	碘酸锶		
51517	碘酸钡		
51517	碘酸锰		
51517	碘酸铁		
51517	碘酸锌		
51517	碘酸银		
51517	碘酸镉		
51517	碘酸铅		
51519	三氧化铬［无水］	铬（酸）酐	1463
51520	重铬酸铵	红矾铵	1439
51520	二水合重铬酸锂		
51520	重铬酸钠	红矾钠	
51520	重铬酸钾	红矾钾	
51520	重铬酸铯		
51520	重铬酸钡		
51520	重铬酸铝		
51520	重铬酸铜		
51520	重铬酸锌		
51520	重铬酸银		
51522	硝酸镁		1474
51522	硝酸铝		1438
51522	硝酸铬		2720
51522	硝酸锰	硝酸亚锰	2724
51522	硝酸铁	硝酸高铁	1466

续表

危险货物编号	名称	别名	UN号
51522	硝酸镍	硝酸亚镍	2725
51522	硝酸钴	硝酸亚钴	
51522	硝酸镍铵	四氨硝酸镍	
51522	硝酸铜		
51522	硝酸氧锆	硝酸锆酰	
51522	硝酸铑		
51522	硝酸钯		
51522	硝酸镉		
51522	硝酸镓		
51522	硝酸铟		
51522	硝酸铋		
51523	硝酸镨		
51523	硝酸钕		
51523	硝酸钕镨	硝酸镨钕	1465
51523	硝酸钐		
51523	硝酸镝		
51523	硝酸铒		
51523	硝酸镧		
51523	硝酸铈	硝酸亚铈	
51523	硝酸铈铵		
51523	硝酸铈钠		
51523	硝酸铈钾		
51523	硝酸镱		
51523	硝酸镥		
51523	硝酸钇		
51525	亚硝酸钠		1500
51525	亚硝酸钙		
51525	亚硝酸钡		
51525	亚硝酸镍		2726
51526	氧化银		

续表

危险货物编号	名称	别名	UN号
第2项　有机过氧化物			
52001	2，2-过氧化二氢丙烷［含量≤27，带有惰性固体］		2178
52002	2，5-二甲基-2，5-过氧化二氢己烷［含量≤82%，含水］		2174
52003	2，2-双-（过氧化叔丁基）丙烷［在溶液中，含量≤52%］		2883
52003	2，2-双-（过氧化叔丁基）丙烷［含量≤42%，带有惰性固体，带有A型稀释剂≥13%］		2884
52004	2，2-双-（过氧化叔丁基）丁烷［在溶液中，含量≤52%］		2111
52005	2，5-二甲基-2，5-双-（过氧化叔丁基）己烷［工业纯］		2155
52005	2，5-二甲基-2，5-双-（过氧化叔丁基）己烷［含量≤52%，带有惰性固体］		2156
52006	2，2-双-（4，4-二叔丁基过氧化环己基）丙烷［含量≤42%，带有惰性固体］		2168
52007	2，5-二甲基-2，5-双-（过氧化-2-乙基己酰）己烷［工业纯］		2157
52008	2，5-二甲基-2，5-双-（过氧化-3，5，5-三甲基己酰）己烷［在溶液中，含量≤77%］	2，5-二甲基-2，5-双-（过氧化异壬酰）己烷	3060
52009	2，5-二甲基-2，5-双-（过氧化苯甲酰）己烷［工业纯］		2172

续表

危险货物编号	名称	别名	UN号
52009	2，5-二甲基-2，5-双-（过氧化苯甲酰）己烷［含量≤82%，带有惰性固体］		2173
52009	2，5-二甲基-2，5-双-（过氧化苯甲酰）己烷［含量≤82%，含水］		2959
52010	1，1-双-（过氧化叔丁基）环己烷［工业纯］		2179
52010	1，1-双-（过氧化叔丁基）环己烷［在溶液中，含量≤52%］		2897
52010	1，1-双-（过氧化叔丁基）环己烷［在溶液中，52%＜含量≤77%］		2180
52010	1，1-双-（过氧化叔丁基）环己烷［含量≤42%，带有惰性固体，带有A型稀释剂≥13%］		2885
52010	1，1-双-（过氧化叔丁基）环己烷［在溶液中，含量≤27%，带有A型稀释剂≥36%和乙基苯≥36%］		3069
52011	1，1-双-（过氧化叔丁基）-3，3，5-三甲基环己烷［工业纯］		2145
52011	1，1-双-（过氧化叔丁基）-3，3，5-三甲基环己烷［在溶液中，含量≤57%］		2146
52011	1，1-双-（过氧化叔丁基）-3，3，5-三甲基环己烷［含量≤57%，带有惰性固体］		2147
52012	过氧化乙酰磺酰环己烷［含量≤82%，含水≥12%］	乙酰过氧化磺酰环己烷	2082
52012	过氧化乙酰磺酰环己烷［在溶液中，含量≤32%］		2083
52013	过氧化双-（1-羟基环己烷）［工业纯］		2148

续表

危险货物编号	名称	别名	UN号
52014	3，3，6，6，9，9-六甲基-1，2，4，5-四氧环壬烷［工业纯］		2165
52014	3，3，6，6，9，9-六甲基-1，2，4，5-四氧环壬烷［在溶液中，含量≤52%］		2167
52014	3，3，6，6，9，9-六甲基-1，2，4，5-四氧环壬烷［含量≤52%，带有惰性固体］		2166
52015	2，5-二甲基-2，5-双-（过氧化叔丁基）-3-己炔［工业纯］		2158
52015	2，5-二甲基-2，5-双-（过氧化叔丁基）-3-己炔［含量≤52%，带有惰性固体］		2159
52016	过氧化氢异丙基	异丙基过氧化氢	
52017	过氧化氢叔丁基［含量≤80%，带有氢过氧化二叔丁基和/或A型稀释剂］	过氧化氢第三丁基；过氧化叔丁醇	2092
52017	过氧化氢叔丁基［含量≤72%，含水］		2093
52017	过氧化氢叔丁基［72%＜含量≤90%，含水］		2094
52017	过氧化氢叔丁基［含量≤82%，含水≥7%，含氢过氧化二叔丁基≥9%］		3075
52018	过氧化氢叔戊基［在溶液中，含量≤88%，含水≥6%］		3067
52019	1，1，3，3-四甲基丁基过氧化氢［工业纯］	过氧化氢叔辛基	2160
52020	过氧化氢异丙苯［工业纯］	过氧化羟基茴香素；枯基过氧化氢	2116
52021	过氧化氢二异丙（基）苯［在溶液中，含量≤72%］		2171

续表

危险货物编号	名称	别名	UN号
52022	过氧化氢二叔丁基异丙（基）苯		
52023	过氧化氢蒎烷［工业纯］	过氧化氢-2，6，6-三甲基降蒎基	2162
52024	过氧化氢（对）孟烷［工业纯］		2125
52025	过氧化氢四氢化萘［工业纯］		2136
52026	过氧化二叔丁基［工业纯］		2102
52027	过氧化叔丁基苯［工业纯］		
52028	过氧化叔丁基异丙（基）苯［工业纯］		2091
52029	1，3-双-（2-叔丁基过氧化异丙基）苯［工业纯］		2112
52029	1，3-双-（2-叔丁基过氧化异丙基）苯［含量＞42%，带有惰性固体］		
52029	1，4-双-（2-叔丁基过氧化异丙基）苯［工业纯］		
52029	1，4-双-（2-叔丁基过氧化异丙基）苯［含量＞42%，带有惰性固体］		
52030	过氧化二异丙苯［工业纯］	过氧化二枯基；硫化剂DCP	2121
52030	过氧化二异丙苯［含量＞42%，带有惰性固体］		
52031	过氧化异丁基甲基甲酮［在溶液中，含量≤62%，带有A型稀释剂］		2126
52031	过氧化异丁基甲基甲酮［含A型稀释剂≥19%和含甲基异丁基酮≥19%］		
52032	过氧化甲乙酮［在溶液中，含量≤45%，含有效氧≤10%］	过氧化丁酮液；催化剂糊M	2550

续表

危险货物编号	名称	别名	UN 号
52032	过氧化甲乙酮［在溶液中，含量≤52%，含有效氧＞10%］		2563
52032	过氧化甲乙酮［在尼龙酸二异丁酯中，含量≤40%，含有效氧≤8.2%］		3068
52033	过氧化乙酰丙酮［在溶液中，含量≤42%，含水≥8%，含 A 型稀释剂≥48%，含有效氧≤4.7%］		2080
52033	过氧化乙酰丙酮［糊状物，含量≤32%，含溶剂≥44%，含水≥9%，带有惰性固体≥11%］		3061
52034	过氧化环己酮［在溶液中，含量≤72%，含有效氧≤9%］		2118
52034	过氧化环己酮［含量≤91%，含水］		2119
52034	过氧化环己酮［糊状物，含量≤72%，含有效氧≤9%］		2896
52034	过氧化环已酮浆，如：		
52034	催化剂糊 H		
52034	催化剂糊 HCH		
52035	过氧化甲基环己酮［在溶液中，含量≤67%］		3046
52036	过氧化二丙酮醇［在混合物中，含量≤57%，含水≥8%，含二丙酮醇≤26%，含过氧化氢≤9%，含有效氧≤10%］		2163
52037	过氧化（二）乙酰［在溶液中，含量≤27%］		2084
52038	过氧化（二）丙酰［在溶液中，含量≤27%］		2132
52039	过氧化（二）异丁酰［在溶液中，含量≤52%］		2182

续表

危险货物编号	名称	别名	UN号
52040	过氧化（二）正辛酰［工业纯］		2129
52041	过氧化（二）正壬酰［工业纯］		2130
52042	过氧化（二）异壬酰［工业纯］	过氧化二-（3，5，5-三甲基己酰）	2128
52043	过氧化（二）癸酰［工业纯］		2120
52044	过氧化十二（烷）酰［工业纯］	过氧化（二）月桂酰；引发剂B	2124
52044	过氧化十二（烷）酰［含量≤42%，在水中均匀分布］		2893
52045	过氧化（二）苯甲酰［工业纯］		2085
52045	过氧化（二）苯甲酰［含量＞52%，带有惰性固体］		2085
52045	过氧化（二）苯甲酰［糊状物，含量≤72%］		2087
52045	过氧化（二）苯甲酰［77%＜含量＜95%，含水］		2088
52045	过氧化（二）苯甲酰［32%≤含量≤52%，带有惰性固体］		2089
52045	过氧化（二）苯甲酰［含量≤77%，含水］		2090
52045	过氧化（二）苯甲酰［含量≤62%，带有惰性固体≥28%，含水≥10%］		3074
52045	过氧化（二）苯甲酰油膏		
52046	过氧化二-（2-甲基苯甲酰）［含量≤87%，含水］	过氧化二-（邻甲基苯甲酰）	2593
52047	过氧化二-（2-氯苯甲酰）［含量≤77%，含水］	过氧化二-（邻氯苯甲酰）	
52047	过氧化二-（4-氯苯甲酰）［含量≤77%，含水］	过氧化二-（对氯苯甲酰）	2113
52047	过氧化二-（4-氯苯甲酰）［糊状物，含量≤52%］		2114

续表

危险货物编号	名称	别名	UN号
52047	过氧化二-（4-氯苯甲酰）［在溶液中，含量≤52%］		2115
52048	过氧化二-（2，4-二氯苯甲酰）［含量≤77%，含水］	2，4，2，4-四氯过氧化二苯甲酰；硫化剂DCBP	2137
52048	过氧化二-（2，4-二氯苯甲酰）［糊状物，含量≤52%］		2138
52048	过氧化二-（2，4-二氯苯甲酰）［在溶液中，含量≤52%］		2139
52049	过氧化乙酰苯甲酰［在溶液中含量≤45%］	乙酰过氧化苯（甲）酰	2081
52050	过甲酸	过蚁酸	
52051	过乙酸［含量≤43%，含水≥5%，含乙酸≥35%，含过氧化氢≤6%，含有稳定剂］	过醋酸；过氧化乙酸；乙酰过氧化氢	2131
52051	过乙酸［含量≤16%，含水≥39%，含乙酸≥15%，含过氧化氢≤24%，含有稳定剂］		3045
52052	过氧化（二）丁二酸［工业纯］	过氧化双丁二酸；过氧化丁二酰；过氧化（二）琥珀酸	2135
52052	过氧化（二）丁二酸［含量≤72%，含水］		2962
52053	双过氧化壬二酸［含量≤27%，含壬二酸≥13%，含硫酸钠≥53%］		2958
52054	双过氧化十二烷二酸［含量≤42%，含硫酸钠≥56%］		3063
52055	过氧化氢苯甲酰	过苯甲酸	
52056	过氧化-3-氯苯甲酸［57%<含量≤86%，带有3-氯苯甲酸］	过氧化间氯苯甲酸	2755

续表

危险货物编号	名称	别名	UN 号
52056	过氧化-3-氯苯甲酸［含量≤57%，含水和3-氯苯甲酸］		3081
52057	过苯二甲酸		
52058	叔丁基过苯二甲酸	第三丁基过苯二甲酸	
52059	过氧化乙酸叔丁酯［在溶液中，52%＜含量≤77%］	过氧化醋酸叔丁酯；过氧化叔丁基乙酸酯	2095
52059	过氧化乙酸叔丁酯［在溶液中，含量≤52%］		2096
52060	过氧化二乙基乙酸叔丁酯	过氧化二乙基醋酸叔丁酯；过氧化叔丁基二乙基乙酸酯	
52060	过氧化二乙基乙酸叔丁酯［工业纯］		2144
52060	过氧化二乙基乙酸叔丁酯［在溶液中，含量≤33%，带有过氧化苯甲酸叔丁酯≤33%］		2551
52061	3，3-双-（过氧化叔丁基）丁酸乙酯［工业纯］		2184
52061	3，3-双-（过氧化叔丁基）丁酸乙酯［在溶液中，含量≤77%］		2185
52061	3，3-双-（过氧化叔丁基）丁酸乙酯［含量≤52%，带有惰性固体］		2598
52062	过氧化异丁酸叔丁酯［在溶液中，52%＜含量≤77%］	过氧化叔丁基异丁酸酯	2142
52062	过氧化异丁酸叔丁酯［在溶液中，含量≤52%］		2562
52063	4，4-双-（过氧化叔丁基）戊酸正丁酯［工业纯］		2140
52063	4，4-双-（过氧化叔丁基）戊酸正丁酯［含量≤52%，带有惰性固体］		2141
52064	过氧化新戊酸叔丁酯［在溶液中，67%＜含量≤77%］	过氧化叔丁基新戊酸酯	2110

续表

危险货物编号	名称	别名	UN 号
52064	过氧化新戊酸叔丁酯［在溶液中，含量≤67%］		3047
52065	过氧化新戊酸叔戊酯［在溶液中，含量≤77%］	过氧化叔戊基新戊酸酯	2957
52066	过氧化新戊酸异丙基苯酯［在溶液中，含量≤77%］	过氧化异丙苯基新戊酸酯；过氧化新戊酸枯基酯	2964
52067	过氧化-2-乙基己酸叔丁酯［工业纯］	过氧化叔丁基-2-乙基己酸酯	2143
52067	过氧化-2-乙基己酸叔丁酯［含量≤31%，含 2，2-二-(过氧化叔丁基）丁烷≤36%，含钝感剂≥33%］		2886
52067	过氧化-2-乙基己酸叔丁酯［含量≤12%，含 2，2-二-(过氧化叔丁基）丁烷≤14%，含 A 型稀释剂≥14%，带有惰性固体≥60%］		2887
52067	过氧化-2-乙基己酸叔丁酯［在溶液中，含量≤52%］		2888
52068	过氧化-2-乙基己酸叔戊酯［工业纯］	过氧化叔戊基-2-乙基己酸酯	2398
52069	过氧化-2-乙基己酸-1，1，3，3-四甲基丁酯［工业纯］	过氧化-1，1，3，3-四甲基丁基-2-乙基乙酸酯；过氧化-2-乙基己酸叔辛酯	2161
52070	过氧化-3，5，5-三甲基己酸叔丁酯［工业纯］	过氧化异壬酸叔丁酯；过氧化叔丁基-3，5，5-三甲基己酸酯	2104
52071	过氧化新癸酸叔丁酯［工业纯］	过氧化叔丁基新癸酸酯	2594
52071	过氧化新癸酸叔丁酯［在溶液中，含量≤77%］		2177
52072	过氧化新癸叔戊酯［在溶液中，含量≤77%］	过氧化叔戊基新癸酸酯	2891
52073	过氧化新癸酸异丙基苯酯［在溶液中，含量≤77%］	过氧化异丙苯基新癸酸酯；过氧化新癸酸枯基酯	2963
52074	过氧化丁烯酸叔丁酯［在溶液中，含量≤77%］	过氧化叔丁基丁烯酸酯；过氧化巴豆酸叔丁酯	2183

续表

危险货物编号	名称	别名	UN 号
52075	过氧化顺式丁烯二酸叔丁酯［工业纯］	过氧化叔丁基顺式丁烯二酸酯；过氧化马来酸叔丁酯	2099
52075	过氧化顺式丁烯二酸叔丁酯［在溶液中，含量≤52%］		2100
52075	过氧化顺式丁烯二酸叔丁酯［糊状物，含量≤52%］		2101
52076	过氧化苯甲酸叔丁酯	过氧化叔丁基苯甲酸酯	
52076	过氧化苯甲酸叔丁酯［工业纯］		2097
52076	过氧化苯甲酸叔丁酯［在溶液中，含量>77%］		2097
52076	过氧化苯甲酸叔丁酯［在溶液中，含量≤77%］		2098
52076	过氧化苯甲酸叔丁酯［含量≤52%，带有惰性固体］		2890
52077	过氧化苯甲酸叔戊酯［在溶液中，含量≤92%］		3044
52078	过氧化邻苯二甲酸叔丁酯［工业纯］	过氧化叔丁基邻苯二甲酸酯	2105
52079	双-（过氧化叔丁基）邻苯二甲酸酯［工业纯］		2106
52079	双-（过氧化叔丁基）邻苯二甲酸酯［在溶液中，含量≤52%］		2107
52079	双-（过氧化叔丁基）邻苯二甲酸酯［糊状物，含量≤52%］		2108
52080	过氧化异丙基碳酸叔丁酯［在溶液中，含量≤77%］	叔丁基过氧化异丙基碳酸酯	2103
52081	过氧化十八烷酰碳酸叔丁酯［工业纯］	叔丁基过氧化硬脂酰碳酸酯	3062
52082	2，4，4-三甲基戊基-2-过氧化苯氧基乙酸酯［在溶液中，含量≤37%］	2，4，4-三甲基戊基-2-过氧化苯氧基醋酸酯	2961
52083	3-过氧化叔丁基-3-邻羟甲基苯甲酸内酯［工业纯］	3-过氧化叔丁基-3-苯基酞内酯	2596

续表

危险货物编号	名称	别名	UN号
52084	过氧化二碳酸二乙酯［在溶液中，含量≤27%］	过氧化二乙基二碳酸酯	2175
52085	过氧化二碳酸二正丙酯［工业纯］	过氧化二正丙基二碳酸酯	2176
52086	过氧化二碳酸二异丙酯［工业纯］	过氧化二异丙基二碳酸酯	2133
52086	过氧化二碳酸二异丙酯［在溶液中，含量≤52%］		2134
52087	过氧化二碳酸二正丁酯［在溶液中，含量≤52%］	过氧化二正丁基二碳酸酯	2169
52087	过氧化二碳酸二正丁酯［在溶液中，含量≤27%］		2170
52088	过氧化二碳酸二仲丁酯［工业纯］	过氧化二仲丁基二碳酸酯	2150
52088	过氧化二碳酸二仲丁酯［在溶液中，含量≤52%］		2151
52089	过氧化二碳酸二-（2-乙基己基）酯［工业纯］	过氧化二-（2-乙基己基）二碳酸酯	2122
52089	过氧化二碳酸二-（2-乙基己基）酯［在溶液中，含量≤77%］		2123
52089	过氧化二碳酸二-（2-乙基己基）酯［含量≤42%，在水中均匀分布］		2060
52090	过氧化二碳酸二（异十三烷基）酯［工业纯］	过氧化二（异十三烷基）二碳酸酯	2889
52091	过氧化二碳酸二（十四烷基）酯［工业纯］	过氧化二（十四烷基）二碳酸酯	2595
52091	过氧化二碳酸二（十四烷基）酯［含量≤42%，在水中均匀分布］		2892
52092	过氧化二碳酸二-（十六烷基）酯［工业纯］	过氧化二（十六烷基）二碳酸酯	2164
52092	过氧化二碳酸二-（十六烷基）酯［含量≤42%，在水中均匀分布］		2895

续表

危险货物编号	名称	别名	UN号
52093	过氧化二碳酸二（十八烷基）酯［含量≤87%，含有十八烷醇］	过氧化二（十八烷基）二碳酸酯；过氧化二碳酸二硬脂酰酯	2592
52094	过氧化二碳酸二环己酯［工业纯］	过氧化二环已基二碳酸酯	2152
52094	过氧化二碳酸二环已酯［含量≤91%，含水］		2153
52095	过氧化二碳酸-二-（4-叔丁基环已基）酯［工业纯］	过氧化-二-（4-叔丁基环已基）二碳酸酯	2154
52095	过氧化二碳酸-二-（4-叔丁基环已基）酯［含量≤42%，在水中均匀分布］		2894
52096	过氧化二碳酸二苯甲酯［含量≤87%，含水］	过氧化苄基二碳酸酯	2149
52097	过氧化二碳酸-二-（2-苯氧基乙基）酯［工业纯］	过氧化-二-（2-苯氧基乙基）二碳酸酯	3058
52097	过氧化二碳酸-二-（2-苯氧基乙基）酯［含量≤85%，含水］		3059
52098	过氧化二-（3，5，5-三甲基-1，2-二氧戊环）［糊状物，含量≤52%］		2597
52099	过氧化蒎烯		
52100	土荆芥油	藜油；除蛔素；除蛔油	
第6类　毒害品和感染性物品			
第1项　毒害品			
61001	氰化物，如：		
61001	氰化钠	山柰	1689
61001	氰化钾		1680
61001	氰化钙		1575
61001	氰化钡		1565
61001	氰化钴		
61001	氰化镍	氰化亚镍	1653
61001	氰化镍钾	氰化钾镍	

续表

危险货物编号	名称	别名	UN号
61001	氰化铜	氰化高铜	1587
61001	氰化银		1684
61001	氰化银钾	银氰化钾	
61001	氰化锌		1713
61001	氰化镉		
61001	氰化汞	氰化高汞	1636
61001	氰化汞钾	汞氰化钾；氰化钾汞	1626
61001	氰化铅		1620
61001	氰化铈		
61001	氰化亚铜		
61001	氰化亚铜（三）钠	紫铜盐；紫铜矾；氰化铜钠	2316
61001	氰化亚铜（三）钾	氰化亚铜钾	1679
61001	氰化金钾		
61001	氰熔体	氰熔块	
61001	氰化溴	溴化氰	1889
61002	氰化物溶液，如：		1935
61002	氰化亚铜（三）钠溶液	氰化亚铜钠溶液	2317
61002	镀铜药水		
61002	镀锌药水		
61003	氰化氢［无水，稳定的］	无水氢氰酸	1051
61004	氢氰酸［含量≤20%］		1613
61005	氢氰酸蒸熏剂		
61006	砷		1558
61006	砷粉		1562
61007	三氧化（二）砷	白砒；砒霜；亚砷（酸）酐	1561
61008	伦敦紫		1621
61009	亚砷酸盐类，如：		1556，1557
61009	亚砷酸钠	偏亚砷酸钠	2027

续表

危险货物编号	名称	别名	UN号
61009	亚砷酸钠水溶液		1686
61009	亚砷酸钾		1678
61009	亚砷酸钙		
61009	亚砷酸锶	原亚砷酸锶	1691
61009	亚砷酸钡		
61009	亚砷酸铁		1607
61009	亚砷酸铜	亚砷酸氢铜	1586
61009	亚砷酸银	原亚砷酸根	1683
61009	亚砷酸锌		1712
61009	亚砷酸铅		1618
61009	亚砷酸锑		
61009	乙酰亚砷酸铜	祖母绿；翡翠绿；醋酸亚砷酸铜	1585
61010	五氧化（二）砷	砷（酸）酐	1559
61011	砷酸		1553，1554
61011	偏砷酸		
61011	焦砷酸		
61012	砷酸盐类，如：		1556，1557
61012	砷酸铵		1546
61012	砷酸氢二铵		
61012	砷酸钠	原砷酸钠；砷酸三钠	1685
61012	偏砷酸钠		
61012	砷酸氢二钠		
61012	砷酸二氢钠		
61012	砷酸钾		1677
61012	砷酸二氢钾		
61012	砷酸镁		1622
61012	砷酸钙	砷酸三钙	1573
61012	砷酸钡		
61012	砷酸铁		1606

续表

危险货物编号	名称	别名	UN 号
61012	砷酸亚铁		1608
61012	砷酸铜		
61012	砷酸银		
61012	砷酸锌		1712
61012	砷酸汞	砷酸氢汞	1623
61012	砷酸铅		1617
61012	砷酸锑		
61013	三氟化砷	氟化亚砷	
61013	三氯化砷	氯化亚砷	1560
61014	三溴化砷	溴化亚砷	1555
61014	三碘化砷	碘化亚砷	
61015	二氧化硒	亚硒酐；无水亚硒酸	
61016	亚硒酸盐类，如：		2630
61016	亚硒酸钠		2630
61016	亚硒酸氢钠		2630
61016	亚硒酸钾		2630
61016	亚硒酸镁		2630
61016	亚硒酸钙		2630
61016	亚硒酸钡		2630
61016	亚硒酸铝		2630
61016	亚硒酸铜		2630
61016	亚硒酸银		2630
61016	亚硒酸铈		2630
61017	硒酸盐类，如：		2630
61017	硒酸钠		2630
61017	硒酸钾		2630
61017	硒酸钡		2630
61017	硒酸铜	硒酸高铜	2630
61018	硒化物，如：		
61018	硒化铁		

续表

危险货物编号	名称	别名	UN 号
61018	硒化锌		
61018	硒化镉		
61018	硒化铅		
61019	卤化硒，如：		
61019	氯化硒	二氯化二硒	
61019	四氯化硒		
61019	溴化硒		
61019	四溴化硒		
61020	二硫化硒		2657
61021	一级钡化合物，如：		1564
61021	氯化钡		1564
61021	氢氧化钡		1564
61022	铊	金属铊	
61023	铊化合物，如：		1707
61023	氧化亚铊	一氧化（二）铊	
61023	氧化铊	三氧化（二）铊	
61023	氢氧化铊		
61023	氯化亚铊	一氯化铊	
61023	溴化亚铊	一溴化铊	
61023	碘化亚铊	一碘化铊	
61023	三碘化铊		
61023	硝酸铊		2727
61023	硫酸亚铊		
61023	碳酸亚铊		
61023	磷酸亚铊		
61024	铍粉		1567
61025	铍化合物，如：		1566
61025	氧化铍		1566
61025	氢氧化铍		1566
61025	氯化铍		1566

续表

危险货物编号	名称	别名	UN号
61025	碳酸铍		1566
61025	硫酸铍		1566
61025	硫酸铍钾		1566
61025	铬酸铍		1566
61025	氟铍酸铵	氟化铍铵	1566
61025	氟铍酸钠		1566
61026	四氧化锇	锇（酸）酐	2471
61027	氯锇酸铵	氯化锇铵	
61028	三氧化（二）钒［非熔融的］		2860
61028	五氧化二钒［非熔融的］	钒（酸）酐	2862
61029	钒酸钾		
61029	偏钒酸钾		2864
61029	偏钒酸铵		2859
61029	聚钒酸铵	多钒酸铵	2861
61029	钒酸铵钠		2863
61029	硫酸氧钒	硫酸钒酰	2931
61030	一级无机汞化合物，如：		
61030	氧氰化汞［钝化的］	氰氧化汞	1642
61030	砷化汞		
61030	硝酸汞	硝酸高汞	1625
61030	氟化汞	二氟化汞	
61030	氯化汞	氯化高汞；二氯化汞	1624
61030	碘化汞	碘化高汞；二碘化汞	1638
61031	羰基金属，如：		
61031	羰基镍	四羰基镍；四碳酰镍	1259
61031	五羰基铁		1994
61032	二氯硫化碳	硫光气；硫代羰基氯	1274
61033	迭氮（化）钠		1687
61051	三氯硝基甲烷	氯化苦；硝基三氯甲烷	1580

续表

危险货物编号	名称	别名	UN号
61052	3-氯-1，2-环氧丙烷	环氧氯丙烷	2023
61053	3-溴-1，2-环氧丙烷	环氧溴丙烷	2558
61054	溴甲烷和二溴乙烷液体混合物		1647
61055	六氯环戊二烯	全氯环戊二烯	1246
61056	硝基苯		1662
61057	1，2-4 二硝基苯	邻二硝基苯	1597
61057	1，3-二硝基苯	间二硝基苯	1597
61057	1，4-二硝基苯	对二硝基苯	1597
61058	2-硝基甲苯	邻硝基甲苯	1664
61058	3-硝基甲苯	间硝基甲苯	1664
61058	4-硝基甲苯	对硝基甲苯	1664
61059	3-硝基-4-氯三氟甲苯	2-氯-5-三氟甲基硝基苯	2307
61060	硝基三氟甲苯	3-硝基三氟甲苯；间硝基三氟甲苯	2306
61061	苯肼化（二）氯		1672
61062	多氯联苯		2315
61063	氯化苄	苄基氯；α-氯甲苯	1738
61064	二氯化苄	二氯甲（基）苯；苄叉二氯	1886
61065	溴化苄	苄基溴；α-溴甲苯	1737
61066	碘化苄	苄基碘；α-碘甲苯	2653
61067	苯酚	酚；石碳酸	1671，2312
61068	苯酚溶液		2821
61069	杂酚	粗酚；煤焦酚	
61070	苯酚树脂		
61071	焦油酸		
61072	甲苯基酸	克利沙酸	2022
61073	2-甲（苯）酚	邻甲（苯）酚	2076
61073	3-甲（苯）酚	间甲（苯）酚	2076

续表

危险货物编号	名称	别名	UN 号
61073	4-甲（苯）酚	对甲（苯）酚	2076
61073	甲（苯）酚异构体混合物		
61074	4，6-二硝基邻甲苯酚	4，6-二硝基邻甲酚	1598
61075	二硝基苯酚溶液		1599
61076	二硝基邻甲酚铵		1843
61077	乙撑亚胺［抑制了的］	氮丙环；吖丙啶	1185
61078	一级 N-取代苯胺类，如：		
61078	N，N-二甲（基）苯胺		2253
61078	N-乙基邻甲苯胺	乙氨基邻甲苯	2754
61078	N-乙基间甲苯胺	乙氨基间甲苯	2754
61078	N-乙基对甲苯胺	乙氨基对甲苯	2754
61078	N-正丁基苯胺		2738
61079	一氯乙醛	氯乙醛	2232
61079	三氯乙醛［无水的，抑制了的］	氯醛；氯油	2075
61080	六氟丙酮水合物	全氟丙酮水合物；水合六氟丙酮	2552
61081	六氯丙酮		2661
61082	二氯四氟丙酮	敌锈酮	
61083	甲基溴丙酮		1610
61084	1，2-二溴-3-丁酮		2648
61085	2-吡咯酮		
61086	二氯（二）甲醚	对称二氯（二）甲醚	2249
61087	二氯异丙（基）醚		2490
61088	丙酮氰醇	丙酮合氰化氢	1541
61089	全氯甲硫醇	三氯硫氯甲烷；过氯甲硫醇；四氯硫代碳酰	1670
61090	苯（基）硫醇	苯硫酚；巯基苯；硫代苯酚	2337
61091	2-巯基乙醇	硫代乙二醇	2966
61092	2-巯基丙酸		2936

续表

危险货物编号	名称	别名	UN 号
61093	一级有机汞化合物，如：		
61093	乙酸汞	醋酸汞	1629
61093	油酸汞		1640
61093	葡萄糖酸汞		1637
61093	核酸汞		1639
61093	水杨酸汞		1644
61093	乙酸甲氧基乙基汞	醋酸甲氧基乙基汞	
61093	氯化甲氧基乙基汞		
61093	氯化甲基汞		
61093	羟基甲基汞		
61093	氢氧化苯汞		1894
61093	硝酸苯汞		1895
61093	苯甲酸汞	安息香酸汞	1631
61094	一级有机铍化合物，如：		
61094	乙酸铍	醋酸铍	
61095	一级有机铊化合物，如：		
61095	甲酸亚铊	甲酸铊；蚁酸铊	
61095	乙酸亚铊	乙酸铊；醋酸铊	
61095	丙二酸铊	丙二酸亚铊	
61096	一级有机锡化合物，如：		2788
61096	硫酸二乙基锡		2788
61096	硫酸三乙基锡		2788
61096	酸式硫酸三乙基锡		2788
61096	二丁基氧化锡	氧化二丁基锡	2788
61097	烷基铅类，如：		
61097	四甲基铅		
61097	四乙基铅	发动机燃料抗爆混合物	1649
61098	一级有机胂化合物，如：		1556，1557
61098	乙基二氯胂	二氯化乙基胂	1892
61098	二苯（基）氯胂	氯化二苯胂	1699

续表

危险货物编号	名称	别名	UN号
61098	二苯（基）胺氯胂	吩吡嗪化氯；亚当氏气	1698
61099	氟乙酸	氟醋酸	2642
61100	氟乙酸钠	氟醋酸钠	2629
61100	氟乙酸钾	氟醋酸钾	2628
61101	一级氯甲酸酯类，如：		2742
61101	氯甲酸（正）丙酯		2740
61101	氯甲酸三氯甲酯	双光气	
61101	氯甲酸氯甲酯		2745
61101	氯甲酸-2-乙基己酯		2748
61101	氯甲酸环丁酯		2744
61101	氯甲酸环已酯		
61101	氯甲酸苯酯		2746
61102	一级氯乙酸酯类，如：		
61102	氯乙酸甲酯	氯醋酸甲酯	2295
61102	氯乙酸乙酯	氯醋酸乙酯	1181
61102	氯乙酸乙烯酯	氯醋酸乙烯酯；乙烯基氯乙酸酯	2589
61103	一级溴乙酸酯类，如：		
61103	溴乙酸甲酯	溴醋酸甲酯	2643
61103	溴乙酸乙酯	溴醋酸乙酯	1603
61104	2-丁烯腈［反式］	巴豆腈；丙烯基氰	
61104	3-丁烯腈	烯丙基氰	
61105	3-氯丙腈	β-氯丙腈；氰化-β-氯乙烷	
61106	溴苯乙腈	溴苄基氰	1694
61107	苯乙醇腈	苯甲氰醇；扁桃腈	
61108	硫氰酸甲酯		
61108	硫氰酸乙酯		
61109	一级异氰酸酯类［有毒的］，如：		
61109	异氰酸三氟甲苯酯	三氟甲苯异氰酸酯	2285
61109	异氰酸-3-氯-4-甲苯酯	3-氯-4-甲基苯（基）异氰酸酯	2236

续表

危险货物编号	名称	别名	UN号
61109	异氰酸二氯苯酯	3，4-二氯苯基异氰酸酯	2250
61109	异氰酸环己酯	环己基异氰酸酯	2488
61109	异氰酸苯酯	苯基异氰酸酯	2487
61111	一级二异氰酸酯类，如：		
61111	六亚甲基二异氰酸酯	六甲撑二异氰酸酯；1，6-二异氰酸己烷	2281
61111	甲苯--2，4-二异氰酸酯	2，4-二异氰酸甲苯酯	2078
61112	磷酸三甲苯酯	磷酸三甲酚酯；增塑剂TCP	2574
61113	二硫代焦磷酸四乙酯		1704
61114	氟磷酸（二）异丙酯		
61115	甲基丙烯酸二甲基氨基乙酯	二甲氨基乙基异丁烯酸酯	2522
61116	硫酸（二）甲酯		1595
61117	1-萘基脲	萘脲	1652
61118	2-氯吡啶	萘脲	2822
61119	N-正丁基咪唑	N-正丁基-1，3-二氮杂茂	2690
61120	三-（1-吖丙啶基）氧化膦溶液		2501
61121	一级生物碱类，如：		1544
61121	马钱子碱	士的宁	1692
61121	硫酸马钱子碱	硫酸士的宁	
61121	盐酸马钱子碱	盐酸士的宁	
61121	硝基马钱子碱		
61121	番木鳖碱	二甲氧基马钱子碱	1570
61121	毒毛旋花苷 G	羊角拗质	
61121	毒毛旋花苷 K		
61123	苦毒浆果［木防己属］		1584
61124	磷化铝农药		3048
61125	一级有机磷固态农药，如：		2783

续表

危险货物编号	名称	别名	UN号
61125	久效磷［含量>25%］	SD-9129	2783
61125	吡唑磷［含量>5%］	彼氧磷	2783
61125	对氧磷		2783
61125	甲基对硫磷［含量>15%］	甲基1605	2783
61125	苯硫磷［含量>15%］	伊皮恩	2783
61125	水胺硫磷	羧胺磷	2783
61125	氯硫磷［含量>5%］	氯赛昂	2783
61125	蝇毒磷［含量>30%］	蝇毒；蝇毒硫磷	2783
61125	因毒磷［含量>45%］		2783
61125	对溴磷		2783
61125	碘吸磷		2783
61125	保棉磷［含量>20%］	谷硫磷；谷赛昂；甲基谷硫磷	2783
61125	杀扑磷［含量>40%］	麦达西磷	2783
61125	氯亚磷		2783
61125	威菌磷［含量>20%］	三唑磷胺	2783
61125	硫环磷［含量>15%］	棉安磷；棉环磷	2783
61125	甲胺磷	杀螨隆；多灭磷；多灭灵；克螨隆；脱麦隆	2783
61125	益棉磷［含量>25%］	乙基保棉磷；乙基谷硫磷	2783
61126	一级有机磷液态农药，如：		2784，3017，3018
61126	磷胺［含量>30%］	大灭虫	2784，3017，3018
61126	速灭磷［含量>5%］		2784，3017，3018
61126	丙氟磷	异丙氟	2784，3017，3018
61126	毒虫畏［含量>20%］	杀螟威；SD-7859；GC-4072	2784，3017，3018
61126	百治磷［含量>25%］	百特磷	2784，3017，3018
61126	保米磷		2784，3017，3018
61126	特普		2784，3017，3018
61126	对硫磷［含量>4%］	1605；乙基对硫磷；一扫光	2784，3017，3018
61126	丙胺磷		2784，3017，3018

续表

危险货物编号	名称	别名	UN号
61126	甲基异柳磷	甲基异柳磷胶；异柳磷1号	2784，3017，3018
61126	异丙胺磷	乙基异柳磷；异柳磷2号	2784，3017，3018
61126	1059［含量>3%］	内吸磷；杀虱多	2784，3017，3018
61126	治螟磷［含量>10%］	硫特普；触杀灵；苏化203；治螟灵	2784，3017，3018
61126	丰索磷［含量>4%］	丰索硫磷	2784，3017，3018
61126	氧乐果［含量>3%］	氧化乐果；华果	2784，3017，3018
61126	毒壤磷［含量>30%］	壤虫磷	2784，3017，3018
61126	氯甲硫磷	CMS2957	2784，3017，3018
61126	果虫磷		2784，3017，3018
61126	治线磷［含量>5%］	治线灵；硫磷嗪	2784，3017，3018
61126	田乐磷		2784，3017，3018
61126	甲硫磷	GC6505	2784，3017，3018
61126	甲拌磷［含量>2%］	3911	2784，3017，3018
61126	乙拌磷［含量>15%］	敌互通；M-74	2784，3017，3018
61126	异丙磷		2784，3017，3018
61126	三硫磷乳剂［含量>20%］	三赛昂乳剂	2784，3017，3018
61126	特丁磷		2784，3017，3018
61126	地虫磷［含量>6%］	地虫硫磷	2784，3017，3018
61126	乙硫磷［含量>25%］	1240蚜螨立死；益赛昂；易赛昂；乙赛昂；蚜螨	2784，3017，3018
61126	氯甲磷［含量>15%］		2784，3017，3018
61126	灭蚜磷［含量>30%］		2784，3017，3018
61126	地安磷［含量>5%］	二噻磷	2784，3017，3018
61126	保棉丰乳剂	甲拌磷亚砜乳剂；异亚砜乳剂；3911亚砜乳剂	2784，3017，3018
61126	发果［含量>15%］	亚果；乙基乐果	2784，3017，3018
61126	砜拌磷［含量>5%］		2784，3017，3018
61126	敌杀磷［含量>40%］	敌恶磷；二恶磷	2784，3017，3018
61126	甲氟磷［含量>2%］	四甲氟	2784，3017，3018
61126	甲基硫环磷		2784，3017，3018

续表

危险货物编号	名称	别名	UN号
61126	伐线丹		2784，3017，3018
61126	甲胺磷乳剂	杀螨隆乳剂；多灭磷乳剂；多灭灵乳剂；克螨隆乳剂；脱麦隆乳剂	2784，3017，3018
61126	八甲磷	八甲基焦磷酰胺；希拉登	2784，3017，3018
61126	水胺硫磷乳剂	羧胺磷乳剂	2784，3017，3018
61126	对溴磷乳剂		2784，3017，3018
61126	氯亚磷乳剂		2784，3017，3018
61126	克线磷乳剂	灭线磷乳剂；力满库乳剂	2784，3017，3018
61127	一级有机氯固态农药，如：		2761
61127	艾氏剂［含量>75%］	化合物-118	2761
61127	异艾氏剂［含量>10%］		2761
61127	狄氏剂	化合物-497	2761
61127	异狄氏剂［含量>5%］		2761
61127	碳氯灵［含量>1%］	碳氯特灵	2761
61127	硫丹［含量>80%］		2761
61128	一级有机氯液态农药，如：		2762，2995，2996
61128	艾氏剂乳剂［含量>75%］		2762，2995，2996
61128	异艾氏剂乳剂［含量>10%］		2762，2995，2996
61128	异狄氏剂乳剂［含量>5%］		2762，2995，2996
61129	一级含汞固态农药，如：		1674，2777
61129	赛力散	乙酸苯汞；裕米农；龙汞	1674，2777
61129	西力生	氯化乙基汞	1674，2777
61129	谷乐生	磷酸乙基汞；谷仁乐生；乌斯普龙；汞制剂2号	1674，2777
61130	一级含汞液态农药		2778，3011，3012
61131	一级有机锡固态农药		2786
61132	一级有机锡液态农药，如：		2787，3019，3020
61132	氯丙锡	氯化三丙基锡；三丙锡氯	2787，3019，3020

续表

危险货物编号	名称	别名	UN号
61133	一级氨基甲酸酯固态农药，如：		2757，2771
61133	已酮肟威	敌克威；庚硫威；特氨叉威；久效威；肟吸威	2757，2771
61133	灭害威		2757，2771
61133	灭多威［含量>30%］	灭多虫；灭索威；乙肟威	2757，2771
61133	克百威［含量>10%］	呋喃丹；卡巴呋喃；虫螨威	2757，2771
61133	自克威［含量>25%］	兹克威	2757，2771
61133	伐虫脒［含量>40%］	抗螨脒	2757，2771
61133	抗虫威		2757，2771
61133	肟杀威	棉果威	2757，2771
61133	间异丙威	虫草灵；间位叶蝉散	2757，2771
61133	杀线威	草肟威；甲氯叉威	2757，2771
61133	敌蝇威［含量>50%］		2757，2771
61133	涕灭威	丁醛肟威；涕灭克	2757，2771
61133	腈叉威		2757，2771
61133	恶虫威［含量>65%］	苯恶威	2757，2771
61134	一级氨基甲酸酯液态农药，如：		2758，2772，2991，2992
61134	异索威［含量>20%］	异兰，异索兰	2758，2772，2991，2992
61135	一级灭鼠固态农药，如：		
61135	毒鼠磷		
61135	溴代毒鼠磷		
61135	除鼠磷206		
61135	克灭鼠［含量>80%］	呋杀鼠灵	
61135	杀鼠灵［含量>2%］	华法灵	
61135	杀鼠迷		
61135	溴联苯杀鼠迷	大隆杀鼠剂；大隆；溴敌拿鼠	
61135	敌拿鼠	鼠得克	

续表

危险货物编号	名称	别名	UN号
61135	灭鼠安		
61135	RH-908	LH-1106	
61135	敌鼠［含量>2%］		
61135	鼠完［含量>55%］		
61135	杀鼠酮［含量>55%］		
61135	氯鼠酮［含量>4%］		
61135	溴敌隆		
61135	扑灭鼠	普罗米特；灭鼠丹	
61135	灭鼠优	抗鼠灵	
61135	安妥	α-萘基硫脲	1651
61135	没鼠命	毒鼠强	
61135	毒鼠硅	氯硅宁；硅灭鼠	
61135	鼠立死［含量>2%］	杀鼠嘧啶	
61135	鼠特灵	鼠克星；灭鼠宁	
61135	氟乙酰胺	敌蚜胺	
61135	UK-786		
61135	硫酸铊［含量>30%］		1707
61136	一级灭鼠液态农药，如：		
61136	除鼠磷203		
61136	除鼠磷205		
61136	鼠甘伏	鼠甘氟；甘氟；甘伏；伏鼠醇	
61136	氯鼠酮乳剂		
61136	克灭鼠水溶剂［含量>20%］		
61137	一级其他固态农药，如：		2588
61137	灭蚜胺	氟乙酰苯胺	2588
61137	氨丙灵		2588
61137	放线菌酮	放线酮；农抗101	2588
61137	地乐施［含量>80%］		2588

续表

危险货物编号	名称	别名	UN号
61137	特乐酚［含量>50%］	二硝特丁酚；异地乐酚	2588
61137	灭散白蚁药粉		2588
61137	生牛皮杀虫药		2588
61137	蚕杀虫药		2588
61138	一级其他液态农药，如：		2902，2903，3021
61138	抗菌剂401	乙基大蒜素	2902，2903，3021
61138	特乐酚乳剂［含量>50%］	二硝特丁酚乳剂；异地乐酚乳剂	2902，2903，3021
61138	甲氰菊酯乳剂		2902，2903，3021
61501	二级无机硫氰酸盐类，如：		
61501	硫氰酸钙	硫氰化钙	
61501	硫氰酸汞		1646
61501	硫氰酸汞钾		
61501	硫氰酸汞铵		
61502	硒粉		2658
61503	二级无机钡化合物，如：		
61503	氧化钡	一氧化钡	1884
61504	镉化合物，如：		2570
61504	碲化镉		2570
61505	锑粉		2871
61506	五氧化二锑	锑酸酐	
61506	三硫化二锑	硫化亚锑	
61507	一氧化铅	黄丹	
61507	四氧化（三）铅	红丹；铅丹	
61507	硅酸铅		
61508	锌汞齐	锌汞合金	
61508	铅汞齐	铅汞合金	
61509	二级无机汞化合物，如：		
61509	氯化铵汞	白降汞	1630
61509	氯化钾汞	氯化汞钾	

续表

危险货物编号	名称	别名	UN号
61509	溴化汞	溴化高汞；二溴化汞	1634
61509	溴化亚汞	一溴化汞	1634
61509	碘化亚汞	一碘化汞	
61509	碘化钾汞	碘化汞钾	1643
61509	氧化汞	一氧化汞；黄降汞；红降汞	1641
61509	氧化亚汞	黑降汞	
61509	硝酸亚汞		1627
61509	硫酸汞	硫酸高汞	1645
61509	硫酸亚汞		1628
61509	焦硫酸汞		1633
61510	碲化合物，如：		
61510	亚碲酸钠		
61511	砷钴矿		
61512	氮化镁		
61513	二级无机氟化合物，如：		
61513	氟化铵		2505
61513	氟化锂		
61513	氟化钠		1690
61513	氟化钾		1812
61513	氟化铷		
61513	氟化铯		
61513	氟化钡		
61513	氟化亚锑	三氟化锑	
61513	三氟化铋		
61513	五氟化铋		
61513	氟化铅	二氟化铅	
61513	四氟化铅		
61513	氟化铜	二氟化铜	
61513	氟化铝	三氟化铝	

续表

危险货物编号	名称	别名	UN号
61513	氟化锌		
61513	氟化镉		
61513	氟化锆		
61513	氟化亚钴	二氟化钴	
61513	氟化钴	三氟化钴	
61513	氟化镧	三氟化镧	
61514	二级无机氟硅酸盐类，如：		2856
61514	氟硅酸钠		2674
61514	氟硅酸钾		2655
61514	氟硅酸铵		2854
61514	氟硅酸镁		2853
61514	氟硅酸钡		
61514	氟硅酸锌		2855
61515	二级无机氟硼酸盐类，如：		
61515	氟硼酸镉		
61515	氟硼酸银		
61515	氟硼酸铅		
61515	氟硼酸铅溶液［含量＞28%］		
61515	氟硼酸锌		
61516	氟钽酸钾	钽氟酸钾；七氟化钽钾	
61517	氟锆酸钾	氟化锆钾	
61518	二级含硫无机农药，如：		
61518	石硫合剂	多硫化钙	
61518	硫钡合剂	多硫化钡；硫钡粉	
61518	胶体硫		
61519	二级其他无机农药，如：		
61519	硫酸铜	蓝矾；胆矾；五水硫酸铜	
61519	松脂合剂	松碱合剂	
61551	1，5，9-环十二碳三烯		2518

续表

危险货物编号	名称	别名	UN号
61552	二氯甲烷	亚甲基氯；甲撑氯	1593
61553	三氯甲烷	氯仿	1888
61554	四氯化碳	四氯甲烷	1846
61555	1，1，1-三氯乙烷	甲基氯仿	2831
61555	1，1，2-三氯乙烷		
61556	1，1，2，2-四氯乙烷		1702
61557	五氯乙烷		1669
61558	六氯乙烷	六氯化碳；全氯乙烷	
61559	1，2，3-三氯丙烷		
61560	2-氯-2-甲基丁烷	叔戊基氯；氯代叔戊烷	
61561	二溴甲烷	二溴化亚甲基	2664
61562	三溴甲烷	溴仿	2515
61563	四溴甲烷	四溴化碳	2516
61564	溴（化）乙烷	乙基溴；溴代乙烷	1891
61565	1，2-二溴乙烷	乙撑二溴	1605
61566	1，1，2，2-四溴乙烷		2504
61567	1，2-二溴丙烷		
61567	二溴异丙烷		
61568	碘甲烷	甲基碘	2644
61569	二碘甲烷		
61570	三碘甲烷	碘仿	
61571	碘乙烷	乙基碘	
61572	1-碘-3-甲基丁烷	异戊基碘；碘代异戊烷	
61573	1，2，2-三氯三氟乙烷	1，2，2-三氟三氯乙烷；R113	
61574	氯溴甲烷	甲撑溴氯；溴氯甲烷	1887
61575	1-氯-2-溴乙烷	1-溴-2-氯乙烷；氯乙基溴	
61576	1-氯-1-溴丙烷	1-溴-1-氯丙烷	
61576	1-氯-2-溴丙烷	2-溴-1-氯丙烷	

续表

危险货物编号	名称	别名	UN号
61576	1-氯-3-溴丙烷	3-溴-1-氯丙烷	2683
61576	2-氯-1-溴丙烷	1-溴-2-氯丙烷	
61576	2-氯-2-溴丙烷	2-溴-2-氯丙烷	
61577	二溴二氟甲烷	二氟二溴甲烷	1941
61578	1-氯-1-硝基丙烷	1-硝基-1-氯丙烷	
61578	2-氯-2-硝基丙烷	2-硝基-2-氯丙烷	
61579	1，1-二氯-1-硝基乙烷		2650
61580	氯代烯烃类，如：		
61580	三氯乙烯		1710
61580	四氯乙烯	全氯乙烯	1897
61580	三氯丁烯		2322
61580	六氯-1，3-丁二烯	全氯-1，3-丁二烯	2279
61580	八氯环戊烯		
61581	三溴乙烯		
61582	1，4-二羟基-2-丁炔	1，4-丁炔二醇；电镀发光剂	2716
61583	2-氯乙醇	乙撑氯醇	1135
61584	2-氯-1-丙醇	2-氯-1-羟基丙烷	2611
61584	3-氯-1-丙醇	三亚甲基氯醇	2849
61584	1-氯-2-丙醇	氯异丙醇；丙氯仲醇	
61585	1，3-二氯-2-丙醇	1，3-二氯异丙醇；1，3-二氯代甘油	2750
61586	3-氯-1，2-丙二醇	α-氯代丙三醇；3-氯-1，2-二羟基丙烷	2689
61587	2-溴乙醇		
61588	N，N-二（正）丁基氨基乙醇	N，N-二（正）丁基乙醇胺；2-二丁氨基乙醇	2873
61589	α-甲基苯基甲醇	苯（基）甲基甲醇；α-甲基苄醇	2937
61590	2-呋喃甲醇	糠醇	2874
61591	硫醇类，如：		3071

续表

危险货物编号	名称	别名	UN号
61591	己硫醇	巯基己烷	
61591	叔己硫醇		
61591	正辛硫醇	巯基辛烷	
61591	1，1，3，3-四甲基-1-丁硫醇	特辛硫醇；叔辛硫醇	3023
61591	十二烷基硫醇	月桂硫醇；十二硫醇	
61591	苄硫醇	α-甲苯硫醇	
61591	苯（基）乙硫醇		
61591	对氯苯硫醇	4-氯硫酚；对氯硫酚	
61591	邻氨基苯硫醇	2-氨基硫代苯酚；2-巯基苯胺；邻氨基苯硫酚	
61591	2-硫代呋喃甲醇	糠硫醇	
61592	2-丁氧基乙醇	乙二醇丁醚；丁基溶纤剂	2369
61593	二（2-环氧丙基）醚	二缩水甘油醚；双环氧稀释剂	
61593	双环氧丙烷苯基醚		
61594	1，2-二氯二乙醚	乙基-1，2-二氯乙醚	
61594	2，2-二氯二乙醚	对称二氯二乙醚	1916
61595	硫醚类，如：		
61595	二烯丙基硫醚	硫化二烯丙基；烯丙基硫醚	
61595	羟基乙硫醚	α-乙硫基乙醇	
61595	二（2-氯乙基）硫醚	二氯二乙硫醚；芥子气；双氯乙基硫	
61596	丁撑亚砜	四甲（基）撑亚砜	
61597	三溴乙醛	溴醛	
61598	3-羟（基）丁醛	3-丁醇醛	2839
61599	2-羟基苯甲醛	邻羟基苯甲醛；水杨醛	
61600	4-硫代戊醛	甲基巯基丙醛	2785
61601	一氯（代）丙酮	氯丙酮	1695
61602	1，1-二氯丙酮		

续表

危险货物编号	名称	别名	UN号
61602	1，3-二氯丙酮		2649
61603	1，1，1，3-四氯丙酮		
61604	溴丙酮		1569
61605	三氯三氟丙酮	1，1，3-三氯-1，3，3-三氟丙酮	
61606	七氟丁酸	全氟丁酸	
61607	七氟丁酸钠		
61608	氟乙酸乙酯	氟醋酸乙酯	
61609	二级氯甲酸酯类，如：		
61609	氯甲酸（正）丁酯		2743
61609	氯甲酸异丁酯		
61609	氯甲酸仲丁酯		
61609	氯甲酸正戊酯		
61609	氯甲酸叔丁基环己（基）酯	叔丁基环己基氯甲酸酯	2747
61610	氯乙酸钠		2659
61611	氯乙酸丁酯	氯醋酸丁酯	
61611	氯乙酸仲丁酯	氯醋酸仲丁酯	
61611	氯乙酸叔丁酯	氯醋酸叔丁酯	
61612	二氯乙酸甲酯	二氯醋酸甲酯	2299
61613	二氯乙酸乙酯	二氯醋酸乙酯	
61614	三氯乙酸甲酯	三氯醋酸甲酯	2533
61615	2-氯正丁酸乙酯		
61615	3-氯正丁酸乙酯		
61615	4-氯正丁酸乙酯		
61616	氯磺酸甲酯		
61617	溴乙酸酯类，如：		
61617	溴乙酸（正）丙酯	溴醋酸（正）丙酯	
61617	溴乙酸异丙酯	溴醋酸异丙酯	
61617	溴乙酸正丁酯	溴醋酸正丁酯	

续表

危险货物编号	名称	别名	UN 号
61617	溴乙酸异丁酯	溴醋酸异丁酯	
61617	溴乙酸叔丁酯	溴醋酸叔丁酯	
61618	2-溴丙酸	α-溴丙酸	
61618	3-溴丙酸	β-溴丙酸	
61619	2-溴-2-甲基丙酸乙酯	2-溴异丁酸乙酯	
61620	乙酸间甲酚酯	醋酸间甲酚酯	
61621	乙二酸酯类，如：		
61621	乙二酸二甲酯	草酸二甲酯；草酸甲酯	
61621	乙二酸二乙酯	草酸二乙酯；草酸乙酯	2525
61621	乙二酸二丁酯	草酸二丁酯；草酸丁酯	
61621	乙二酸二烯丙酯	草酸二烯丙酯；草酸烯丙酯	
61622	六氯内次甲基四氢邻苯二甲酸酐		
61623	均苯四甲酸酐		
61624	苯甲酸甲酯	尼哦油	2938
61625	硫酸（二）乙酯		1594
61626	硼酸三烯丙基酯	三烯丙基硼酸酯	2609
61627	硅酸酯类，如：		
61627	硅酸二乙酯	缩合硅酸乙酯	
61627	硅酸丁酯		
61628	铬酸叔丁酯四氯化碳溶液		
61629	戊腈	丁基氰；氰化丁烷	
61629	异戊腈	氰化异丁烷	
61629	己腈	戊基氰；氰化正戊烷	
61629	4-甲基戊腈	异戊基氰；氰化异戊烷；异己腈	
61629	庚腈	氰化正己烷	
61629	正辛腈	庚基氰	
61630	丙二腈	二氰甲烷；氰化亚甲基；缩苹果腈	2647

续表

危险货物编号	名称	别名	UN号
61630	丁二腈	1，2-二氰基乙烷；琥珀腈	
61630	戊二腈	1，3-二氰基丙烷	
61630	己二腈	1，4-二氰基丁烷；氰化四亚甲基	2205
61630	庚二腈	1，5-二氰基戊烷	
61630	辛二腈	1，6-二氰基己烷	
61631	β，β′-氧化二丙腈	2，2′-二氰二乙基醚；3，3′-氧化二丙腈；双（2-氰乙基）醚	
61632	β，β′-亚氨基二丙腈	双（β-氰基乙基）胺	
61633	β，β′-硫代二丙腈		
61634	氯（代）乙腈	氰化氯甲烷；氯甲基氰	2668
61634	二氯乙腈	氰化二氯甲烷	
61634	三氯乙腈	氰化三氯甲烷	
61635	3-溴丙腈	β-溴丙腈；溴乙基氰	
61636	β-二甲氨基丙腈	2-（二甲胺基）乙基氰	
61637	二乙（基）氨基氰	氰化二乙胺	
61638	苯甲腈	氰化苯；苯基氰；氰基苯；苄腈	2224
61639	2-甲基苯甲腈	邻甲苯基氰；邻甲基苯甲腈	
61639	3-甲基苯甲腈	间甲苯基氰；间甲基苯甲腈	
61639	4-甲基苯甲腈	对甲苯基氰；对甲基苯甲腈	
61640	3-氨基苯甲腈	间氨基苯甲腈；氰化氨基苯	
61641	苯乙腈	氰化苄；苄基氰	2470
61642	4-硝基苯乙腈	对硝基苯乙腈；对硝基苄基氰；对硝基氰化苄	
61643	3，6-二羟基邻苯二甲腈	2，3-二氰基对苯二酚	
61644	1-萘甲腈	萘甲腈；α-萘甲腈	

续表

危险货物编号	名称	别名	UN 号
61645	氰（基）乙酸	氰（基）醋酸	
61646	氰（基）乙酸乙酯	氰（基）醋酸乙酯；乙（基）氰（基）乙酸酯	2666
61647	氰（基）乙酸丁酯	氰（基）醋酸丁酯；丁（基）氰（基）乙酸酯	
61648	异氰（基）乙酸乙酯		
61649	4-氰基苯甲酸	对氰基苯甲酸	
61650	双（1-氰基-2-乙氧基苯）		
61650	双（1-氰基-3-乙氧基苯）		
61651	四氰基（代）乙烯	四氰代乙烯	
61652	三聚氰酸三烯丙酯		
61653	二级异氰酸酯类［有毒的］，如：		
61653	异氰酸十八酯	十八异氰酸酯	
61653	异氰酸对硝基苯（酯）	对硝基苯异氰酸酯；异氰酸-4-硝基苯（酯）	
61653	异氰酸对溴苯酯	4-溴异氰酸苯酯	
61653	异氰酸-1-萘酯	α-萘异氰酸酯	
61653	异氰酸联苯酯	联苯基异氰酸酯；苯基异氰酸苯	
61654	二级二异氰酸酯类，如：		
61654	二苯甲烷-4，4′-二异氰酸酯	4，4′-二异氰酸二苯甲烷	2489
61654	异佛尔酮二异氰酸酯		2290
61654	三甲基己基二异氰酸酯	二异氰酸三甲基六亚甲基酯	2328
61654	乙（基）苯（基）二异氰酸酯	二异氰酸乙基苯酯	
61655	硫氰酸酯类，如：		
61655	硫氰酸异丙酯		
61655	硫氰酸丁酯		

续表

危险货物编号	名称	别名	UN号
61655	硫氰酸异戊酯		
61655	硫氰酸苄	硫氰化苄；硫氰酸苄酯	
61655	对硫氰酸苯胺	对硫氰基苯胺；硫氰酸对氨基苯（酯）	
61656	异硫氰酸酯类，如：		
61656	异硫氰酸烯丙酯［抑制了的］	烯丙基异硫氰酸酯；烯丙基芥子油	1545
61656	异硫氰酸苯酯	苯基芥子油	
61656	异硫氰酸-1-萘酯		
61657	1，2-二氯苯	邻二氯苯	1591
61657	1，3-二氯苯	间二氯苯	
61657	1，4-二氯苯	对二氯苯	1592
61658	1，2，3-三氯（代）苯		2321
61658	1，2，4-三氯（代）苯		2321
61658	1，3，5-三氯（代）苯		2321
61659	1，2，3，4-四氯（代）苯		
61659	1，2，3，5-四氯（代）苯		
61659	1，2，4，5-四氯（代）苯		
61660	2，4-二氯甲苯		
61660	2，5-二氯甲苯		
61660	2，6-二氯甲苯		
61660	3，4-二氯甲苯		
61661	4-氯二甲苯	对氯二甲苯	
61662	4-氯苄基氯	对氯苄基氯；对氯苯甲基氯	2235
61663	3，4-二氯苄基氯	3，4-二氯氯化苄；氯化-3，4-二氯苄	
61664	氯乙酰苯	苯基氯甲基甲酮	1697
61665	4-氯（化）联苯	对氯（化）联苯；联苯（基）氯	

续表

危险货物编号	名称	别名	UN 号
61666	1-氯化萘	α-氯化萘；α-氯代萘；1-氯代萘	
61667	2-氯氟苯	邻氯氟苯；2-氟氯苯；邻氟氯苯	
61667	3-氯氟苯	间氯氟苯；3-氟氯苯；间氟氯苯	
61667	4-氯氟苯	对氯氟苯；4-氟氯苯；对氟氯苯	
61668	2-氯三氟甲苯	邻氯三氟甲苯	
61668	3-氯三氟甲苯	间氯三氟甲苯	
61668	4-氯三氟甲苯	对氯三氟甲苯	
61669	2-溴甲苯	邻溴甲苯；邻甲（基）溴苯；2-甲（基）溴苯	
61669	3-溴甲苯	间溴甲苯；间甲（基）溴苯；3-甲（基）溴苯	
61669	4-溴甲苯	对溴甲苯；对甲（基）溴苯；4-甲（基）溴苯	
61670	3-溴-1，2-二甲（基）苯	间溴邻二甲苯；2，3-二甲基溴化苯	
61670	4-溴-1，2-二甲（基）苯	对溴邻二甲苯；3，4-二甲基溴化苯	
61671	甲（基）苄基溴	甲基溴化苯；α-溴代二甲苯	1701
61672	溴乙酰苯	苯甲酰甲基溴	2645
61673	4-溴苯乙酰基溴	对溴苯乙酰基溴	
61674	2，4-二硝基甲苯		2038
61674	2，6-二硝基甲苯		1600
61675	2-硝基-1，3-二甲苯	1，3-二甲基-2-硝基苯；2-硝基间二甲苯	1665
61675	2-硝基-1，4-二甲苯	1，4-二甲基-2-硝基苯；2-硝基对二甲苯；2，5-二甲基硝基苯；邻硝基对二甲苯	1665
61675	3-硝基-1，2-二甲苯	1，2-二甲基-3-硝基苯；3-硝基邻二甲苯	1665

续表

危险货物编号	名称	别名	UN 号
61675	4-硝基-1，2-二甲苯	1，2-二甲基-4-硝基苯；4-硝基邻二甲苯；4，5-二甲基硝基苯	1665
61675	4-硝基-1，3-二甲苯	1，3-二甲基-4-硝基苯；4-硝基间二甲苯；2，4-二甲基硝基苯；对硝基间二甲苯	1665
61675	5-硝基-1，3-二甲苯	1，3-二甲基-5-硝基苯；5-硝基间二甲苯；3，5-二甲基硝基苯	1665
61676	邻硝基乙苯		
61676	对硝基乙苯		
61677	1-氟-2，4-二硝基苯	2，4-二硝基氟化苯	
61678	2-氯硝基苯	邻氯硝基苯	1578
61678	3-氯硝基苯	间氯硝基苯	1578
61678	4-氯硝基苯	对氯硝基苯	1578
61678	氯硝基苯异构体混合物	混合硝基氯化苯；冷母液	
61679	2，3-二氯硝基苯		
61679	2，4-二氯硝基苯		
61679	2，5-二氯硝基苯		
61679	3，4-二氯硝基苯		
61680	五氯硝基苯	硝基五氯苯	
61681	1-氯-2，4-二硝基苯	2，4-二硝基氯（化）苯	1577
61682	α-氯化筒箭毒碱		
61683	4-氯-2-硝基甲苯	对氯邻硝基甲苯	2433
61684	硝基二氯乙（基）苯		
61685	2-硝基氯（化）苄	邻硝基氯（化）苄；邻硝基苯氯甲烷；邻硝基苄基氯	
61685	3-硝基氯（化）苄	间硝基氯（化）苄；间硝基苯氯甲烷；间硝基苄基氯	
61685	4-硝基氯（化）苄	对硝基氯（化）苄；对硝基苯氯甲烷；对硝基苄基氯	
61686	对硝基苯甲酰氯	氯化对硝基苯甲酰	

续表

危险货物编号	名称	别名	UN 号
61687	对甲苯磺酰氯		
61687	邻甲苯磺酰氯		
61687	2，4-二硝基苯磺酰氯		
61687	4-溴苯磺酰氯		
61688	2-硝基溴苯	邻硝基溴苯；邻溴硝基苯	2732
61688	3-硝基溴苯	间硝基溴苯；间溴硝基苯	2732
61688	4-硝基溴苯	对硝基溴苯；对溴硝基苯	2732
61689	1-溴-3，4-二硝基苯	1，2-二硝基-4-溴化苯	
61689	1-溴-2，4-二硝基苯	3，4-二硝基溴化苯；1，3-二硝基-4-溴化苯；2，4-二硝基溴化苯	
61690	4-硝基溴（化）苄	对硝基溴（化）苄，对硝基苯溴甲烷；对硝基苄基溴	
61691	2-硝基碘苯	2-碘硝基苯；邻硝基碘苯；邻碘硝基苯	
61691	3-硝基碘苯	3-碘硝基苯；间硝基碘苯；间碘硝基苯	
61691	4-硝基碘苯	4-碘硝基苯；对硝基碘苯；对碘硝基苯	
61692	二硝基巯基苯	二硝基硫氢代苯	
61693	二硫代二甲基氟化苯		
61694	二硫代-4，4′-二氨基（代）二苯	4，4′-二氨基二苯基二硫醚；二硫代对氨基苯	
61695	丁基甲苯		2667
61696	4-乙烯基间二甲苯	2，4-二甲基苯乙烯	
61697	2-硝基苯甲醚	邻硝基苯甲醚；邻硝基茴香醚；邻甲氧基硝基苯	2730
61697	3-硝基苯甲醚	间硝基苯甲醚；间硝基茴香醚；间甲氧基硝基苯	2730
61697	4-硝基苯甲醚	对硝基苯甲醚；对硝基茴香醚；对甲氧基硝基苯	
61698	2-硝基苯乙醚	邻硝基苯乙醚；邻乙氧基硝基苯	

续表

危险货物编号	名称	别名	UN 号
61698	4-硝基苯乙醚	对硝基苯乙醚；对乙氧基硝基苯	
61699	4-溴苯甲醚	对溴苯甲醚；对溴茴香醚	
61700	二甲（苯）酚，如：		2261
61700	2，3-二甲（苯）酚	1-羟基-2，3-二甲基苯	2261
61700	2，4-二甲（苯）酚	1-羟基-2，4-二甲基苯	2261
61700	2，5-二甲（苯）酚	1-羟基-2，5-二甲基苯	2261
61700	2，6-二甲（苯）酚	1-羟基-2，6-二甲基苯	2261
61700	3，4-二甲（苯）酚	1-羟基-3，4-二甲基苯	2261
61700	3，5-二甲（苯）酚	1-羟基-3，5-二甲基苯	2261
61701	丁基苯酚类，如：		2228，2229
61701	2-叔丁基苯酚	邻叔丁基苯酚	2228，2229
61701	4-叔丁基苯酚	对叔丁基苯酚；对特丁基苯酚；4-羟基-1-叔丁基苯	2228，2229
61703	2-氯苯酚	邻氯（苯）酚；2-氯-1-羟基苯；2-羟基氯苯；邻羟基氯苯	2021
61703	3-氯苯酚	间氯（苯）酚；3-氯-1-羟基苯；3-羟基氯苯；间羟基氯苯	2020
61703	4-氯苯酚	对氯（苯）酚；4-氯-1-羟基苯；4-羟基氯苯；对羟基氯苯	2020
61704	2，3-二氯（苯）酚		
61704	2，4-二氯（苯）酚		
61704	2，5-二氯（苯）酚		
61704	2，6-二氯（苯）酚		
61704	3，4-二氯（苯）酚		
61705	2，4，5-三氯（苯）酚		
61705	2，4，6-三氯（苯）酚		
61706	2，3，4，6-四氯（苯）酚		

续表

危险货物编号	名称	别名	UN号
61707	2-氯间甲酚	2-氯-3-羟基甲苯	2669
61707	4-氯间甲酚	2-氯-5-羟基甲苯	2669
61707	6-氯间甲酚	4-氯-5-羟基甲苯	2669
61708	2，2′-亚甲基-双-（3，4，6-三氯苯酚）		2875
61709	五氯（苯）酚锌		
61709	五氯（苯）酚铜		
61710	2-溴（苯）酚	邻溴（苯）酚	
61710	3-溴（苯）酚	间溴（苯）酚	
61710	4-溴（苯）酚	对溴（苯）酚	
61711	4-碘（苯）酚	对碘（苯）酚	
61712	2-硝基（苯）酚	邻硝基（苯）酚	1663
61712	3-硝基（苯）酚	间硝基（苯）酚	1663
61712	4-硝基（苯）酚	对硝基（苯）酚	1663
61713	邻硝基（苯）酚钠		
61713	对硝基（苯）酚钠		
61714	邻硝基（苯）酚钾		
61714	对硝基（苯）酚钾		
61715	2，4-二硝基（苯）酚钠		
61716	4-氯-2-硝基（苯）酚		
61716	4-氯-2-硝基（苯）酚钠盐		
61717	2-硝基-4-甲（苯）酚	4-甲基-2-硝基（苯）酚	2446
61718	5-亚硝基-2-甲（苯）酚	5-亚硝基邻甲（苯）酚	
61719	2，4-二硝基萘酚		
61720	2-氨基（苯）酚	邻氨基（苯）酚	2512
61720	3-氨基（苯）酚	间氨基（苯）酚	2512
61720	4-氨基（苯）酚	对氨基（苯）酚	2512
61721	盐酸-2-氨基酚	盐酸邻氨基酚	

续表

危险货物编号	名称	别名	UN号
61721	盐酸-3-氨基酚	盐酸间氨基酚	
61721	盐酸-4-氨基酚	盐酸对氨基酚	
61722	邻氨基（苯）酚铜盐	乌尔丝GG	
61723	4-氯-2-氨基（苯）酚	2-氨基-4-氯（苯）酚；对氯邻氨基（苯）酚	2673
61724	4-硝基-2-氨基（苯）酚	2-氨基-4-硝基（苯）酚；邻氨基对硝基（苯）酚；对硝基邻氨基（苯）酚	
61724	5-硝基-2-氨基（苯）酚	2-氨基-5-硝基（苯）酚	
61725	1，2-苯二酚	邻苯二酚	
61725	1，3-苯二酚	间苯二酚	2876
61725	1，4-苯二酚	对苯二酚；氢醌	2662
61726	4-亚硝基间苯二酚	4-羟基邻苯醌肟；2-羟基对苯醌肟	
61727	间苯三酚	1，3，5-三羟基苯；均苯三酚	
61728	（正）庚胺	氨基庚烷	
61729	1，4-丁二胺	1，4-二氨基丁烷；四亚甲基二胺；腐肉碱	
61730	1，5-戊二胺	1，5-二氨基戊烷；五亚甲基二胺；尸毒素	
61731	1-二乙基氨基-4-氨基戊烷	2-氨基-5-二乙基氨基戊烷	2946
61732	环己二胺	1，2-二氨基环己烷	
61733	二（正）戊胺		2841
61734	亚硝酸二环己胺	二环己胺亚硝酸	2687
61735	N-亚硝基二甲胺	二甲基亚硝胺	
61736	三氟化硼乙胺		
61737	N，N′-氟磷酰二异丙胺		
61738	二烯丙基（代）氰胺	N-氰基二烯丙基胺	
61739	氨基甲酸胺		
61740	丙烯酰胺		2074

续表

危险货物编号	名称	别名	UN 号
61741	N，N-双-（1，2-丙撑）间苯二甲酰胺	间苯二甲酰丙烯亚胺	
61742	邻苯二甲酰亚胺	酞酰亚胺	
61743	4-硝基苯甲酰胺	对硝基苯甲酰胺	
61744	硫代甲酰胺		
61745	4，4′-二氨基二苯砜	氨苯砜	
61746	苯胺	氨基苯	1547
61747	硝酸苯胺		
61747	硫酸苯胺		
61747	盐酸苯胺		1548
61748	乙酸苯胺	醋酸苯胺	
61749	邻苯二甲酸苯胺		
61750	2-甲基苯胺	邻甲苯胺；2-氨基甲苯；邻氨基甲苯	1708
61750	3-甲基苯胺	间甲苯胺；3-氨基甲苯；间氨基甲苯	1708
61750	4-甲基苯胺	对甲苯胺；4-氨基甲苯；对氨基甲苯	1708
61751	硫酸-2-甲苯胺	硫酸邻甲苯胺	
61751	硫酸-3-甲苯胺	硫酸间甲苯胺	
61752	盐酸-4-甲苯胺	盐酸对甲苯胺	
61753	2，3-二甲（基）苯胺	1-氨基-2，3-二甲基苯	1711
61753	2，4-二甲（基）苯胺	1-氨基-2，4-二甲基苯	1711
61753	2，5-二甲（基）苯胺	1-氨基-2，5-二甲基苯	1711
61753	2，6-二甲（基）苯胺	1-氨基-2，6-二甲基苯	1711
61753	3，4-二甲（基）苯胺	1-氨基-3，4-二甲基苯	1711
61753	3，5-二甲（基）苯胺	1-氨基-3，5-二甲基苯	1711
61753	二甲（基）苯胺异构体混合物		
61754	2-乙基苯胺	邻乙基苯胺；邻氨基乙苯	2273
61755	2-苄基二甲苯胺		
61756	二级 N-取代苯胺类，如：		

续表

危险货物编号	名称	别名	UN 号
61756	N-甲基苯胺		2294
61756	N-乙基苯胺		2272
61756	N-正丙基苯胺	N-苯基丙胺	
61756	N，N-二乙（基）苯胺	二乙氨基苯	2432
61756	N，N-二丁（基）苯胺		
61756	N，N-二乙基邻甲苯胺	2-（二乙胺基）甲苯	
61756	N，N-二乙基间甲苯胺	3-（二乙胺基）甲苯	
61756	N，N-二乙基对甲苯胺	4-（二乙胺基）甲苯	
61757	盐酸-N-取代苯胺类，如：	N-取代苯胺盐酸	
61757	盐酸-N-甲基苯胺	N-甲基苯胺盐酸	
61757	盐酸-N-乙基苯胺	N-乙基苯胺盐酸	
61757	盐酸-N，N-二甲基苯胺	N，N-二甲基苯胺盐酸	
61757	盐酸-N，N-二乙基苯胺	N，N-二乙基苯胺盐酸	
61758	N-苯（基）乙酰胺	乙酰苯胺；退热冰	
61759	苄胺	苯甲胺	
61760	N-苄基-N-乙基苯胺	N-乙基-N-苄基苯胺；苄乙基苯胺	2274
61761	N-乙基苄基甲苯胺		2753
61762	2-氟苯胺	邻氟苯胺；邻氨基氟（化）苯	2941
61762	3-氟苯胺	间氟苯胺；间氨基氟（化）苯	
61762	4-氟苯胺	对氟苯胺；对氨基氟（化）苯	2941
61763	2-三氟甲基苯胺	2-氨基三氟甲苯	2942
61763	3-三氟甲基苯胺	3-氨基三氟甲苯；间三氟甲（基）苯胺	2948
61764	三氟乙酰苯胺		
61765	氢氟硅酸苯胺	苯胺氢氟硅酸	
61766	2-氯苯胺	邻氯苯胺；邻氨基氯苯	2019
61766	3-氯苯胺	间氯苯胺；间氨基氯苯	2019

续表

危险货物编号	名称	别名	UN 号
61766	4-氯苯胺	对氯苯胺；对氨基氯苯	2018
61767	盐酸-2-氯苯胺	盐酸邻氯苯胺；黄色基 GC	
61767	盐酸-3-氯苯胺	盐酸间氯苯胺；橙色基 GC	
61768	2，3-二氯苯胺		1590
61768	2，4-二氯苯胺		1590
61768	2，5-二氯苯胺		1590
61768	2，6--二氯苯胺		1590
61768	3，4-二氯苯胺		
61768	3，5-二氯苯胺		
61768	二氯苯胺异构体混合物		
61769	2，4，5-三氯苯胺	1-氨基-2，4，5-三氯苯	
61769	2，4，6-三氯苯胺	1-氨基-2，4，6-三氯苯	
61770	5-氯-2-甲基苯胺	5-氯邻甲苯胺；2-氨基-4-氯甲苯	2239
61770	氯甲苯胺异构体混合物		2239
61771	盐酸-4-氯-2-甲苯胺	4-氯邻甲苯胺盐酸	1579
61772	2-氯-4-硝基苯胺	邻氯对硝基苯胺	2237
61772	4-氯-2-硝基苯胺	对氯对硝基苯胺	2237
61773	2-氯乙酰-N-乙酰苯胺	邻氯乙酰-N-乙酰苯胺	
61774	2-溴苯胺	邻溴苯胺；邻氨基溴化苯	
61774	3-溴苯胺	间溴苯胺；间氨基溴化苯	
61774	4-溴苯胺	对溴苯胺；对氨基溴化苯	
61775	2，4-二溴苯胺		
61775	2，5-二溴苯胺		
61776	2，4，6-三溴苯胺		
61777	2-硝基苯胺	邻硝基苯胺；1-氨基-2-硝基苯	1661
61777	3-硝基苯胺	间硝基苯胺；1-氨基-3-硝基苯	1661

续表

危险货物编号	名称	别名	UN 号
61777	4-硝基苯胺	对硝基苯胺；1-氨基-4-硝基苯	1661
61778	2，4-二硝基苯胺		1596
61778	2，6-二硝基苯胺		1596
61778	3，5-二硝基苯胺		1596
61779	2-硝基-4-甲苯胺	邻硝基对甲苯胺	2660
61779	3-硝基-4-甲苯胺	间硝基对甲苯胺	2660
61779	4-硝基-2-甲苯胺	对硝基邻甲苯胺	2660
61780	2-硝基-N，N-二甲基苯胺	N，N-二甲基邻硝基苯胺；邻硝基二甲苯胺	
61780	3-硝基-N，N-二甲基苯胺	N，N-二甲基间硝基苯胺；间硝基二甲苯胺	
61780	4-硝基-N，N-二甲基苯胺	N，N-二甲基对硝基苯胺；对硝基二甲苯胺	
61781	2-硝基-N，N-二乙基苯胺	N，N-二乙基邻硝基苯胺；邻硝基二乙基苯胺	
61781	3-硝基-N，N-二乙基苯胺	N，N-二乙基间硝基苯胺；间硝基二乙基苯胺	
61781	4-硝基-N，N-二乙基苯胺	N，N-二乙基对硝基苯胺；对硝基二乙基苯胺	
61782	硫酸邻乙基间硝基苯胺	邻乙基间硝基苯胺硫酸	
61783	盐酸-4-亚硝基-N，N-二甲基苯胺	N，N-二甲基-4-亚硝基苯胺盐酸	
61784	2-甲氧基苯胺	邻甲氧基苯胺；邻氨基苯甲醚；邻茴香胺	2431
61784	3-甲氧基苯胺	间甲氧基苯胺；间氨基苯甲醚；间茴香胺	2431
61784	4-甲氧基苯胺	对甲氧基苯胺；对氨基苯甲醚；对茴香胺	2431
61785	2-乙氧基苯胺	邻氨基苯乙醚邻乙氧基苯胺	2311
61785	3-乙氧基苯胺	间乙氧基苯胺；间氨基苯乙醚	2311
61785	4-乙氧基苯胺	对乙氧基苯胺；对氨基苯乙醚	2311

续表

危险货物编号	名称	别名	UN号
61786	3-甲基-6-甲氧基苯胺	邻氨基对甲苯甲醚	
61787	4-硝基-2-甲氧基苯胺	5-硝基-2-氨基苯甲醚；对硝基邻甲氧基苯胺	
61788	2-氯-4-甲氧基苯胺	3-氯-4-氨基苯甲醚；间氯对氨基苯甲醚	2233
61788	2-氯-6-甲氧基苯胺	3-氯-2-氨基苯甲醚	2233
61788	3-氯-2-甲氧基苯胺	6-氯-2-氨基苯甲醚	2233
61788	3-氯-4-甲氧基苯胺	2-氯-4-氨基苯甲醚；邻氯对氨基苯甲醚	2233
61788	3-氯-5-甲氧基苯胺	5-氯-3-氨基苯甲醚	2233
61788	4-氯-2-甲氧基苯胺	5-氯-2-氨基苯甲醚	2233
61788	4-氯-3-甲氧基苯胺	6-氯-3-氨基苯甲醚	2233
61788	5-氯-2-甲氧基苯胺	4-氯-2-氨基苯甲醚	2233
61789	1，2-苯二胺	1，2-二氨基苯；邻苯二胺	1673
61789	1，3-苯二胺	1，3-二氨基苯；间苯二胺	1673
61789	1，4-苯二胺	1，4-二氨基苯；对苯二胺；乌尔丝D	1673
61790	盐酸邻苯二胺	盐酸邻二氨基苯	
61790	盐酸间苯二胺	盐酸间二氨基苯	
61790	盐酸对苯二胺	盐酸对二氨基苯；对苯二胺盐酸	
61791	硫酸间苯二胺	硫酸间二氨基苯	
61791	硫酸对苯二胺	硫酸对二氨基苯	
61792	盐酸-4-硝基间苯二胺	乌尔丝4G	
61793	对苯二胺和间二氨基甲苯混合物	乌尔丝DB	
61794	仲丁基对苯二胺		
61795	N-乙酰对苯二胺	对氨基苯乙酰胺；对乙酰氨基苯胺	
61796	4-氨基-N，N-二甲基苯胺	N，N-二甲基对苯二胺；对氨基-N，N-二甲基苯胺	

续表

危险货物编号	名称	别名	UN号
61797	硫酸-4-氨基-N，N-二甲基苯胺	N，N-二甲基对苯二胺硫酸；对氨基-N，N-二甲基苯胺硫酸	
61797	硫酸-4-氨基-N，N-二乙基苯胺	N，N-二乙基对苯二胺硫酸；对氨基-N，N-二乙基苯胺硫酸	
61798	盐酸-4-氨基-N，N-二乙基苯胺	N，N-二乙基对苯二胺盐酸；对氨基-N，N-二乙基苯胺盐酸	
61799	草酸-4-氨基-N，N-二甲基苯胺	N，N-二甲基对苯二胺草酸；对氨基-N，N-二甲基苯胺草酸	
61800	2，4-二氨基甲苯	甲苯-2，4-二胺	1709
61800	2，5-二氨基甲苯	甲苯-2，5-二胺	1709
61800	2，6-二氨基甲苯	甲苯-2，6-二胺	1709
61801	硫酸-2，4-二氨基甲苯	2，4-二氨基甲苯硫酸	
61801	硫酸-2，5-二氨基甲苯	2，5-二氨基甲苯硫酸	
61802	2-氨基联苯	邻氨基联苯；邻苯基苯胺	
61802	4-氨基联苯	对氨基联苯；对苯基苯胺	
61803	4，4′-二氨基联苯	联苯胺；二氨基联苯	1885
61804	硫酸-4，4′-二氨基联苯	硫酸联苯胺；联苯胺硫酸	
61804	盐酸-4，4′-二氨基联苯	盐酸联苯胺；联苯胺盐酸	
61805	3，3′-二甲基-4，4′-二氨基联苯	3，3′-二甲基联苯胺；邻二氨基二甲基联苯	
61805	盐酸-3，3′-二甲基-4，4′-二氨基联苯	3，3′-二甲基联苯胺盐酸；邻二氨基二甲基联苯盐酸	
61806	2，2′-二甲氧基-4，4′-二氨基联苯	2，2′-二甲氧基联苯胺；邻二甲氧基联苯胺	
61806	盐酸-2，2′-二甲氧基-4，4′-二氨基联苯	2，2′-二甲氧基联苯胺盐酸；2，2′-二甲氧基-4，4′-二氨基联苯盐酸	
61806	3，3′-二甲氧基-4，4′-二氨基联苯	3，3′-二甲氧基联苯胺；邻联（二）茴香胺	
61806	盐酸-3，3′-二甲氧基-4，4′-二氨基联苯	3，3′-二甲氧基联苯胺盐酸；邻联（二）茴香胺盐酸	

续表

危险货物编号	名称	别名	UN号
61807	盐酸-3，3′-二氨基联苯胺	3，3′-二氨基联苯胺盐酸；3，4，3′，4′-四氨基联苯盐酸；硒试剂	
61808	盐酸-3，3′-二氯联苯胺	3，3′-二氯联苯胺盐酸	
61809	4，4′-二氨基二苯基甲烷	亚甲基二苯胺	2651
61810	N-亚硝基二苯胺	二苯亚硝胺	
61811	2，4-二硝基二苯胺		
61811	3，4-二硝基二苯胺		
61812	4-氨基二苯胺	对氨基二苯胺	
61813	苯肼	苯基联胺	2572
61814	硫酸苯肼	苯肼硫酸	
61814	盐酸苯肼	苯肼盐酸	
61815	2-硝基苯肼	邻硝基苯肼	
61815	3-硝基苯肼	间硝基苯肼	
61815	4-硝基苯肼	对硝基苯肼	
61816	间硝基苯甲酰肼		
61816	对硝基苯甲酰肼		
61817	4-溴苯肼	对溴苯肼	
61818	甲酰苯肼		
61819	1，1-二苯肼	不对称二苯肼	
61819	1，2-二苯肼	对称二苯肼	
61820	4，4′-二硝基二苯基二氨基脲	4，4′-二硝基二苯基羰（酰）二肼；对二硝基二苯基羰（酰）二肼	
61821	硫脲	硫代尿素	
61822	苯醌		2587
61823	2，3-二氰-5，6-二氯氢醌		
61824	氯甲肟	氯甲醛肟	
61825	5-硝基呋喃甲肟	5-硝基糠醛肟	
61826	N，N′-二苯基乙胺		

续表

危险货物编号	名称	别名	UN号
61827	1，2，3，4-四氯化萘		
61828	1-萘乙酸	α-萘乙酸；α-萘醋酸	
61828	2-萘乙酸	β-萘乙酸；β-萘醋酸	
61829	1-萘乙酸钠	α-萘乙酸钠；α-萘醋酸钠	
61830	1-萘胺	α-萘胺；1-氨基萘	2077
61830	2-萘胺	β-萘胺；2-氨基萘	1650
61831	盐酸-1-萘胺	α-萘胺盐酸	
61831	盐酸-2-萘胺	β-萘胺盐酸	
61832	N-乙基-1-萘胺	N-乙基-α-萘胺	
61832	N，N-二乙基-1-萘胺	N，N-二乙基-α-萘胺	
61833	1-硝基-2-萘胺	2-氨基-1-硝基萘	
61833	2-硝基-1-萘胺	1-氨基-2-硝基萘；β-硝基-α-萘胺	
61834	N-苯基-2-萘胺	防老剂D	
61835	5，6，7，8-四氢-1-萘胺	1-氨基-5，6，7，8-四氢萘	
61836	盐酸-1-萘乙二胺	α-萘乙二胺盐酸	
61837	1，1′-联萘		
61838	2-乙基吡啶		
61838	3-乙基吡啶		
61838	4-乙基吡啶		
61839	2-甲基-5-乙基吡啶		2300
61840	2-乙烯基吡啶		3073
61840	3-乙烯基吡啶		3073
61840	4-乙烯基吡啶		3073
61841	2-硝基吡啶		
61841	3-硝基吡啶		
61841	4-硝基吡啶		
61842	2-氨基吡啶	邻氨基吡啶	2671
61842	3-氨基吡啶	间氨基吡啶	2671

续表

危险货物编号	名称	别名	UN号
61842	4-氨基吡啶	对氨基吡啶	2671
61843	2-苄基吡啶	2-苯甲基吡啶	
61843	4-苄基吡啶	4-苯甲基吡啶	
61844	对硝基苄基吡啶	4-硝基苯甲基吡啶	
61845	三氟化硼吡啶		
61845	三氟化硼哌啶		
61846	吖啶	10-氮（杂）蒽	2731
61847	喹啉	苯并吡啶；氮杂萘	2656
61848	2-甲基喹啉		
61848	4-甲基喹啉		
61848	6-甲基喹啉		
61848	7-甲基喹啉		
61848	8-甲基喹啉		
61849	1-甲基异喹啉		
61849	3-甲基异喹啉		
61849	4-甲基异喹啉		
61849	5-甲基异喹啉		
61849	6-甲基异喹啉		
61849	7-甲基异喹啉		
61849	8-甲基异喹啉		
61850	3-氨基喹啉		
61850	4-氨基喹啉		
61851	二级有机汞化合物，如：		
61851	二乙（基）汞		
61851	乙酸亚汞		
61851	草酸汞		
61851	萘磺汞		
61851	二苯（基）汞		
61851	4-氯汞苯甲酸	对氯化汞苯甲酸	
61851	2-氯汞苯酚		

续表

危险货物编号	名称	别名	UN 号
61851	五氯（苯）酚汞		
61851	五氯苯酚苯基汞		
61852	二级有机钡化合物，如：		1564
61852	甲酸钡		
61852	乙酸钡	醋酸钡	
61852	十二酸钡	月桂酸钡	
61853	乙酸铅	醋酸铅	1616
61854	三氟乙酸铬	三氟醋酸铬	
61855	乳酸锑		1550
61855	酒石酸锑钾	吐酒石；酒石酸钾锑；酒石酸氧锑钾	1551
61856	二级有机胂化合物，如：		
61856	二氯化苯胂		
61856	二碘化苯胂	苯基二碘胂	
61856	甲（基）胂酸		
61856	丙（基）胂酸		
61856	苯胂酸		
61856	2-硝基苯胂酸	邻硝基苯胂酸	
61856	3-硝基苯胂酸	间硝基苯胂酸	
61856	4-硝基苯胂酸	对硝基苯胂酸	
61856	3-硝基-4-羟基苯胂酸	4-羟基-3-硝基苯胂酸	
61856	蒽醌-1-胂酸	蒽醌-α-胂酸	
61856	2-氨基苯胂酸	邻氨基苯胂酸	
61856	3-氨基苯胂酸	间氨基苯胂酸	
61856	4-氨基苯胂酸	对氨基苯胂酸	
61856	4-二甲氨基偶氮苯-4′-胂酸	锆试剂	
61856	二甲胂酸	卡可基酸	1572
61856	二甲基胂酸钠		1688
61856	4-氨基苯胂酸钠	对氨基苯胂酸钠	2473

续表

危险货物编号	名称	别名	UN号
61857	二级有机锡化合物，如：		
61857	二丁基二（十二酸）锡	二丁基二月桂酸锡；月桂酸二丁基锡	
61857	三丁基氟化锡		
61857	四丁（基）锡		
61857	四苯（基）锡		
61857	二丁基顺丁烯二酸锡	顺丁烯二酸二丁基锡；失水苹果酸二丁基锡	
61857	辛酸亚锡	含锡稳定剂	
61858	四丁基碘化磷	碘代四丁基磷	
61859	四丁基氢氧化磷		
61860	三（2-甲基氮丙啶）氧化膦	三（2-甲基氮杂环丙烯）氧化膦	
61861	三苯（基）磷		
61862	四磷酸六乙酯	乙基四磷酸酯	1611
61863	二（2-乙基己基）磷酸酯	2-乙基己基-2′-乙基己基磷酸酯	
61863	P204磷酸酯萃取剂		
61863	P507磷酸酯萃取剂		
61864	二异丙基二硫代磷酸锑		
61865	二级有机硒化合物，如：		
61865	二苯基二硒		
61865	二甲氨基二氮硒杂茚		
61865	硒脲		
61865	N，N-二甲基硒脲	不对称二甲基硒脲	
61866	甲基三乙氧基硅烷	三乙氧基甲基硅烷	
61867	4-甲氧基二苯胺-4-氯化重氮苯	凡拉明蓝盐B；安安蓝B色盐	
61868	二级生物碱类，如：		1544
61868	斑蝥素		
61868	藤黄	海藤	

续表

危险货物编号	名称	别名	UN号
61868	全阿片素	潘托邦	
61868	阿片	鸦片	
61868	烟碱	尼古丁	1654
61868	硫酸化烟碱		1658
61868	烟碱氯化氢	烟碱盐酸盐	1656
61868	酒石酸化烟碱		1659
61868	水杨酸化烟碱		1657
61869	煤焦沥青	焦油沥青	1999
61870	蒽油乳剂		
61870	蒽油乳膏		
61871	腰果壳油	脱羧腰果壳液	
61872	生漆	大漆	
61874	二级有机磷固态农药，如：		2783
61874	敌敌畏颗粒剂［含量5%～35%］		2783
61874	敌百虫［含量>80%］	敌百虫原粉；敌百虫兽用；敌百虫可溶性粉剂	2783
61874	久效磷颗粒剂［含量3%～25%］	SD-9129颗粒剂	2783
61874	磷胺粉剂［含量3%～30%］	大灭虫粉剂	2783
61874	二溴磷粉剂［含量>50%］	二溴灵粉剂	2783
61874	杀虫畏粉剂、可湿性粉剂	杀虫威粉剂、可湿性粉剂；704粉剂、可湿粉剂；甲基杀螟威粉剂、可湿性粉剂	2783
61874	毒虫畏粉剂、颗粒剂［含量2%～20%］	杀螟威粉剂、颗粒剂	2783
61874	百治磷粉剂［含量3%～25%］	百特磷粉剂	2783
61874	丁烯磷粉剂［含量>15%］	赛吸磷粉剂	2783
61874	甲硫磷可湿性粉剂、颗粒剂		2783

续表

危险货物编号	名称	别名	UN 号
61874	保米磷粉剂、可湿性粉剂、饵剂		2783
61874	吡唑磷［含量＜5%］	彼氧磷	2783
61874	对硫磷粉剂［含量＜4%］	1605 粉剂；一扫光粉剂；乙基对硫磷粉剂	2783
61874	甲基对硫磷粉剂［含量 1%～15%］	甲基 1605 粉剂	2783
61874	丙胺磷粉剂、颗粒剂		2783
61874	甲基异柳磷粉剂	异柳磷 1 号粉剂	2783
61874	异丙胺磷颗粒剂	乙基异柳磷颗粒剂；异柳磷 2 号颗粒剂	2783
61874	内吸磷粉剂［含量＜3%］	1059 粉剂	2783
61874	甲基内吸磷粉剂［含量＞10%］	甲基 1059 粉剂	2783
61874	二嗪农粉剂、颗粒剂［含量＞15%］	地亚农粉剂、颗粒剂；大亚仙农粉剂	2783
61874	倍硫磷粉剂、可湿性粉剂、颗粒剂［含量＞60%］	百治屠粉剂、可湿性粉剂、颗粒剂；蕃硫磷粉剂、可湿性粉剂、颗粒剂	2783
61874	杀螟硫磷粉剂、可湿性粉剂	杀螟松；杀螟磷；速灭虫；苏米松；苏米硫磷；速灭松粉剂、可湿性粉剂	2783
61874	苯硫磷粉剂［含量 3%～15%］	伊皮恩粉剂	2783
61874	丰索磷粉剂、可湿性粉剂、颗粒剂［含量＜4%］	丰索硫磷粉剂、可湿性粉剂、颗粒剂	2783
61874	辛硫磷颗粒剂	肟硫磷颗粒剂；倍氰松颗粒剂；腈肟磷颗粒剂	2783
61874	嘧啶硫磷颗粒剂［含量＞30%］	乙基虫螨磷颗粒剂	2783
61874	喹硫磷颗粒剂	喹恶磷颗粒剂；爱卡士颗粒剂	2783
61874	毒死蜱粉剂、颗粒剂［含量＞15%］	氯蜱硫磷粉剂、颗粒剂；乐施苯粉剂、颗粒剂	2783
61874	嘧啶氧磷粉剂	灭定磷粉剂；N-23 粉剂	2783

续表

危险货物编号	名称	别名	UN号
61874	氯硫磷粉剂［含量＜5%］	氯赛昂粉剂	2783
61874	异氯磷粉剂、可湿性粉剂	异氯硫磷粉剂、可湿性粉剂	2783
61874	蝇毒磷粉剂、可湿性粉剂	蝇毒粉剂、可湿性粉剂；蝇毒硫磷粉剂	2783
61874	皮蝇磷粉剂、丸剂、可湿性粉剂	皮蝇硫磷粉剂、丸剂、可湿性粉剂	2783
61874	杀螟腈粉剂	S-4084粉剂	2783
61874	蔬果磷粉剂	杀抗松粉剂；环硫磷粉剂；水杨硫磷粉剂	2783
61874	因毒磷粉剂［含量5%～45%］		2783
61874	氯甲硫磷可湿性粉剂、颗粒剂		2783
61874	果虫磷可湿性粉剂、颗粒剂		2783
61874	治线磷［含量＜5%］	治磷灵；硫磷嗪	2783
61874	乙基溴硫磷可湿性粉剂、颗粒剂［含量＞10%］		2783
61874	除线磷［含量＞50%］		2783
61874	砜吸磷［含量2%～90%］		2783
61874	三唑磷粉剂		2783
61874	蚜灭多［含量＞10%］		2783
61874	稻瘟净粉剂、可湿性粉剂		2783
61874	异稻瘟净粉剂	异丙稻瘟净粉剂	2783
61874	定菌磷粉剂［含量＞55%］	吡啶磷粉剂	2783
61874	甲拌磷粉剂［含量＜20%］	3911粉剂	2783
61874	乙拌磷粉剂、可湿性粉剂	敌死通粉剂、可湿性粉剂；M-74粉剂、可湿性粉剂	2783
61874	甲基乙拌磷粉剂［含量5%～50%］	二甲硫吸磷粉剂；M-81粉剂	2783
61874	异丙磷颗粒剂		2783
61874	三硫磷粉剂、可湿性粉剂	三赛昂粉剂、可湿性粉剂	2783

续表

危险货物编号	名称	别名	UN 号
61874	甲基三硫磷粉剂［含量＞15%］		2783
61874	特丁磷颗粒剂		2783
61874	地虫硫磷粉剂、颗粒剂	N-2790 粉剂、颗粒剂；地虫磷粉剂	2783
61874	谷硫磷可湿性粉剂	保棉磷；谷赛昂；甲基谷硫磷可湿性粉剂	2783
61874	乙基稻丰散粉剂		2783
61874	乙硫磷粉剂、可湿性粉剂、颗粒剂［含量 2%～25%］		2783
61874	丰丙磷颗粒剂	异丙丰颗粒剂	2783
61874	乐果粉剂、可湿性粉剂［含量＞30%］	乐戈粉剂、可湿性粉剂	2783
61874	亚胺硫磷粉剂、可湿性粉剂［含量＞15%］	亚胺磷，酞胺硫磷粉剂、可湿性粉剂	2783
61874	伏杀硫磷粉剂、可湿性粉剂［含量＞20%］	伏杀磷粉剂、可湿性粉剂	2783
61874	茂果粉剂	吗啉硫磷粉剂、吗福松粉剂	2783
61874	脱叶磷粉剂		2783
61874	稻丰散粉剂	甲基乙酯磷；益尔散；S-2940 粉剂	2783
61874	灭蚜松粉剂、可湿性粉剂、拌种剂	灭蚜灵；灭那虫粉剂、可湿性粉剂、拌种剂	2783
61874	益果粉剂、可湿性粉剂、颗粒剂		2783
61874	敌杀磷粉剂［含量 4%～40%］	敌恶磷粉剂；二恶磷粉剂	2783
61874	安果粉剂［含量＞65%］		2783
61874	氯甲磷粉剂、颗粒剂［含量 1%～15%］		2783
61874	杀扑磷可湿性粉剂［含量 4%～40%］	麦达西磷可湿性粉剂	2783

续表

危险货物编号	名称	别名	UN号
61874	益棉磷粉剂、可湿性粉剂[含量2%～25%]	乙基保棉磷；乙基谷磷可湿性粉剂	2783
61874	灭克磷粉剂[含量3%～10%]	益收宝粉剂	2783
61874	灭蚜磷粉剂、可湿性粉剂[含量4%～25%]		2783
61874	地安磷粉剂、颗粒剂[含量<5%]	二噻磷粉剂、颗粒剂	2783
61874	克瘟散粉剂	稻瘟光粉剂；西双散粉剂	2783
61874	威菌磷[含量2%～20%]	三唑磷胺	2783
61874	甲氟磷粉剂[含量<2%]	四甲氟粉剂	2783
61874	乙酰甲胺磷粉剂	高灭磷粉剂；杀虫灵粉剂	2783
61874	硫环磷粉剂、颗粒剂[含量2%～15%]	棉安磷粉剂、颗粒剂；棉环磷粉剂、颗粒剂	2783
61874	甲基硫环磷颗粒剂		2783
61874	伐线丹颗粒剂		2783
61874	克线磷颗粒剂	灭线磷颗粒剂；力满库颗粒剂	2783
61874	育畜磷[含量>90%]		2783
61875	二级有机磷液态农药，如：		2784，3017，3018
61875	敌敌畏	DDVP乳剂；杀虫快油雾剂；敌敌畏油雾剂；敌敌畏气雾弹	2784，3017，3018
61875	久效磷乳剂[含量0.5%～25%]	SD-9129乳剂	2784，3017，3018
61875	磷胺乳剂[含量0.5%～30%]	磷胺液剂；大灭虫乳剂	2784，3017，3018
61875	速灭磷乳剂、水剂[含量<5%]		2784，3017，3018
61875	二溴磷乳剂[含量>10%]	二溴灵乳剂；二溴化敌敌畏乳剂	2784，3017，3018
61875	杀虫畏乳剂	杀虫威乳剂；甲基杀螟威乳剂；704乳剂	2784，3017，3018
61875	毒虫畏乳剂[含量0.5%～20%]	杀螟威乳剂	2784，3017，3018

续表

危险货物编号	名称	别名	UN号
61875	百治磷乳剂［含量0.5%～25%］	百特磷乳剂	2784，3017，3018
61875	丁烯磷乳剂［含量>3%］	赛吸磷乳剂	2784，3017，3018
61875	2，4-滴磷脂乳剂［含量>35%］	伐垄磷乳剂	2784，3017，3018
61875	对硫磷乳剂［含量<40%］	1605乳剂；一扫光乳剂；乙基对硫磷乳剂	2784，3017，3018
61875	甲基对硫磷乳剂［含量<15%］	甲基1605乳剂	2784，3017，3018
61875	内吸磷乳剂［含量<3%］	1059乳剂	2784，3017，3018
61875	甲基内吸磷［含量>3%］	甲基1059	2784，3017，3018
61875	治螟磷［含量<10%］	硫特普；触杀灵；苏化203；治螟灵	2784，3017，3018
61875	二嗪农［含量>4%］	地亚农；大亚仙农；二嗪农原油	2784，3017，3018
61875	倍硫磷［含量>15%］	百治屠；蕃硫磷	2784，3017，3018
61875	杀螟硫磷［含量>10%］	杀螟松；杀螟磷；速灭虫；速灭松；苏米松；苏米硫磷	2784，3017，3018
61875	苯硫磷乳剂［含量3%～15%］		2784，3017，3018
61875	丰索磷乳剂［含量<4%］	丰索硫磷乳剂	2784，3017，3018
61875	辛硫磷	肟硫磷；倍氰松；腈肟磷	2784，3017，3018
61875	嘧啶硫磷［含量>5%］	乙基虫螨磷	2784，3017，3018
61875	喹硫磷	喹恶磷；奎硫磷；夏卡士	2784，3017，3018
61875	毒死蜱乳剂［含量>4%］	氯蜱硫磷乳剂；乐施苯乳剂	2784，3017，3018
61875	嘧啶氧磷	N-23；灭定磷	2784，3017，3018
61875	氯硫磷乳剂［含量<5%］	氯赛昂乳剂	2784，3017，3018
61875	蝇毒磷乳剂［含量0.5%～30%］	蝇毒乳剂；蝇毒硫磷乳剂	2784，3017，3018
61875	皮蝇磷乳剂、水混悬剂	皮蝇硫磷乳剂、水混悬剂	2784，3017，3018
61875	杀螟腈	S-40 84	2784，3017，3018

续表

危险货物编号	名称	别名	UN号
61875	糠硫磷		2784，3017，3018
61875	蔬果硫磷乳剂	杀抗松乳剂；环硫磷乳剂；水杨硫磷乳剂	2784，3017，3018
61875	双硫磷［含量>50%］		2784，3017，3018
61875	因毒磷［含量1%～45%］		2784，3017，3018
61875	毒壤磷	壤虫磷	2784，3017，3018
61875	乙基溴硫磷		2784，3017，3018
61875	除线磷乳剂［含量>10%］		2784，3017，3018
61875	砜吸磷［含量>90%］		2784，3017，3018
61875	三唑磷		2784，3017，3018
61875	稻瘟净		2784，3017，3018
61875	异稻瘟净	异丙稻瘟净	2784，3017，3018
61875	定菌磷乳剂［含量>15%］	吡啶磷乳剂	2784，3017，3018
61875	甲拌磷乳剂［含量<2%］	3911乳剂	2784，3017，3018
61875	乙拌磷乳剂［含量<15%］	敌死通乳剂；M-74乳剂	2784，3017，3018
61875	甲基乙拌磷［含量>50%］	二甲硫吸磷；M-81	2784，3017，3018
61875	三硫磷乳剂［含量0.5%～20%］	三赛昂乳剂	2784，3017，3018
61875	甲基三硫磷［含量<4%］		2784，3017，3018
61875	地虫硫磷乳剂［含量<6%］	N-2790乳剂；地虫磷乳剂	2784，3017，3018
61875	保棉磷乳剂［含量0.5%～20%］	谷硫磷乳剂；谷赛昂乳剂；甲基谷硫磷乳剂	2784，3017，3018
61875	乙基稻丰散		2784，3017，3018
61875	乙硫磷乳剂［含量0.5%～25%］		2784，3017，3018
61875	丰丙磷	异丙丰	2784，3017，3018
61875	乐果［含量>10%］	乐戈；乐果苯溶液	2784，3017，3018
61875	亚胺硫磷乳剂［含量>4%］	亚胺硫磷乳油	2784，3017，3018
61875	伏杀硫磷乳剂［含量>5%］	伏杀磷乳剂	2784，3017，3018

续表

危险货物编号	名称	别名	UN 号
61875	茂果乳剂		2784，3017，3018
61875	脱叶磷		2784，3017，3018
61875	稻丰散	甲基乙酯磷；益尔散；S-2940	2784，3017，3018
61875	灭蚜松乳剂	灭蚜灵乳剂；灭那虫乳剂	2784，3017，3018
61875	益果乳剂［含量>5%］		2784，3017，3018
61875	敌杀磷乳剂［含量 1%～40%］	敌恶磷乳剂；二恶磷乳剂	2784，3017，3018
61875	安果［含量>15%］		2784，3017，3018
61875	氯甲磷乳剂［含量<15%］		2784，3017，3018
61875	杀扑磷乳剂［含量 1%～40%］	麦达西磷乳剂	2784，3017，3018
61875	益棉磷乳剂［含量 0.25%～25%］	乙基保棉磷乳剂；乙基谷硫磷乳剂	2784，3017，3018
61875	灭克磷［含量>3%］	益收宝［含量>3%］	2784，3017，3018
61875	克瘟散	稻瘟光；西双散	2784，3017，3018
61875	地安磷乳剂［含量<5%］	二噻磷乳剂	2784，3017，3018
61875	发果乳剂［含量<15%］	亚果乳剂；乙基乐果乳剂	2784，3017，3018
61875	砜拌磷乳剂［含量<5%］		2784，3017，3018
61875	芬硫磷［含量>2%］	酚开普顿	2784，3017，3018
61875	蚜螨特	四硫特普	2784，3017，3018
61875	马拉硫磷	马拉松；4049；马拉赛昂	2784，3017，3018
61875	赛果乳剂［含量>30%］		2784，3017，3018
61875	地散磷［含量>35%］		2784，3017，3018
61875	甲氟磷乳剂［含量<2%］	四甲氟乳剂	2784，3017，3018
61875	乙酰甲胺磷乳剂［含量>40%］	高灭磷乳剂；杀虫灵乳剂	2784，3017，3018
61875	硫环磷乳剂［含量 0.5%～15%］	棉安磷乳剂；棉环磷乳剂	2784，3017，3018
61875	育畜磷乳剂［含量>20%］		2784，3017，3018
61876	二级有机氯固态农药，如：		2761
61876	艾氏剂可湿性粉剂［含量 7%～75%］		

续表

危险货物编号	名称	别名	UN号
61876	异艾氏剂粉剂［含量1%～10%］		
61876	狄氏剂粉剂、颗粒剂［含量10%～90%］		
61876	异狄氏剂粉剂、颗粒剂［含量<5%］		
61876	硫丹粉剂、可湿性粉剂［含量8%～80%］		
61876	碳氯灵粉剂［含量<1%］	碳氯特灵粉剂	
61876	七氯［含量>8%］	七氯化茚	
61876	开蓬［含量>15%］		
61876	六六六	六氯化苯；六氯环己烷；六六六烟雾剂	2729
61876	杀虫脒［含量>50%］	杀螨脒；克死螨；氯苯脒	
61876	灭蚁灵［含量>60%］		
61876	杀虫脒盐酸［含量>70%］		
61876	毒杀芬［含量>10%］	八氯莰烯	
61876	林丹	灵丹；高丙体六六六	
61876	林丹烟雾剂	高丙体六六六烟雾剂	
61876	氯丹粉剂、颗粒剂［含量>55%］	M-410粉剂、颗粒剂	
61876	滴滴涕［含量>20%］		
61876	乙酯杀螨醇		
61876	稻叶青粉剂	邻五氯二甲苯粉剂	
61876	抑菌灵		
61876	二氯萘醌	非冈	
61876	氯硝胺	2，6-二氯对硝基苯胺；阿丽散	
61876	氯硝散		
61876	丙氯灵		
61876	菌螨酚		
61876	五氯苯酚［含量>5%］	五氯酚	

续表

危险货物编号	名称	别名	UN 号
61876	五氯酚钠		2567
61876	矮壮素	稻麦立；三西；西西西	
61877	二级有机氯液态农药，如：		2762，2995，2996
61877	艾氏剂乳剂［含量 2%～75%］		
61877	异艾氏剂乳剂［含量＜10%］		
61877	狄氏剂乳剂［含量 2%～90%］		
61877	异狄氏剂乳剂［含量＜5%］		
61877	硫丹乳剂［含量 2%～80%］		
61877	碳氯灵乳剂［含量＜1%］	碳氯特灵乳剂	
61877	七氯乳剂［含量 2%～80%］	七氯化茚乳剂	
61877	开蓬乳剂［含量＞4%］		
61877	六六六乳剂	六六六杀蛆乳剂	
61877	灭蚁灵乳剂［含量＞15%］		
61877	杀虫脒乳剂［含量＞10%］	杀螨脒乳剂；氯苯脒乳剂；克死螨乳剂	
61877	杀虫脒盐酸盐乳剂［含量＞15%］		
61877	毒杀芬乳剂［含量＞3%］	八氯莰烯乳剂	
61877	林丹乳剂［含量＞5%］	灵丹乳剂；高丙体六六六乳剂；林丹杀虫剂	
61877	氯丹［含量＞10%］	M-410	
61877	滴滴涕乳剂	DDT 乳剂；223 乳剂；DDT 喷射剂；二甲苯 DDT 乳剂；滴滴涕气溶胶	
61877	滴滴混剂	滴滴剂；滴滴混合剂	
61877	乙酯杀螨醇乳剂［含量＞35%］		

续表

危险货物编号	名称	别名	UN号
61877	稻叶青	056乳剂；邻五氯二甲苯乳油	
61877	抑菌灵乳剂［含量>25%］		
61877	二氯萘醌乳剂［含量>80%］	非冈乳剂	
61877	野麦畏［含量>30%］	燕麦畏；三氯烯丹，阿畏达	
61877	新燕灵乳剂［含量>75%］	新燕胺乳剂	
61877	2甲4氯丁酸乳剂［含量>30%］		
61877	2，4-滴丙酸乳剂［含量>40%］		
61877	2，4，5-涕丙酸乳剂［含量>30%］		
61877	五氯苯酚乳剂［含量>1%］	五氯酚乳剂	
61877	矮壮素水剂［含量>30%］	稻麦立水剂；三西水剂；西西西水剂	
61877	壮棉丹		
61878	二级含砷固态农药，如：		2759
61878	退菌特	土习脱	
61878	稻脚青	稻谷青；甲基胂酸锌可湿性粉剂	
61878	福美胂	三福砷；阿苏妙；阿苏美特可湿性粉剂	
61878	福美甲胂		
61878	甲基硫胂	硫化甲基胂；阿苏精；苏化911；阿苏仁；阿苏津可湿性粉剂	
61878	六氯砷酸钾	TD480	
61878	甲基胂酸	MAA	
61878	甲基胂酸铁		
61878	甲基胂酸（二）钠	甲胂钠；DSMA	
61879	二级含砷液态农药，如：		2760，2993，2994

续表

危险货物编号	名称	别名	UN 号
61879	甲基硫胂液剂	阿苏津液剂；新阿苏津液剂	
61879	甲基胂酸一钠	甲胂一钠；MSMA	
61879	甲基胂酸二铵	甲胂铵	
61879	甲基胂酸单铵	甲胂一铵；MAMA	
61879	田安	甲基胂酸铁铵	
61879	二甲基胂酸乳剂		
61880	二级有机硫固态农药，如：		
61880	代森钠［含量＞80％］		
61880	代森铵	阿巴姆	
61880	代森硫	抑菌梯	
61880	代森环	杜邦 328	
61880	福美锌	什来特；促进剂 P-2；锌来特	
61880	福美双	秋兰姆；赛欧散	
61880	三环唑	克瘟唑；比艳	
61881	二级有机硫液态农药，如：		
61881	代森钠乳剂［含量＞20％］		
61881	福美双乳剂［含量＞25％］	秋兰姆乳剂；赛欧散乳剂	
61882	二级含汞固态农药，如：		2777
61882	氯化苯汞	PMC	
61882	磺胺乙汞		
61882	富民隆	磺胺苯汞；磺胺汞；富民农	
61882	亚胺乙汞	埃米粉剂	
61883	二级含汞液态农药		2778，3011，3012
61884	二级有机锡固态农药，如：		2786
61884	三唑锡	三唑环锡	
61884	三环锡［含量＞55％］		
61884	毒菌锡［含量＞20％］		
61884	薯瘟锡［含量＞25％］	三苯基乙酸	

续表

危险货物编号	名称	别名	UN号
61885	二级有机锡液态农药		2787，3019，3020
61886	二级含铜固态农药		2775
61887	二级含铜液态农药		2776，3009，3010
61888	二级氨基甲酸酯固态农药，如：		2757，2771
61888	乙硫甲威颗粒剂	乙硫苯威；除蚜威；蔬蚜威	2757，2771
61888	二甲威	克死威；可杀威	2757，2771
61888	二氧威粉剂［含量>10%］	二恶威；法灭威；一路灵粉剂	2757，2771
61888	丁硫威粉剂		2757，2771
61888	巴丹	杀螟丹；克虫普；卡塔普；沙蚕胺	2757，2771
61888	灭多虫粉剂［含量3%～30%］	灭多威；灭索威；乙肟威粉剂	2757，2771
61888	灭杀威	MPMC	2757，2771
61888	灭害威粉剂［含量>6%～60%］		2757，2771
61888	灭虫威粉剂［含量>10%］	甲硫威粉剂；灭梭威粉剂	2757，2771
61888	仲丁威	巴沙；丁苯威；速丁威；扑杀威	2757，2771
61888	西维因粉剂［含量>80%］	胺甲萘粉剂；甲萘威粉剂	2757，2771
61888	百亩威粉剂［含量>10%］	噻嗯威粉剂；猛捕因粉剂	2757，2771
61888	克百威粉剂［含量>10%］	呋喃丹；卡巴呋喃；虫螨威粉剂	2757，2771
61888	自克威粉剂［含量2%～25%］	兹克威粉剂	2757，2771
61888	合杀威	混戊威；普杀威	2757，2771
61888	多杀威	乙硫威	2757，2771
61888	异丙威	叶蝉散；灭扑威；异灭威；速死威	2757，2771
61888	异索威粉剂［含量2%～20%］	异兰粉剂；异索兰粉剂	2757，2771

续表

危险货物编号	名称	别名	UN号
61888	抗蚜威粉剂［含量>75%］	灭定威粉剂；辟蚜肟粉剂	2757，2771
61888	威百亩粉剂［含量>50%］	保丰收粉剂；硫威钠粉剂	2757，2771
61888	残杀威粉剂［含量>15%］	残虫畏粉剂；残杀畏粉剂	2757，2771
61888	除害威	丙烯威	2757，2771
61888	速灭威		2757，2771
61888	敌蝇威粉剂［含量5%～50%］		2757，2771
61888	胺丙威［含量>65%］		2757，2771
61888	涕灭威粉剂［含量<1%］	丁醛肟威粉剂；涕灭克粉剂	2757，2771
61888	害扑威	飞浮散	2757，2771
61888	猛杀威粉剂［含量>15%］	甲丙威粉剂	2757，2771
61888	混灭威	三甲威	2757，2771
61888	硫双威		2757，2771
61888	氯灭杀威		2757，2771
61888	恶虫威粉剂［含量5%～65%］	苯恶威粉剂	2757，2771
61888	嘧啶威可湿性粉剂、颗粒剂	嘧啶兰；甲基嘧啶；胺甲嘧啶可湿性粉剂、颗粒剂	2757，2771
61888	壤虫威	甲二恶威	2757，2771
61888	灭草灵		2757，2771
61888	扑草灭颗粒剂		2757，2771
61888	杀草丹颗粒剂	稻草完颗粒剂；除田莠颗粒剂	2757，2771
61888	草达灭颗粒剂	禾大壮颗粒剂；环草丹颗粒剂	2757，2771
61888	燕麦灵可湿性粉剂	氯炔草灵可湿性粉剂；巴尔板可湿性粉剂	2757，2771
61888	燕麦敌粉剂［含量>80%］	燕麦敌一号粉剂；二氯烯丹粉剂	2757，2771
61888	草克死颗粒剂		2757，2771
61888	燕麦敌二号	苯达松；噻草平	2757，2771

续表

危险货物编号	名称	别名	UN号
61888	灭草松	百草克	2757，2771
61889	二级氨基甲酸酯液态农药，如：		2758，2772，2991，2992，3005，3006
61889	乙硫甲威	乙硫苯威；除蚜威；蔬蚜威	2758，2772，2991，2992，3005，3006
61889	二甲威乳剂	克死威乳剂；可杀威乳剂	2758，2772，2991，2992，3005，3006
61889	二氧威乳剂［含量＞3%］	二恶威乳剂；法灭威乳剂；一路灵乳剂	2758，2772，2991，2992，3005，3006
61889	丁硫威		2758，2772，2991，2992，3005，3006
61889	灭多威乳剂［含量0.5%～30%］	灭多虫乳剂；灭索威乳剂；乙肟威乳剂	2758，2772，2991，2992，3005，3006
61889	灭杀威乳剂	MPMC乳剂	2758，2772，2991，2992，3005，3006
61889	灭害威乳剂［含量1%～60%］		2758，2772，2991，2992，3005，3006
61889	仲丁威乳剂	巴沙乳剂；丁苯威乳剂；速丁威乳剂；扑杀威乳剂	2758，2772，2991，2992，3005，3006
61889	克百威乳剂［含量＜10%］	呋喃丹乳剂；卡巴呋喃乳剂；虫螨威乳剂	2758，2772，2991，2992，3005，3006
61889	自克威乳剂［含量＜25%］	兹克威乳剂	2758，2772，2991，2992，3005，3006
61889	合杀威乳剂	混戊威乳剂；普杀威乳剂；	2758，2772，2991，2992，3005，3006
61889	多杀威乳剂	乙硫威乳剂	2758，2772，2991，2992，3005，3006
61889	异丙威乳剂	叶蝉散乳剂；灭扑威乳剂；异灭威乳剂；速灭威乳剂	2758，2772，2991，2992，3005，3006
61889	异索威乳剂［含量0.5%～20%］	异兰乳剂；异索兰乳剂	2758，2772，2991，2992，3005，3006
61889	间异丙威乳剂	虫草灵乳剂	2758，2772，2991，2992，3005，3006
61889	杀线威乳剂［含量＜10%］	草肟威乳剂；甲氨叉威乳剂	2758，2772，2991，2992，3005，3006

续表

危险货物编号	名称	别名	UN号
61889	威百亩水剂［含量>10%］	保丰收水剂；硫威钠水剂	2758，2772，2991，2992，3005，3006
61889	残杀威乳剂［含量>40%］	残虫畏乳剂；残杀畏乳剂	2758，2772，2991，2992，3005，3006
61889	除害威乳剂	丙烯威乳剂	2758，2772，2991，2992，3005，3006
61889	速灭威乳剂		2758，2772，2991，2992，3005，3006
61889	敌蝇威乳剂［含量1%～50%］		2758，2772，2991，2992，3005，3006
61889	涕灭威乳剂［含量<1%］	丁醛肟威乳剂；涕灭克乳剂	2758，2772，2991，2992，3005，3006
61889	害扑威乳剂	飞浮散乳剂	2758，2772，2991，2992，3005，3006
61889	猛杀威乳剂［含量>3%］	甲丙威乳剂	2758，2772，2991，2992，3005，3006
61889	混灭威乳剂	三甲威乳剂	2758，2772，2991，2992，3005，3006
61889	嘧啶威	嘧啶兰；甲基嘧啶；胺甲嘧啶	2758，2772，2991，2992，3005，3006
61889	灭草灵乳剂		2758，2772，2991，2992，3005，3006
61889	扑草灭［含量>80%］		2758，2772，2991，2992，3005，3006
61889	杀草丹	稻草完；除田莠	2758，2772，2991，2992，3005，3006
61889	草达灭［含量>25%］	禾大壮；环草丹	2758，2772，2991，2992，3005，3006
61889	草克死［含量>40%］		2758，2772，2991，2992，3005，3006
61889	燕麦灵乳剂［含量>30%］	氯炔草灵乳剂；巴尔板乳剂	2758，2772，2991，2992，3005，3006
61889	燕麦敌乳剂［含量>20%］	燕麦敌一号乳剂；二氯烯丹乳剂	2758，2772，2991，2992，3005，3006
61889	燕麦敌二号乳剂		2758，2772，2991，2992，3005，3006

续表

危险货物编号	名称	别名	UN号
61889	燕麦敌二号蒽油乳油		2758，2772，2991，2992，3005，3006
61890	苯氧基固态农药，如：		2765
61890	2-甲-4-氯	MCPA	2765
61890	2-甲-4-氯丙酸		2765
61890	除草佳	2-甲-4-氯氯苯胺；MCPCA	2765
61890	2，4，5-涕［含量＞60％］	2，4，5-T	2765
61890	2，4-滴［含量＞75％］	2，4-D	2765
61890	2，4-滴钠盐		2765
61890	2，4-滴胺盐	2，4-D丁酯	2765
61890	2，4-滴丁酸	2，4-DB	2765
61890	2，4-滴丁酯	2，4-D丁酯	2765
61890	杀草畏［含量＞60％］	三氯茴香酸	2765
61890	麦草畏	麦草丹；敌草平	2765
61891	苯氧基液态农药，如：		2766，2999，3000
61891	2-甲-4-氯乳剂［含量＞35％］	MCPA乳剂	2766，2999，3000
61891	2-甲-4-氯丙酸乳剂［含量＞30％］		2766，2999，3000
61891	2，4，5-涕乳剂［含量＞15％］	2，4，5-T乳剂	2766，2999，3000
61891	2，4-滴乳剂［含量＞15％］	2，4-D乳剂	2766，2999，3000
61891	杀草畏乳剂［含量＞50％］	三氯茴香酸乳剂	2766，2999，3000
61891	麦草畏乳剂［含量＞50％］	麦草丹乳剂；敌草平乳剂	2766，2999，3000
61892	硝基苯酚固态农药，如：		2779
61892	乐杀螨［含量＞25％］		2779
61892	敌螨通［含量＞10％］	消螨通	2779
61892	地乐施粉剂［含量8％～80％］		2779
61892	地乐消［含量＞10％］		2779

续表

危险货物编号	名称	别名	UN 号
61892	地乐酯可湿性粉剂［含量>10%］		2779
61893	硝基苯酚液态农药，如：		2780，3013，3014
61893	乐杀螨乳剂［含量>5%］		2780，3013，3014
61893	敌螨通液剂［含量>2%］	消螨通液剂	2780，3013，3014
61893	地乐消乳剂［含量>3%］		2780，3013，3014
61893	地乐酚［含量>5%］	二硝（另）丁酚	2780，3013，3014
61893	地乐酯［含量>3%］		2780，3013，3014
61893	特乐酚［含量 1%～50%］	异地乐酚；二硝特丁酚	2780，3013，3014
61894	杂环类固态农药，如：		3027
61894	二噻农		3027
61894	灭螨猛［含量>55%］		3027
61894	三唑酮	粉锈宁；百菌酮；百里通；三唑二甲酮；唑菌酮	3027
61894	三唑醇	羟锈宁；百坦；百里坦；拜丹	3027
61894	纹枯利	纹枯灵；菌核净	3027
61894	果绿定		3027
61894	敌枯双	吐枯双；抑枯双	3027
61894	敌菌酮［含量>25%］	腙菌酮	3027
61894	杀草强		3027
61895	杂环类液态农药，如：		3024，3025，3026
61895	二噻农乳剂［含量>50%］		3024，3025，3026
61895	十三吗啉［含量>30%］	克啉菌；环吗啉	3024，3025，3026
61895	敌菌酮乳剂［含量>5%］	腙菌酮乳剂；PP-781 乳剂	3024，3025，3026
61896	双吡啶固态农药，如：		2781
61896	百草枯［含量>4%］	对草快	2781
61896	伐草快［含量>65%］		2781
61896	敌草快［含量>45%］	杀草快；双快；利农；催熟利	2781
61897	双吡啶液态农药，如：		2782，3015，3016

续表

危险货物编号	名称	别名	UN号
61897	百草枯水剂［含量4%～40%］	对草快水剂	2782，3015，3016
61897	伐草快浓水剂［含量＞15%］		2782，3015，3016
61897	敌草快浓水剂［含量＞10%］	杀草快浓水剂；双快浓水剂；利农浓水剂；催熟利浓水剂	2782，3015，3016
61898	三嗪固态农药，如：	三氮苯固态农药	2763
61898	可乐津	G25804	2763
61898	扑灭通	扑草通	2763
61898	西玛通	G30044	2763
61898	西草净	西玛净；西散津；G32911	2763
61898	伐草克		2763
61898	害草净	MPMT	2763
61898	莠灭净		2763
61898	敌草净	杀蔓灵；地蔓尽	2763
61898	甲氧去草净［含量＞20%］	甲氧乙特丁嗪；特丁通	2763
61899	三嗪液态农药	三氮苯液态农药	2764，2997，2998
61900	酰胺类固态农药，如：		2767，2769，2773
61900	拒食胺	拒食剂3号；DTA	2767，2769，2773
61900	乙草胺	乙基乙草安	2767，2769，2773
61900	麦草净	丙噻安；麦草光	2767，2769，2773
61900	草毒死颗粒剂［含量＞35%］		2767，2769，2773
61900	甲草胺	拉索；草不绿；杂草索	2767，2769，2773
61900	草乃敌［含量＞55%］		2767，2769，2773
61900	毒草安［含量＞35%］	扑草胺	2767，2769，2773
61900	敌稗	斯达姆	2767，2769，2773
61901	酰胺类液态农药，如：		2768，2770，2774，3001，3002，3003，3004，3007，3008

续表

危险货物编号	名称	别名	UN 号
61905	溴苯腈乳剂、水剂［含量>10%］		
61905	鱼藤酮液剂［含量>6%］	鱼藤液剂；地利斯液剂	
61905	灭虫碱	假木贼碱；阿纳巴辛碱；新烟碱；毒藜	
61905	二氯苯醚菊酯乳剂		
61905	丙烯菊酯［含量>30%］	丙烯除虫菊乳剂	
61905	杀灭菊酯乳剂［含量>25%］	速灭杀丁乳剂；速灭菊酯乳剂	
61905	除虫菊		
61905	除虫菊酯乳剂［含量>30%］		
61905	二溴氯丙烷		2872
61905	蜗螺净乳剂		
61905	一氯杀螨砜乳剂	杀螨砜乳剂；氯苯砜乳剂	
61905	杀螨酯乳剂	螨卵酯乳剂；K-6451 乳剂	
61905	S-乙基硫代磺酸乙酯		
61905	敌稻瘟	杀那特；杀那脱	
61905	氰脱灵乳剂		
61905	敌菌腙［含量>20%］		
61905	抗菌剂 402		
61905	放线菌酮液剂	放线酮液剂；农抗 101 液剂	
61905	脱叶亚磷		
61905	矮健素水剂		
61905	保植宁水软膏		
61905	草灭散［含量>10%］	敌灭生	
61906	石棉		2212，2590
第 8 类　腐蚀品			
第 1 项　酸性腐蚀品			
81001	发烟硝酸		2032

续表

危险货物编号	名称	别名	UN号
81002	硝酸		2031
81003	硝化酸混合物	硝化混合酸	1796
81004	废硝酸		
81004	废硝化混合酸		1826
81005	硝酸羟胺		
81006	发烟硫酸	焦硫酸	1831
81007	硫酸		1830
81008	含铬硫酸		2240
81009	废硫酸		1832
81009	淤渣硫酸		1906
81010	三氧化硫［抑制了的］	硫酸酐	1829
81011	亚硫酸		1833
81012	亚硝基硫酸	亚硝酰硫酸	2308
81013	盐酸	氢氯酸	1789
81014	硝基盐酸	王水	1798
81015	氟化氢（无水）		1052
81016	氢氟酸	氟化氢溶液	1790
81017	氢溴酸	溴化氢溶液	1788
81018	溴化氢乙酸溶液	溴化氢醋酸溶液	
81019	氢碘酸	碘化氢溶液	1787
81020	溴酸		
81021	溴	溴素	1744
81021	溴水［含溴≥3.5%］		
81022	高氯酸［含酸≤50%］	过氯酸	1802
81023	氯磺酸		1754
81024	氟磺酸		1777
81025	氟硅酸	硅氟酸	1778
81026	氟硼酸		1775
81027	氟磷酸［无水］		1776

续表

危险货物编号	名称	别名	UN 号
81028	二氟磷酸［无水］	二氟（代）磷酸	1768
81029	六氟合磷氢酸［无水］	六氟（代）磷酸	1782
81030	硒酸		1905
81031	铬酸溶液		1755
81032	一氯化硫		1828
81033	二氯化硫		1828
81034	四氯化硫		1828
81035	氧氯化硫	硫酰氯；二氯硫酰；磺酰氯	1834
81036	氯化二硫酰	二硫酰氯；焦硫酰氯	1817
81037	氯化亚砜	亚硫酰（二）氯；二氯氧化硫	1836
81038	氧氯化铬	氯化铬酰；二氯氧化铬；铬酰氯	1758
81039	氧氯化硒	氯化亚硒酰；二氯氧化硒	2879
81040	氧氯化磷	氯化磷酰；磷酰氯；三氯氧化磷	1810
81041	三氯化磷		1809
81042	五氯化磷		1806
81043	四氯化硅	氯化硅	1818
81044	四氯化碲		
81045	三氯化铝［无水］		1726
81046	三氯化锑		1733，1730
81047	五氯化锑		1731
81048	四氯化锗	氯化锗	
81049	四氯化铅		
81050	三氯化钛混合物		2869
81051	四氯化钛		1838
81052	四氯化钒		2444
81053	四氯化锡［无水］	氯化锡	1827
81054	一氯化碘		1792

续表

危险货物编号	名称	别名	UN号
81055	氧溴化磷	溴化磷酰；磷酰溴；三溴氧（化）磷	1939，2576
81056	三溴化磷		1808
81057	五溴化磷		2691
81058	三溴化铝［无水］	溴化铝	1725
81059	三溴化硼		2692
81060	二水合三氟化硼	三氟化硼水合物	2851
81061	五氟化锑		1732
81062	硫酸铅［含游离酸＞3％］		1794
81063	五氧化（二）磷	磷酸酐	1807
81064	硫代磷酰氯	硫代氯化磷酰；三氯化硫磷	1837
81065	灭火器药剂［腐蚀性液体］		1774
81066	电池液［酸性的］		2796
81101	甲酸		1779
81102	三氟乙酸	三氟醋酸	2699
81102	三氟乙酸酐	三氟醋酸酐	
81103	三氟化硼乙酸酐	三氟化硼醋（酸）酐	
81104	乙基硫酸	酸式硫酸乙酯	2571
81105	二苯胺硫酸溶液		
81106	苯酚二磺酸硫酸溶液		
81107	苯酚磺酸		1803
81108	邻硝基苯磺酸		2305
81108	间硝基苯磺酸		2305
81108	对硝基苯磺酸		2305
81109	烷基、芳基或甲苯磺酸［含游离硫酸＞5％］		2583，2584
81110	溴（化）乙酰	乙酰溴	1716
81111	溴（化）丙酰	丙酰溴	
81112	溴乙酰溴	溴化溴乙酰	2513
81113	1-溴丙酰溴	溴化-1-溴丙酰	

续表

危险货物编号	名称	别名	UN号
81113	2-溴丙酰溴	溴化-2-溴丙酰	
81114	碘（化）乙酰	乙酰碘	1898
81115	戊酰氯		2502
81115	异戊酰氯		
81115	己酰氯	氯化己酰	
81116	乙二酰氯	氯化乙二酰；草酰氯	
81116	丙二酰氯	缩苹果酰氯	
81116	丁二酰氯	氯化丁二酰；琥珀酰氯	
81116	癸二酰氯	氯化癸二酰	
81116	丁烯二酰氯［反式］	富马酰氯	1780
81117	三甲基乙酰氯	三甲基氯乙酰；新戊酰氯	2438
81118	氯乙酰氯	氯化氯乙酰	1752
81118	二氯乙酰氯		1765
81118	三氯乙酰氯		2442
81119	二甲氨基甲酰氯		2262
81120	呋喃甲酰氯	氯化呋喃甲酰	
81121	苯甲酰氯	氯化苯甲酰	1736
81122	2，4-二氯苯甲酰氯	2，4-二氯（代）氯化苯甲酰	
81123	甲氧基苯甲酰氯	茴香酰氯	1729
81124	2，6-二甲氧基苯甲酰氯		
81125	邻苯二甲酰氯	二氯化（邻）苯二甲酰	
81125	间苯二甲酰氯	二氯化（间）苯二甲酰	
81125	对苯二甲酰氯		
81126	苯磺酰氯	氯化苯磺酰	2225
81127	甲（基）磺酰氯	氯化硫酰甲烷	
81128	苯（基）氧氯化膦	苯磷酰二氯	
81129	1-萘氧（基）二氯化膦		
81130	苯硫代二氯化膦	苯硫代磷酰二氯；硫代二氯（化）膦苯	2799
81131	二甲基硫代磷酰氯		2267

续表

危险货物编号	名称	别名	UN号
81132	二乙基硫代磷酰氯		2751
81133	一级有机氯硅烷化合物，如：		
81133	丙基三氯硅烷		1816
81133	丁基三氯硅烷		1747
81133	戊基三氯硅烷		1728
81133	己基三氯硅烷		1784
81133	辛基三氯硅烷		1801
81133	壬基三氯硅烷		1799
81133	十二烷基三氯硅烷		1771
81133	十六烷基三氯硅烷		1781
81133	十八烷基三氯硅烷		1800
81133	二氯苯基三氯硅烷		1766
81133	氯苯基三氯硅烷		1753
81133	苯基三氯硅烷	苯代三氯硅烷	1804
81133	烯丙基三氯硅烷［稳定了的］		1724
81133	环已基三氯硅烷		1763
81133	环已烯基三氯硅烷		1762
81133	二乙基二氯硅烷	二氯二乙基硅烷	1767
81133	苯基二氯硅烷	二氯苯基硅烷	
81133	甲基苯基二氯硅烷		2437
81133	乙基苯基二氯硅烷		2435
81133	二苯（基）二氯硅烷		1769
81133	二苄基二氯硅烷		2434
81133	三苯基氯硅烷		
81133	氯甲基三甲基硅烷	三甲基氯甲硅烷	
81134	3-甲基-2-戊烯-4-炔醇		2705
81501	正磷酸	磷酸	1805
81502	亚磷酸		2834

续表

危险货物编号	名称	别名	UN 号
81503	三氧化（二）磷	亚磷（酸）酐	2578
81504	次磷酸		
81505	多聚磷酸	四磷酸	
81506	氨基磺酸		2967
81507	氯铂酸		2507
81508	硫酸羟胺	硫酸胲	2865
81509	硫酸氢钾	酸式硫酸钾	2509
81509	硫酸氢钠	酸式硫酸钠	1821
81509	硫酸氢钠溶液	酸式硫酸钠溶液	2837
81509	硫酸氢铵	酸式硫酸铵	2506
81516	亚硫酸氢盐及其溶液，如：		2693
81516	亚硫酸氢铵	酸式亚硫酸铵	
81516	亚硫酸氢钙	酸式亚硫酸钙	
81516	亚硫酸氢钾	酸式亚硫酸钾	
81516	亚硫酸氢钠	酸式亚硫酸钠	
81516	亚硫酸氢锌	酸式亚硫酸锌	
81516	亚硫酸氢镁	酸式亚硫酸镁	
81511	2-氨基噻唑硫酸盐		
81511	2-氨基噻唑盐酸盐		
81512	三氯化铝溶液	氯化铝溶液	2581
81513	三氯化铁	氯化铁	1773
81513	三氯化铁溶液	氯化铁溶液	2582
81514	三氯化钼		
81514	五氯化钼		2508
81515	五氯化铌		
81516	五氯化钽		
81517	四氯化锆		2503
81518	三氯化钛溶液		
81519	三氯化钒		2475
81520	四氯化锡五水合物		2440

续表

危险货物编号	名称	别名	UN号
81521	三氯化碘		
81522	三溴化合铝溶液	溴化铝溶液	2580
81523	三溴化锑		
81524	四溴化锡		
81525	一溴化碘		
81526	三溴化碘		
81527	三碘化锑		
81528	四碘化锡		
81529	除锈磷化液，如：		
81529	B205 型-除锈磷化处理剂		
81530	蓄电池［注有酸液］		2794
81601	乙酸［含量＞80％］	醋酸；冰醋酸	2789
81601	乙酸溶液［含量＞10％～80％］	醋酸溶液	2790
81602	乙酸酐	醋酸酐	1715
81603	氯乙酸	氯醋酸	1750
81604	氯乙酸酐	氯醋酸酐	1751
81605	二氯乙酸	二氯醋酸	1764
81606	三氯乙酸	三氯醋酸	1839，2564
81607	溴乙酸	溴醋酸	1938
81608	三溴乙酸	三溴醋酸	
81609	碘乙酸	碘醋酸	
81610	三碘乙酸	三碘醋酸	
81611	巯基乙酸	氢硫基乙酸；硫代乙醇酸	1940
81612	三氟化硼乙酸络合物	乙酸三氟化硼	1742
81613	丙酸		1848
81614	丙（酸）酐		2496
81615	2-氯丙酸	2-氯代丙酸	2511
81615	3-氯丙酸	3-氯代丙酸	
81616	三氟化硼丙酸络合物		1743

续表

危险货物编号	名称	别名	UN号
81617	丙烯酸［抑制了的］		2218
81618	甲基丙烯酸［抑制了的］	异丁烯酸	2531
81619	丙炔酸		
81620	丁酸		2820
81621	丁酸酐		2739
81622	己酸		2829
81623	2-丁烯酸	巴豆酸	2823
81624	丁烯二酸酐［顺式］	马来（酸）酐；失水苹果酸酐	2215
81625	二氯醛基丙烯酸	黏氯酸；糠氯酸；二氯代丁烯醛酸	
81626	甲（基）磺酸		
81627	1，3-苯二磺酸溶液		
81628	烷基、芳基或甲苯磺酸［含游离硫酸≤5%］		2585，2586
81629	2-氯（代）乙基膦酸	乙烯利；一试灵	
81630	硝酸甲胺		
81631	邻苯二甲酸酐	苯酐；酞酐	2214
81632	四氢邻苯二甲酸酐［含马来酐>0.05%］	四氢酞酐	2698
81633	辛酰氯		
81633	十二（烷）酰氯	月桂酰氯	
81633	十四（烷）酰氯	肉豆蔻酰氯	
81633	十六（烷）酰氯	棕榈酰氯	
81633	十八（烷）酰氯	硬脂酰氯	
81634	己二酰（二）氯		
81635	苯乙酰氯		2577
81636	2-氯苯甲酰氯	邻氯苯甲酰氯；氯化邻氯苯甲酰	
81636	4-氯苯甲酰氯	对氯苯甲酰氯；氯化对氯苯甲酰	

续表

危险货物编号	名称	别名	UN号
81637	2-溴苯甲酰氯	邻溴苯甲酰氯	
81637	4-溴苯甲酰氯	对溴苯甲酰氯；氯化对溴代苯甲酰	
81638	2-硝基苯甲酰氯	邻硝基苯甲酰氯	
81638	3-硝基苯甲酰氯	间硝基苯甲酰氯	
81639	2-硝基苯磺酰氯	邻硝基苯磺酰氯	
81639	3-硝基苯磺酰氯	间硝基苯磺酰氯	
81639	4-硝基苯磺酰氯	对硝基苯磺酰氯	
81640	苯甲氧基磺酰氯		
81641	氰尿酰氯	三聚氰（酰）氯；三聚氯化氰	2670
81642	3-硝基苯甲酰溴	间硝基苯甲酰溴	
81643	异丙基磷酸	酸式磷酸异丙酯	1793
81644	丁基磷酸	酸式磷酸丁酯	1718
81645	二戊基磷酸	酸式磷酸（二）戊酯	2819
81646	二异辛基磷酸	酸式磷酸二异辛酯	1902

第 2 项　碱性腐蚀品

危险货物编号	名称	别名	UN号
82001	氢氧化钠	苛性钠；烧碱	1823
82001	氢氧化钠溶液	液碱	1824
82002	氢氧化钾	苛性钾	1813
82002	氢氧化钾溶液		1814
82003	氢氧化锂		2680
82003	氢氧化锂溶液		2679
82004	氢氧化铷		2678
82004	氢氧化铷溶液		2677
82005	氢氧化铯		2682
82005	氢氧化铯溶液		2681
82006	氧化钠		1825
82007	氧化钾		2033
82008	铝酸钠溶液		1819

续表

危险货物编号	名称	别名	UN号
82009	多硫化铵溶液		2818
82010	硫化铵溶液		2683
82011	硫化钠［含结晶水≥30%］		1849
82012	硫化钾［含结晶水≥30%］		1847
82013	硫化钡		
82014	硫氢化钠［含结晶水≥25%］	氢硫化钠	2949
82015	硫氢化钙		
82016	电池液［碱性的］		2797
82018	烷基醇钠类，如：		
82018	乙醇钠	乙氧基钠	
82018	丁醇钠	丁氧基钠	
82018	异戊醇钠	异戊氧基钠	
82018	己醇钠		
82019	四甲基氢氧化铵		1835
82019	四乙基氢氧化铵		
82019	四丁基氢氧化铵		
82020	水合肼［含肼≤64%］	水合联氨	2030
82020	肼水溶液［含肼≤64%］		
82021	环已胺	六氢苯胺；氨基环已烷	2357
82022	N，N-二甲基环已胺	二甲氨基环已烷	2264
82023	苄基二甲胺	N，N-二甲基苄胺	2619
82024	N，N-二乙基乙（撑）二胺		2685
82025	二亚乙基三胺	二乙（撑）三胺	2079
82026	三亚乙基四胺	二缩三乙二胺；三乙（撑）四胺	2259
82027	二（正）丁胺		2248
82028	1，2-乙二胺	1，2-二氨基乙烷；乙（撑）二胺	1604
82029	铜乙二胺溶液		1761

续表

危险货物编号	名称	别名	UN号
82030	1，2-丙二胺	1，2-二氨基丙烷	2258
82030	1，3-丙二胺	1，3-二氨基丙烷	
82031	1，6-己二胺	1，6-二氨基己烷；己（撑）二胺	1783，2280
82032	聚乙烯聚胺	多乙烯多胺；多乙撑多胺	2733
82501	钠石灰［含氢氧化钠＞4%］	碱石灰	1907
82502	铝酸钠［固体］		2812
82503	氨溶液［10%＜含氨≤35%］	氨水	2672
82504	1-氨基乙醇	乙醛合氨	1841
82504	2-氨基乙醇	乙醇胺；2-羟基乙胺	2491
82505	四亚乙基五胺	三缩四乙二胺；四乙（撑）五胺	2320
82506	2-（2-氨基乙氧基）乙醇		3055
82507	2，2′-二羟基二乙胺	二乙醇胺	
82508	2，2′-二羟基二丙胺	二异丙醇胺	
82509	3-二乙氨基丙胺	N，N-二乙基-1，3-二氨基丙烷	2684
82510	三（正）丁胺		2542
82511	2-乙基己胺	3-（氨基甲基）庚烷	2276
82512	二环己胺		2565
82513	三甲基环己胺		2326
82514	3，3，5-三甲基己撑二胺	3，3，5-三甲基六亚甲基二胺	2327
82515	3，3′-二氨基二丙胺	二丙三胺；3，3′-亚氨基二丙胺	2269
82516	异佛尔酮二胺	1-氨基-3-氨基甲基-3，5，5-三甲基环己烷；3，3，5-三甲基-4，6-二氨基-2-烯环己酮；4，6-二氨基-3，5，5-三甲基-2-环己烯-1-酮	2289

续表

危险货物编号	名称	别名	UN 号
82517	三氟化硼甲苯胺		
82518	哌嗪	对二氮己环	2579
82519	N-氨基乙基哌嗪	1-哌嗪乙胺；N-（2-氨基乙基）哌嗪	2815
82520	蓄电池［注有碱液的］		2795
82520	蓄电池［含氢氧化钾固体］		3028

第 3 项　其他腐蚀品

危险货物编号	名称	别名	UN 号
83001	亚氯酸钠溶液［含有效氯 >5%］		1908
83002	氟化铬	三氟化铬	1756，1757
83003	氟化氢铵	酸性氟化铵	1727，2817
83004	氟化氢钠	酸性氟化钠	2439
83004	氟化氢钾	酸性氟化钾	1811
83005	三氟化硼乙醚络合物		2604
83006	氯甲酸烯丙（基）酯［含有稳定剂］		1722
83007	氯甲酸苄酯	苯甲氧基碳酰氯	1739
83008	硫代氯甲酸乙酯	氯硫代甲酸乙酯	2826
83009	二氯乙醛		
83010	二氯化膦苯	苯基二氯磷；苯膦化二氯	2798
83011	α，α，α-三氯甲（基）苯	三氯化苄；苯（基）三氯甲烷	2226
83012	甲醛溶液	福尔马林溶液	1198，2209
83013	苯酚钠	苯氧基钠	2497
83014	2-甲苯硫酚	邻甲苯硫酚；2-巯基甲苯	
83014	3-甲苯硫酚	间甲苯硫酚；3-巯基甲苯	
83014	4-甲苯硫酚	对甲苯硫酚；4-巯基甲苯	
83015	甲苯-3，4-二硫酚	3，4-二巯基甲苯	
83016	二苯甲基溴	溴二苯甲烷；二苯溴甲烷	1770
83017	木馏油	木焦油	

续表

危险货物编号	名称	别名	UN号
83018	蒽，如：		
83018	粗蒽		
83018	精蒽		
83019	塑料沥青		
83501	次氯酸盐溶液［含有效氯>5%］，如：		1791
83501	次氯酸钠溶液［含有效氯>5%］	漂白水	
83501	次氯酸钾溶液［含有效氯>5%］		
83502	三氯氧化钒	三氯化氧钒	2443
83503	氯化铜		2802
83504	氯化锌		2331
83504	氯化锌溶液		1840
83505	汞	水银	2809
83506	镓	金属镓	2803
83507	邻异丙基（苯）酚		
83507	间异丙基（苯）酚		
83507	对异丙基（苯）酚		
83508	辛基（苯）酚		
83509	N，N-二异丙基乙醇胺	N，N-二异丙氨基乙醇	2825
83510	萤蒽		